国家社科基金
后期资助项目
GUOJIA SHEKE JIJIN HOUQI ZIZHU XIANGMU

晚清民国汉字简化运动研究

孙建伟 / 著

第一批简体字表

（一）丫韵
（二）乙韵
（三）亡韵
（四）世韵
（五）帀韵

（八）历韵
（九）乁韵

上海古籍出版社

序

李国英

孙建伟《晚清民国汉字简化运动研究》书成,嘱我写序。我对汉字简化运动并无深入研究,但一直在关心,也一直在做一些思考。这次写序本身是一个学习的过程,我认真阅读了《晚清民国汉字简化运动研究》全书,也翻阅了一些相关的文献,让我有机会对汉字简化的一些问题做了进一步的思考。

晚清民国至今的汉字简化,是汉字规范史上具有里程碑意义的重大事件,对汉字简化运动的全面而系统总结具有重要的理论意义和现实意义。汉字简化又是一项涉及面广、高度复杂的学术问题,总结工作并非易事,需要有适当的理论工具,准确把握的事实,才能得出恰如其分的评价,深化对汉字简化的认识,把握汉字发展的趋势和汉字规范的规律,为当前和未来的汉字规范提供理论依据。

数字化时代的今天,由于文献的易得性,使我们能够方便地获得全世界的理论资源,以更开阔的视野,更高的理论起点,对理论问题进行思考。

从国际学术的视野看,与汉字简化密切相关的是语言经济原则的研究成果。据陈满华《惠特尼和叶斯柏森的语言经济思想——兼谈语言经济原则的产生及其发展》(见《中国人民大学学报》2013 年第 4 期)一文的研究,美国语言学家惠特尼(1827—1894)"早在 1867 年出版的《语言和语言研究》里就有了语言经济原则的萌芽,1875 年,他在《语言的生命和成长》里提出语言的简易倾向,1876 年他发表《作为语音动力的经济原则》一文,该文即围绕语言里的经济原则展开讨论"。丹麦语言学家叶斯柏森(1860—1943)在《语言论:语言的本质、发展与起源》一书中"提出了简易理论(the ease theory)"。我国学术界普遍认为,美国语言学家齐夫(1902—1950)在他的著作《最省力原则:人类行为生态学导论》中最早提出"最省力原则(the principle of least effort)"这个术语,并明确提出语言系统要遵循省力原则,是语言经济原则(参姜望琪《Zipf 与省力原则》,载《同济大学学报》2005年第 1 期)。而影响最大的是法国功能主义语言学家马丁内(1908—1999)

对语言经济原则的系统论述。这方面的研究成果可以参看南京大学李巍于 2015 年完成的博士学位论文《马丁内功能语言学研究》。西方语言学的理论我们就以惠特尼、叶斯柏森、齐夫、马丁内四家的语言经济原则的思想为依据做些分析，提取出对汉字简化的理论分析有价值的成果，作为我们认识汉字简化的理论工具的参考。

惠特尼在《语言的生命和成长》的第四章"语言的成长：词的外在形式的变化"一章中指出："词与其所指概念的关系，取决了其形式和意义变化的可能性和相互独立性。形式变化趋于简易或经济。"（William Dwight Whitney. *The Life and Growth of Language*. New York：Dover Publication，Inc. 1979 年版，第 45 页，1875 年初版）"基本的事实是，符号的读音是约定俗成的，读音只有通过心理联想的纽带才能与它所表示的概念联系在一起，这就为意义和形式的改变提供了可能性。如果这种纽带是自然的、内在的和必要的，那么似乎任何一种变化都必须伴随着另一种变化……我们在处理它时唯一能发现的趋势是发音的省力趋势（tendency toward economy of effort in its utterance）。"（同上，第 48—49 页）"我们必须认识到，形式的变化包含无数明显不同事实背后的大趋势，即在不损害意义的情况下，把词中可以省略的部分去掉，从而对剩下的部分进行加工，使它们更容易为使用者所掌握，更符合他们的习惯和要求。语言科学还没有成功地揭示出比这更基本的规律，甚至没有任何其他的规律与之并列；在普遍存在的语言中，这是一个主流，并且语言会使它的语言材料向一个特定的方向移动，虽然主流会有漩涡，也不排除一些小规模的逆向运动。这是同一趋势的另一种表现：它导致人们在写字时使用缩写，采取捷径，这些举措不会对语言有任何伤害，除非在本来的'经济'举措中失去了更多东西，如果导致这样的结果就是'懒惰'而不是'经济'了。表现在语言上，具体操作有两种：真正的'经济'（true economy）和懒惰的'滥用'（lazy wastefulness）。"（同上，第 50 页，译文参考了中国人民大学王琳的硕士学位论文《惠特尼语言学思想研究》）他在观察简易趋势时，总结出"经济"和"滥用"两种情形值得重视。所谓"经济"是指语言的形式发生由繁到简的变化后不会破坏对语言意义的理解。而语言的形式发生由繁到简的变化后破坏对语言意义的理解，就是"滥用"。可见，惠特尼所谓的"简易"和"经济"有不同的含义。简易趋势会造成两种结果，一种是形式的简化不破坏意义的表达，一种是形式的简化破坏意义的表达，只有前者才符合语言的经济原则，后者则是简化的滥用。这意味着，惠特尼已经认识到，虽然简化是语言发展的主流趋势，但简化的滥用会影响意义的表达，亦即简化是不能被滥用的，不破坏语义表达是语言形式简化的前提。这与我们今天所说的"适度简化"和"过度简化"的含义已经非常接近。

叶斯柏森也是从语言变化的视角讨论所谓趋易原则的。在《语言论：语言的本质、发展与起源》（1922年初版）一书的第十四章"语言变化因素（上）"的第六小节题名为"The Ease Theory"，中国社会科学出版社2021年柴橚译本译作"趋易理论"。叶斯柏森认为："语言的变化是否朝着更容易的方向发展是一个有争议的问题，我们首先需要对这个问题做出回答，换言之，语言的变化是否表现出省力的倾向。惠特尼说，语言的变化的主要倾向是'使我们的发音器官更容易发音，表达省时省力'，这是老派学者普遍的观点。"（Otto Jespersen. *Language: Its Nature, Development and Origin*. London：George Allen & Unwin Ltd. 1922. 第261页）"正确的推论只能是，趋易倾向可能在某些情况下起作用，但并非在所有情况下都如此，因为还有其他力量有时可能会抵消它，甚或比它更强大。"（同上，第268页）人们在发音时"减省不必要的力的倾向使得发音所需的肌肉活动减小到最低程度"。（同上，第262页）"只有一个词没有什么意义价值时，说话者才会利用简易原则。"（同上，第268页）叶斯柏森继承了惠特尼语言变化存在趋简趋势的观点，同时他又认为，简易原则不是无条件的，只有当一个词没有意义价值时，简化才会发生。这在实际上已经触及到了语言形式的简化受到其功能制约的理论问题，但尚缺乏系统而深入的讨论。

齐夫的代表作是 *Human Behavior and the Principle of Least Effort — an Introduction to Human ecology*，1949年由剑桥出版社出版。此书有中译本，书题译作《最省力原则：人类行为生态学导论》，译者为薛朝凤，上海人民出版社2016年5月出版。该书标题就用了"the principle of least effort"这一术语，加之他在书中提出了"Zipf定律"，对学术界产生了广泛而深刻的影响。他在该书的前言中明确指出："建立最省力原则（the principle of least effort）作为控制所有各类个人与集体行为，包括语言行为和先入之见行为的基本原则，正是本书的明确目标。"在第一章"序言"中对最省力原则做出了界定："每一个个体的运动，无论是哪一种类型，总会沿着路径移动，而且总会倾向于为一个基本原则所控制。由于缺乏一个更好的术语，我们姑且称之为最省力原则。此外，我们还将试图论证，个体全部存在的结构与组织总是表现为其所有行为都将受控于这个原则。那么这个原则是什么？简言之，最省力原则。例如，一个人在解决当前各种问题时，会在他将来可能遇到各种问题的背景之下加以考虑，这些将来的问题是由他本人估计的，此外，他将力争以全部功力（work）最小化的方式来解决各种问题，全部功力既包括解决当前问题时所必须的全部努力，也包括解决将来可能遇到的问题时他必须作出的全部努力。这反过来就意味着,他会竭力将其功力消耗的可能平均比率最小化(历时)。而且,在这样做的时候,他就是将其力(effort)最小化,这里的功力就是我们所界定的那种力。因此,最小力(least effort)是最少功力(least work)的变体。"(同上,第3页)齐夫最早从人类行为的视角讨论省力问题,认为省力是人类个体和集体所有行为遵循的根本性原则。它的基本精神与物理学用最小的力做最大的功的原理相合,其中蕴含了用较小的力实现同样的功的内涵。该书第二章"论词语的经济"从语言的经济原则入手作为研究人类行为及整个生物界行为的省力原则,他指出:"选择词汇作研究的开端是因为,我们也将发现,研究词语为理解整个言语过程提供了钥匙,而研究言语过程为理解人格及整个生物动力学领域提供了钥匙。"(同上,第23页)在讨论语言的最省力原则时,齐夫有五个观点值得重视:(1)齐夫认为,用词经济可以从两个角度来讨论:说话人的角度和听话人的角度。他指出:"从言者的角度看(言者的经济),他不仅选择要传递的意义而且选择传递该意义的词语,毫无疑问,只有一个唯一词语的词汇里存在一个更重要的隐性经济,这个唯一的词语可以意味着说话人要想表达的任何意义。因此,如果要用言辞表达 m 个不同意义,这个词语就会有 m 个不同意义。因为通过使用一个独词词汇,说话人将会省却精力,而这个精力是获得和维持大量词汇所必须的,也是从他的词汇里选择具有特殊意义的特别词语所必须的。这个独词词汇,反映了言者的经济……但是从听者的角度看(听者的经济),一个独词词汇代表了极端的言语劳力,他将面对一个不可能的任务,即无法确定这个唯一的词语在既定环境中究竟表达何种特定意思。其实,从听者的角度,他需要解码言者的意思,言语重要的内部经济更可能在一定数量的词汇中发现,该词汇的每个词语都表达一个截然不同的意思。因此,如果有 m 个不同意思,就会有 m 个不同词语,一词一意。这个在不同词语与不同意义之间的一一对应,代表了听者的经济,将会给听者省却精力,用不着试图确定言者说出的那个词语所指的具体意义。"(同上,第25页)(2)从言者经济和听者经济引申出"统一化之力"和"多元化之力",他指出:"我们甚至可以设想一个特定的言语流遵从两个'对立的力量'。一个'力'(言者的经济)往往会通过把所有意义统一在一个词语里从而把词汇规模减少至一个唯一的词语,由此我们可以称之为统一化之力(the force of unification)。与这个统一化之力相对的是另一个'力'(听者的经济),它往往会把词汇规模增加到每个不同词语表达每个不同意义的程度。由于这第二个'力'往往会增加词汇的多元化,于是我们称之为多元化之力(the force of diversification)。"(同上,第25页)(3)两种力相互作用的平衡,他指出:"借助这两个术语,可以说某种特定言语流的词汇不断地服从相对立的统一化之力与多元化之力,这两种力量决定了词汇中实际词语的数量 n 以及这些词语的意义。……我们认为,人们实际确实总是以力的最大经济来行动,所以我们认为在言—听的过程中人们自动会把力的消耗最小化。我们的统一化之力与多元化之力仅仅描述两个对立的行动过程,该行动过程从言者或听者的角度来看是一样经济的、行得通的,因此该行动结合言者和听者两个角度同样可以折衷而为。由此可见,一旦某人使用词语表达意思,他会自动通过在这两种经济中找到平衡的方式来最有效地表达他的想法,其中一方面,一种经济是词汇量少、易掌握、指称更广泛,另一方面,一种经济是词汇量大、指称更精确,结果是在他因而产生的言语流中有 n 个不同词语的词汇代表理论上的统一化之力与多元化之力两者之间的词汇平衡。"(同上,第25—26页)(4)把说者—听者的关系推衍到作者—读者关系。齐夫在第25页的注中说:"在词语使用的内部经济方面,作者—读者的情况与言者—听者的情况类似,即使读者对作者而言不是立即在场的,而听者对言者而言却是立即在场的,即使书面言语的词语用法可能有点不同于口头言语的词语用法。"(同上,第25页)(5)论证了简易与频率的关系。书中指出:"如果我们提出不同语音实体应该使用的最经济的相关频率是什么这个问题时,第三个原则的本质便一目了然。在回答此问题时,根据最省力原则,我们只能认为(1)语音实体越简单就会使用得越频繁,而且(2)如果我们前面两个原则确凿可信,那么我们有望发现不同语言中类似语音实体将会有类似的百分比率。"(同上,第109页)齐夫对"言者"和"听者"的区分,"单一化力量"和"多样化力量"的区分是一个问题的两个视角,言者对应单一化力量,听者对应多样化力量,其核心在于强调言语行为的最省力原则中的省力不是言者或听者单方的省力,也不是语言单一要素的省力,而是多种要素在相反方向上互相作用的平衡,或可以看作言者和听者双方以最省力的方式完成整个交际过程,实现交际目标,最大效率地提高交际效率。这种思想与运筹学根本理念相似,最省力原则也可以看作优化的交际策略。在真实的口语交际过程中,言者居于主动一方,听者居于被动一方,最省力原则的作用,使得交际过程中言者追求自己发音用力最小是以听者能准确理解自己要表达的意思为前提的,在确保听者能准确理解自己要表达意思的前提下才有用力大小的问题,如果仅仅从言者一方的角度追求省力,而不考虑听者一方的需求,交际目标就不能完成,就谈不上整个交际过程的省力了。言语交际的最省力原则也适用于书面交际,书面交际的最省力原则要求作者和读者双方以最省力的方式完成整个交际过程,实现交际的目标,最大效率地提高书面交际的效率。这些重要思想对今天我们理解汉字简化的规律仍有重要的启发作用。

马丁内关于语言经济原则的论述可以用《普通语言学纲要》作代表,该书在前人研究的基础上,对语言经济原则做了更为系统和深刻的思考,他指出:"语言,作为工具的基本功能是交际。例如:法语首先是使讲'法兰西话'的人互相联系的工具。我们还会看到,语言之所以随时间的推移而发展变化,主要是为了以最经济的方式满足操该语言的集团在交际方面的需求。"(罗慎仪等译,国际文化出版公司,1988 年版,第 5 页)马丁内从语言的工具性和变异性出发,他认为,和使用其他一切工具相似,人们利用语言工具进行交际时会以最经济的方式满足交际的需求,促使语言发生变化。马丁内的语言经济原则使用十分广泛,首先是语言系统内结构单位层次经济原则。马丁内认为,用来交际的言语工具存在"双重关联(double articulation)","第一重关联的每个单位都有一个意义和一个有声(或语音)形式。它们不能再分析成更小的有意义的连续单位"。(同上,第 9 页)"但是有声形式却可以分析成一连串单位,每个单位在识别 tête 上都起作用,从而和 bête(牲畜),tante(姑姑)或 terre(土地)区别开来。这就是我们所指的言语活动的第二重关联。"(同上,第 10 页)"第一重关联提供的单位有各自的能指和所指,也就是符号,而且是最小符号,因为每个符号不能再分成一系列符号。尚没有一个公认的用语来指称这些单位,本书采用'语素'(morphèmes)这个名称。同所有符号一样,语素是一个具有两个侧面的单位。一个侧面是所指,即它的意义或价值;另一个侧面是能指,它用语音形式把所指表现出来,是由第二重关联的单位组成的。这些单位称为音位(phonème)。"(同上,第 11 页)"双重关联保证了经济性,从而为人类提供了一种到处适用的交际工具,能经济地传达所有信息。如果没有第一重由连续性语素形成的关联,所有不符合某一固定形式的、新的生活经验就无法传达。语素关联可以形成无穷尽的组合,来表达集团中尚无专门符号的生活经验。这是诗人常用的手段,也可能是人类特殊使命的开端。第二重关联除了有进一步的经济作用外,它的优越性是使能指的形式独立于相对应的所指的性质,又从而保证了语言形式有更大的稳定性。"(同上,第 13 页)"从理论上讲,每一种语言中语句的数量是无限的,因为一个语句中包含的连续性语素是没有数量限制的。一种语言中全部语素数量是开放性的一览表:很难精确地说一种语言究竟有多少不同的语素……而一种语言中的音位数目却是一张封闭式的一览表。例如卡斯蒂利亚语正好有 24 个音位,不多不少。"(同上,第 13 页)马丁内的论述蕴含了语言系统是一个有限手段无限运用的交际系统。人们的交际需求是无限的，人们在交际过程中运用的基本单位句子也是无限的，但人的记忆力是有限的，人类记忆力的局限使得人们无法掌握无限的句子。人类语言的"双重关联"机制，即由最小的别义单位音位和最小的音义结合单位语素构成的层级性生成结构，使得语言系统可以用封闭的、少量的音位生成有限的、开放的语素集合，用有限的语素构成无限的句子。从这个意义讲，语言单位层级性的生成机制本身就体现语言的经济原则。

马丁内在该书第六章"语言的演变"的第二节即以"语言的经济原则"为题对"语言经济原则"的原理进行了专门讨论。他首先讨论了"最省力的原则"，认为："人类交际的需要和他力求最大限度地减少智力与体力的消耗之间是互相冲突的，语言的变化就是受这个矛盾制约的。在这里，就像在其他领域一样，人类行为服从最省力的原则。按照这个原则，人类只付出为达到既定目的所必须的力气。"（同上，第168页）接着又讨论了"结合的经济原则和聚合的经济原则"，指出："语言经济原则就是在必须满足的各种互相矛盾的需求中，不断寻求它们之间的平衡。一方面是交际的需要，另一方面是记忆和发生的惰性，这二者永远处于矛盾状态。这些因素的作用受到各种禁忌的限制，它们力图使语言固定化，排斥一切过于明显的创新。"（同上，第169页）马丁内还提出频率和经济的关系："一个语言单位频率提高了，它的形式就要缩短。这一点既适合于最小单位，也适合于更大的单位；既适用于区别单位，也适合表意单位，因为一个单位不一定表意才传递信息。"（同上，第178页）马丁内是在语言演变的视角下观察语言的经济原则的，核心的观点是"语言经济原则就是在必须满足的各种互相矛盾的需求中，不断寻求它们之间的平衡"，所谓的语言经济是指语言系统的经济，是指用最简的语言形式实现语言的交际功能，交际功能的核心是区别功能和表达功能。理想的形式简化是以有效的区别和适度的表达为前提的。

语言学的语言经济原则对包括汉字在内的文字的简化有重要的参考价值。国内一些学者提出的汉字简化的理论和语言经济原则有很大程度的一致性。

王凤阳于1978年在《社会科学战线》第4期上发表了《汉字字形发展的辩证法》一文，文章认为，几千年来汉字的发展，除了汉字的体系和字体的演变，主要的变化包括字形构成上的繁简和用字数量上的增减。文中重点讨论了汉字在使用过程中出现的"简化"和"繁化"两种现象。讨论简化时他没有给简化下明确的定义，从所举的字例看，简化是指记录同一个词的不同的文字形体，笔画多的是繁体，笔画少的是简体，简化就是从笔画多的繁体变成笔画少的形体的过程。他总结说："简化现象是贯穿着汉字流变史的始终的,现代的简化汉字只是顺乎汉字之潮流,并加以有意识地推进而已。因此,有必要总结历史上的汉字演变的规律,为简化汉字和文字改革提供更坚实的理论基础,使汉字改革运动能更自觉、更健康地发展下去。"在讨论繁化时,也未给"繁化"做出界定,但总结了两种现象,一是"汉字繁化最明显的现象是数量上的增加",二是"出于求区别的要求而使原字形形声化所造成的"。他认为汉字的简化与繁化是交织在一起的,"汉字的历史,是不断简化的历史,也是不断繁化的历史"。为了解释简化与繁化交织的现象,他提出了汉字的简易律和区别律,并对简易律和区别律做了较为详细的论述,他指出:"作为书写的工具,人们总是要求文字简单,方便,驾驭容易,使用效率高。我们把文字的这种注定的发展趋向叫作文字的'简易律'——趋向构造简单实用容易的规律。这是一方面。另一方面,文字又是在书面上记录语言的符号体系。要使口头语言能在书面上反映出来,这就要求文字有良好的区别性功能;凡是语言里有区别的,就要求文字在书面上能把这种区别表达出来,甚至语言形式没有区别而在意义上有区别的词,有些易混的,就要求文字能把它们的区别反映出来……我们把文字史上这股要求普遍地、精密地表达语词的力量称作'区别律'——用不同符号在书面上精密、准确地区别语言中有区别的词的规律。""简易律由于体现着掌握和书写文字时人们求简单约易的要求,因此,它作用的范围是已经产生的、投入运用的文字。它是使造出的文字在既成事实的前提下尽量趋向简易以提高语用效率的规律。因之它的作用侧重于汉字的形体;它的表现形式体现为简化。""简易律主要作用于既成字形,区别律的作用就复杂一些,区别律要求语言中有区别的词在文字中也有区别。换句话说,区别律要求词有定字,字代定词;它力求避免一字写多词,或多字写一词的现象发生。""简易律和区别律是自始至终作用于字形的两个规律。这两个规律,一个求简单约易,一个求准确精密,这是一对相反相成、对立统一的力量,是文字不断演进的推动力量。一部汉字字形发展史,主要是这两个规律的矛盾统一史。"

1989 年王凤阳在吉林文史出版社出版了《汉字学》,对汉字的简化与繁化、简易律与区别律做了讨论。该书第二十四章以"字形的'简化'与'繁化'"为题做了专门讨论。书中指出:"简化和繁化都是记录同一个词(或词素、音节)的字在构成、组合或造字上的变化。"(第 787 页)"'简化'是指记录同一个词(素)的字的省简。"(第 787 页)"'繁化'是指记录同一个词(素)的字的增繁。"(第 804 页)明确确定了简化和繁化记录语言功能相同条件下的形体变化。该章第六节题目是"简易律与区别律",该节的内容主要来自《汉字字形发展的辩证法》一文,变化不大。

值得注意的是,该书的第十三章"形声写词法"的第一节题为"表达律与区别律",又提出了"表达律"的概念。书中指出:"为记言的需要,语言里所有的词要求在书面里都有它一个书写形式,对文字来说,就是原则上要求文字符号能体现出语言中的所有的词。把这个原则概括起来,在语言可以叫作'求表达',是文字可以叫作'表达律'。"(第 421 页)

我们可以把王凤阳总结的汉字简易律、区别律、表达律和语言学的语言经济原则和省力原则加以对比,以深化对汉字发展演变规律的认识,准确认识汉字简化运动。

汉字的简易律和语言的经济原则具有一致性,这是由两者的工具性的本质决定的。语言是人类交际和思维的工具,文字是记录语言的工具。或者说语言这种交际工具具有口头、书面两种形式。语言学总结出的语言经济原则对包括汉字在内的文字也具有适用性。汉字系统的生成和演变遵循的经济原则可以称作汉字经济原则。

从成熟的汉字系统的生成机制看,我们可以把汉字运用的最小单位"单字"和汉字构成的最小单位"基础构件"看作是一个"双重关联"的层级系统。由单字组构记录的语句是无限的,单字是一个数量较大、有限开放的字集,基础构件是单字分析性的单位,由单字分析得到的基础构件总数是一个数量较小、有限而接近封闭的构件集。这样的结构上的层级体制,使得汉字系统可以用少量的基础构件构成大量的单字,有限的单字可以记录无限的语言。由此可以看到,汉字系统本身是一个符合经济原则的文字系统。

从汉字系统的演进看,文字的书写形式存在趋简的倾向,这跟语音形式的趋简倾向也是一致的。汉字演进过程中的趋简倾向表现在多个方面。

汉字字体的由古文字到今文字,由隶到楷,由楷到行草的变化的主要内在动力就是趋简。不断减少书写过程付出的力,实现书写的快捷,即省力省时。比如从古文字到今文字,汉字书写的基本单位由线条改变为笔画,把大量书写费时费力的曲线改为省时省力的直线,达到书写快捷的目标。由隶楷到行草,笔画的连带和减省,其动力也是书写趋简的倾向。但是这种趋简倾向带来的形体变化是有代价的。汉字是表意文字,汉字的造字原则是据义构形,因此在造字之初,文字的形体和据以构形的词的意义具有理据性关系,即通常所说的形义统一关系。这就使得初造的字形和在字形变化中保持了构形意图的字形对它所记录的词的本义有某种程度的提示作用,这种提示作用,或言形体和形体所记录的音义之间建构起的某种关系,在识字过程中有助记作用。因为根据心理学的研究,意义识记比机械识记的效率高。同时,汉字的义符有较强的系统性,很多构字能力强的义符能组构几十甚至几百个同旁字,这些同旁字与他们所记录的据义构形的意义之间具有一定程度的系统的对应关系,显然,学习和掌握更省力。单纯的汉字形体的简化常常会导致字与字之间的区别降低,形体对音义的提示作用的降低,或形体与音义的系统性对应关系遭到破坏,或者说,简化会影响文字区别和表达的效果。因此,简化不是字形越简越好,简化的程度受到区别与表达的一定程度的限制,理想的、适度的字形简化应该是简易、区别与表达之间的平衡。这种平衡只是一种理想的状态,现实社会中的文字运用,这种平衡状态经常被打破,出现过度简化的现象。从字体的显示看,草书可以看作过度简化的典型代表,草书产生的最大动力是书写的简便快捷,为了追求手写简便快捷,大量采用笔画连写,湮灭了笔画间的界限;"唯存字之梗概",破坏了字的结构,书写快捷,但识读困难。为追求书写快捷,降低了区别度和表达力,增加了识读的困难,因此,草书一直没有成为社会通用的字体,只在小范围内流通。

从单个字符形体的简化看,简化是汉字自然演化中一直存在的现象,商周文字"车"或写作"𤰝",这类繁复的形体多见,商代甲骨文已经出现了形体简易的"𤰝"形,西周《师同鼎》形体繁复的"𤰝"和形体简易的"車"出现于同一篇铭文的相邻两列,繁简两形尚处同一时代。至少到东周,繁复一类的形体已经不通行,简易的"車"全面替代了繁复的形体,成了唯一的通行形体。此后,一直到当代简化汉字采用草书"车"形作为通用领域的规范字,"車"成了"车"的繁体。"车"形至晚在隋代的草书中就出现,但汉字简化前一直没有进入通行领域。从"车"字字形演变和社会应用的事实不难看到,字形由繁到简的变化在目前所看到的最早的商代甲骨文中便存在;简体出现之后并不是一下子就代替了繁体,会有繁简共存的时期,最后简体代替了繁体,成为通用的字。繁简关系不是一成不变的,"車"与"𤰝"相比是简体,与"车"相比是繁体。简体的"車"能够代替对应的繁体,很重要的一个条件是两字形体的记词功能相同,没有给阅读者的识读造成障碍,唯一付出的代价是简体比繁体降低了象形的程度,这一代价在整个汉字体系字形演变过程中象形程度普遍降低的条件下,在书面交际过程中是可接受的,总体上实现了作者与读者的平衡,求简易与求区别的平衡。

"车"形至晚在隋代已经产生,在后代的草书中一直使用,但一直没有成为通用字的一员,它的性质是汉字字体演进出现在草书中的"车"的草书形体,但并未成为通行字。到了"第一批简化字"公布时,它才成为社会通用领域的规范字,规定为与"車"对应的简化字。这样来看,与繁体对应的简体有两种不同类型的性质,一类是汉字自然演进过程中的简体,一类是汉字规范中的简体。当今的汉字学理论，一般把"𨏱"与"車"视作异体字关系，"車"与"车"是繁简字关系，但是，从汉字发展史和汉字规范的事实来看，异体字和繁简字是观察字际关系的两个不同的视角，异体字着眼于几个不同的字单位（目前并无好的术语精确表达，有人把异体关系的字单位定义为一个字的不同变体，有人把异体关系的字单位定义为记录同一个词的不同的字，两者所说的"字"的内涵不同）为同一个词而造，记录同一个词，或为同一个字的不同变体，而不关注字形的繁简；繁简字着眼于字形的繁简，限制的条件是记录同一个词，记录同一个词的字单位，可以是一个字的不同变体，也可以是同音替代的不同的字。因此，两者是交叉关系。

如 1935 年民国政府公布的《第一批简体字表》说明的第一条说：本表所列简体字，包括俗字、古字、草书等体。俗字如"体（体）、宝、岩、蚕"等，古字如"气、无、处、广"等，草书如"时、实、为、会"等，皆为向所已有而通俗习用者。比如"体"，《宋元以来俗字谱·骨部》引《通俗小说》《古今杂剧》《三国志平话》《太平乐府》《娇红记》《白袍记》《东窗记》《目连记》《金瓶梅》"體"皆或作"体"。元李文仲《字鉴·荠韵》："體，他礼切。《说文》：'总十二属也，从骨豊声。'俗作躰，或作体，非。"明焦竑《俗书刊误·荠韵》："體，俗作体，非。"明郭一经《字学三正·体制上·古文异体》："體，俗作体。"明梅膺祚《字汇·人部》："体，俗作肢體之體。"明张自烈《正字通·人部》："体，俗书四體之體省作体，误。"前人皆以"体"为"體"的俗字。古人俗字与正字相对，古文所谓正字，是汉字社会使用规范的用语，一般指合乎社会用字规范，在各个社会用字领域都通用的字。和正字相对，俗字指不合社会用字规范，应用范围限制在民间用字范围内的字。"體"与"体"从结构功能的视角看是异体关系，从用字规范的视角看是正俗关系，从形体书写难易看是繁简关系。"宝"见于《俗字谱》，《俗书刊误》："寶，俗作宝。"前人以为俗字，从结构功能看"宝"是"寶"的由省形构成的异体字，从用字规范看"宝"是"寶"的俗字，从书写难易看"宝"是"寶"的简体字。1964 年公布的《简化字总表》"体"规定为"體"的简化字，"宝"规定为"寶"的简化字。"岩"，《字汇》训"同巖"，1955 年公布的《第一批异体字整理表》"岩"规定为"巖"的正字。可见，繁简关系和异体关系并非泾渭分明。

另外，在汉字自然演进中产生的简体，并非都像"車"一样在文字使用的过程中在通用领域被普遍接受。如草书"卿"写作"𠃌"，现在见到的最早用例见于河西汉简，后来这种写法成为历代草书通行的写法。"卿"字王羲之或写作"𠆎"，故"𠃌"当为"𠆎"省略了左、中部件保留右侧部件而成；"鄉"字或写作"𠃌"（三国吴皇象），此形当由左、中部件略作"丶"，右旁写作"⁊"而成，左、中作"、"，有与"卿"的草形"⁊"相区别的意图，但在实际的书写材料中仍有把"⁊"写作"⁊"的情形（参朱葆华《浅谈草书的萌芽形成与结构特点》，《中国文字研究》第 29 辑，2019 年），造成了混同。"卿""乡"草写之初刻意用"⁊""⁊"形体上的差异相互区别，但由于形体差异太小，仍或造成形体上的混同，降低了区别度。正是由于草书的"⁊""⁊"的形体过于简略，区别度小，使用的范围一直局限于草书，没有进入通行领域。再如宋元明清的俗文学和民间契约文书中使用的大量习用俗字，包括大量使用的同音替代，如《目连记》中用"京"代"驚"；用声旁代替形声字整字，如《取经诗话》中以"敬"代"驚"；局部改造产生新构件，如《古今杂剧》"哥"简作"哥"等。"京"代"驚"、"敬"代"驚"，本质上是字的合并，把字形繁复的字并入字形简易的字，这种做法有两个好处：一是书写者减省了笔画，二是彻底地完成替代过程，即繁复的字形"驚"被替换，不再使用，减省了文字的数量。单从书写者视角看是省掉了书写时的部分力和时间，或减少了需要学会的数量，节省学字付出的力和时间。但从读者的视角看，"京"合并了"驚"，"京"就要负载原来由"京"和"驚"两个字负载的全部意义，增加了"京"字的负担，大大降低了区别度，加重了阅读者理解的负担。可见，自然演化中汉字存在明显的简化趋势，但具体字的简化过程不一定每一个都满足了有效区别和尽可能的表达，其结果可能造成写者省力，而读者费力，不符合整个交际过程的省力原则。

因此，汉字规范中的简化工作要总结自然演化过程的简化趋势和简化规律，着眼于书面交际的全过程，综合考虑写者与读者的省力，取得字形简易与区别、表达诸方面的平衡，实现系统优化。有了这样的基本前提，我们对汉字简化史的总结才能透过纷繁复杂的现象，抓住本质，抓住重点，理清脉络，得到真切、深入的认识。

孙建伟 2008 年考入北京师范大学攻读汉语言文字学专业硕士学位，2011 年毕业并获得硕士学位，当年考入北京师范大学攻读汉语言文字学专业博士学位，2014 年毕业并获得博士学位。硕士学位论文《大陆和台湾字形规范的比较研究》，博士学位论文《〈慧琳音义〉文字整理与研究》。毕业之后的科研工作一直围绕汉字规范、汉字学基本理论、佛经音义和国际中文教育几个方面展开。在汉字规范方面发表了《文字发展定律对异体字的影响》(2016)、《汉字类推简化问题研究综论》(2017)、《清末民国时期汉字简化的发展：摸索与开拓》(2020)、《二十世纪前半叶学界对简体字的辩证认知》(2021)、《清末民国时期汉字"类推"简化法的演进》(2021)、《钱玄同对汉字简化的理论阐述及实践推进》(2021)等论文。2019 年获批国家语委科研项目《70 年来汉字简化成果整理研究与数据库建设》,2022 年获批国家社科基金后期资助项目《晚清民国汉字简化运动研究》。十年来,在繁忙的工作之余,作者对汉字规范理论,特别是对汉字简化史的研究从未间断,一直持续进行。本书即是他所承担的国家社科基金后期资助项目《晚清民国汉字简化运动研究》的最终成果。

细读全文,本书有如下突出特点:(1)首次对晚清民国时期的汉字简化运动做断代研究,标志着汉字简化运动史研究的不断深化;(2)占有相关史料充分,作者研发了"清末民国汉字简化资源库",为本课题的研究做了扎实的史料准备;(3)在史料梳理研究的基础上对晚清民国汉字简化运动做了初步的分期,有助于对汉字简化发展进程的认识;(4)总结出晚清民国时期汉字简化运动发展的特征,提升了对汉字简化问题的理论认识。

诚然,汉字简化运动是我国现代文化史上与新文化运动、白话文运动密切相关,相互呼应的重大历史事件,有复杂的国际、国内的文化背景,也有其文化的、语言的、文字的自身的发展逻辑,新文化呼唤新语言来表达,新语言需要新文字来记录,文化的、语言的、文字的多种因素交织缠绕,使得问题非常复杂。对这段历史的总结非一朝一夕、数人之力能成其功,需要更多的人持续努力,才能逐渐看清其面目,探明其本质。我们希望本书的推出能引起更多的人对汉字简化史研究的关注,推动汉字简化史研究的发展。我们也期待孙建伟能不断推出新的研究成果。

2024 年 7 月

目　　录

序 ……………………………………………………………… 李国英　1

绪　论 ………………………………………………………………… 1

第一章　晚清民国时期汉字简化的发展过程 ……………………… 7
　第一节　解决字形繁难问题的摸索阶段 ………………………… 9
　　一、"简字"方案的制定与推行 ………………………………… 9
　　二、对"简字"推行理据、推行办法的争论 …………………… 10
　第二节　字形系统简化思想的萌生阶段 ………………………… 11
　　一、否定"简字"之法、主张从汉字本身找出路 ……………… 11
　　二、探索搜集已有简省形体的方法和步骤 …………………… 14
　　三、对晚清及民国初期汉字改革思路的总结与思考 ………… 16
　　四、汉字改革、简化之"月谱""年谱"编著 ………………… 18
　第三节　字形简化成果的汇聚阶段 ……………………………… 19
　　一、对汉字形体难易度的量化分析 …………………………… 20
　　二、"俗字"问题及"俗字集" ………………………………… 22
　　三、"手头字"及"手头字"运动 ……………………………… 24
　　四、简体字的甄选及推行 ……………………………………… 25
　第四节　简化相关问题的总结与反思阶段 ……………………… 28
　　一、关于汉字前途和命运的讨论 ……………………………… 29
　　二、对于汉字繁简体的量化和质化研究 ……………………… 32
　本章小结 …………………………………………………………… 35

第二章　晚清民国时期汉字简化的"术语"体系 ………………… 36
　第一节　指称拼音文字的"简字" ……………………………… 37

第二节　"简笔字"类术语 ……………………………………… 39

第三节　所指形体属于"简笔字"范畴的其他术语 …………… 41

　　一、手头字 …………………………………………………… 41

　　二、破体字 …………………………………………………… 45

　　三、白字 ……………………………………………………… 48

　　四、小写 ……………………………………………………… 48

　　五、别字 ……………………………………………………… 49

　　六、别体字 …………………………………………………… 51

　　七、俗字 ……………………………………………………… 52

　　八、古字 ……………………………………………………… 52

　本章小结 ……………………………………………………… 52

第三章　晚清民国时期汉字简化的方法类型 ………………… 54

第一节　简化方法的展示模式 ………………………………… 55

第二节　简化方法的发展过程 ………………………………… 58

第三节　简化方法的总体特征 ………………………………… 65

第四节　其时的"类推"简化法 ……………………………… 70

　　一、"类推"简化思想的萌生 ……………………………… 71

　　二、"类推"简化实践形式的增多 ………………………… 72

　　三、"类推"简化理论表述的提出 ………………………… 75

　　四、"类推"简化引发的思考 ……………………………… 77

　本章小结 ……………………………………………………… 79

第四章　晚清民国时期汉字简化的形体成果 ………………… 81

第一节　"简体字"类形体简化成果 ………………………… 82

第二节　"俗字"类形体简化成果 …………………………… 87

第三节　"手头字"类形体简化成果 ………………………… 89

　　一、"手头字"的实指与定称 ……………………………… 90

　　二、"手头字"的产生、采录原则及生成模式 …………… 91

　　三、"手头字"的形体成果及推行 ………………………… 95

　　四、"手头字"的文字属性及历史观 ……………………… 98

第四节　"合体简字"类形体简化成果 ……………………… 101

一、"合体简字"及其成因 ················· 102

二、"合体简字"字形成果、结构类型及创制原则 ············ 105

三、对"合体简字"的态度 ················· 109

第五节　《第一批简体字表》················· 110

一、《字表》的编订、发布与收回 ············· 111

二、民国学者对《字表》的讨论 ············· 114

三、《字表》与现行规范字的比较 ············· 129

四、《字表》的历史地位及启示 ············· 131

本章小结 ····························· 133

第五章　晚清民国时期汉字简化的推行力量 ········· 134

第一节　汉字简化的推力类型 ··············· 134

一、民间力量促进汉字简化 ··············· 135

二、政府行为推进汉字简化 ··············· 140

三、外国文字及其改革影响汉字简化 ··········· 143

第二节　钱玄同的汉字简化 ··············· 147

一、主张简省汉字的背景与缘起 ············· 148

二、对汉字简化及简体字的学理分析 ··········· 150

三、对汉字简化方法的总结 ··············· 152

四、对字形简化成果的整理 ··············· 155

五、对字形简化程度及简体字推行问题的探究 ······· 158

第三节　黎锦熙的汉字简化 ··············· 160

一、对简体字的历史定位及态度 ············· 161

二、对简体字名称及整理原则的讨论 ··········· 164

三、对简体字应用及推行问题的分析 ··········· 166

本章小结 ····························· 168

晚清民国时期汉字简化发展年谱 ············· 171

主要参考文献 ························· 207

后　记 ····························· 217

绪　　论

简化和繁化是汉字自产生以来便一直存在的现象。总体来看，汉字作为符号系统，一方面受文字发展"区别律、简易律、表达律"的制约，另一方面又受社会用字实际的影响，既不能过简，也不能过繁。就前一影响因素而论，如果字形过于简单，虽易于识别，但区别性能减弱，甚至无法区别，从而影响表达效果；相反，如果字形过于繁难，则不易识别，同样影响表达效果。显然，需要在既满足区别特征又具备简易性的前提下，实现表达目的。从后一影响因素来看，经典文献用字跟社会日常用字差异较大，社会越发展，对书写的便捷性要求也就越高。如此势必需要字形在不违背文字发展内部规律的前提下尽可能简易，从而方便社会交际。故而汉字在发展中始终同时存在简化和繁化现象，不过形体趋简是显性趋势。

从字源属性看，目前行用的简体字有很大一部分来源于古代的简体或俗体，且一些汉字在甲骨文时代便有了简体。李乐毅将《简化字总表》中不作简化偏旁用的简化字、可作简化偏旁用的简化字、习惯被看作简化字的选用异体字共 512 个字进行了"始见"溯源。其结果显示：80%以上的现行简化字在 20 世纪 50 年代文字改革之前就已经存在了；其中始见于先秦两汉的占 31.48%，始见于三国魏晋南北朝的占 6.14%，始见于宋辽金元的占 15.74%，始见于明清太平天国的占 10.17%，始见于民国的占 11.52%，始见于新中国成立至《汉字简化方案》公布时的占 19.38%。① 尽管不少汉字的简写体自古就有，但对汉字简化问题进行真正意义上的理论和实践探索，并整理出简繁字表，则始自晚清民国时期。该时段的汉字简化运动属性独特、特征鲜明、主题丰富。

（一）晚清民国时期汉字简化发展的属性

从汉字简化工作的推进主体来看，有的是汉字本身起主导作用自发进

---

① 李乐毅，《80%的简化字是"古已有之"的》[J]，《语文建设》，1996 年第 8 期。另，此《始见表》原收录于《简化字源》一书，作者修订后又发表在了《语文建设》上。

行的,有的是汉字使用主体起主导作用推动简化;就后一主体而论,有的是民间自发进行的,有的由官方主导,有的则两种主体兼而有之。晚清民国时期汉字简化的推进既有民间力量,又有官方行为,属于对汉字进行人为简化的第一个集中阶段,其时学者整理出了不少简体字表。1935 年 8 月 21 日,民国政府教育部发布了《第一批简体字表》。这是我国历史上首个由官方正式发布的简体字表,不过《字表》在 1936 年 1 月 23 日便被"停止推行"。它以"述而不作"的原则,选择了"社会上比较通行"的简体字,尽管在政府层面被"叫停",但在民众中间,相关简体字则事实上已经在不同程度地行用,并在社会通用领域和学术研究领域引发了强烈反响。民国学者围绕《字表》,对简体字的合理性及现实价值展开了广视角、多层次的辩证讨论。主要论题涉及简体字及文字简化的合理性,简体字与识字教育、工作效能、文化传承、学术发展的关系等。

总体来看,虽然走汉字"拼音化"道路是晚清民国时期文字改革的总体思路,但其时不少学者对汉字简化及简体字持肯定态度。他们从汉字及世界文字演变史、文字符号功能论等视角出发,采用理论推衍、多向比较、实验测算等方法,对汉字简化的必然性、科学性和必要性等进行了一定论证;认为简体字符合汉字演变的进程,易识易写,有助于识字教育,有利于提升工作效能,同样可以传承文化、发展学术。从当下汉字的实际使用情况论之,此类观点较具先进性和前瞻性。

(二)晚清民国时期汉字简化发展的特征

晚清民国时期是有意识且较有系统地进行汉字简化的起始阶段,尽管该时段的汉字简化工作进行得不全面、不深入、不彻底,但它却是自唐宋以来社会生活中不时出现简易形体、俗写形体到新中国成立后进行系统简化工作的中坚阶段。不过,晚清民国时期学者们并非一开始便自然地将目光聚焦到汉字中已有的简易形体上,并非天然地有成系统的简化方案和推行办法供人们采纳。其时学者经不断探索、尝试、争辩、反思,才逐渐找到了正确的方向。概括来看,该时期汉字简化的发展表现出如下五个特征:

第一,发展阶段具有交叠性。我们将该时期汉字简化的发展划分为如下四个阶段。(1)解决字形繁难问题的摸索阶段。1892 年,由中国人创制的第一个字母式拼音方案《一目了然初阶》问世。从 1892 年至 1910 年,全国各地提出的各类拼音方案有 28 种之多。1908 年,《行用简字平议》否定了《盛世元音》《传音快字》《增订合声简字谱》中的"简字"之举,《平议》认为,社会通行的汉字一年半时间即可学完,而且有自晋唐以来的行草字,简洁灵便。显然《平议》已经开始了对"简字"之路的反思,并关注行草字的应用价值。（2）字形系统简化思想的萌生阶段。1909 年，陆费逵在《普通教育当采用俗体字》中指出，汉字形体繁难，不利于推行，认为近人创制的"简字"与旧有文字差异过大。由此陆费逵主张推行俗体字，并认为俗体字是其时最为便捷、最易推行的汉字形体。自此之后，李思纯、钱玄同、胡适、陈光尧、杨端六等就如何搜采已有的简体字，从思路、方法等层面展开了多种探索。这一过程一直持续到 1929 年。（3）形体简化成果的汇聚阶段。1930年，李从之在《简字的研究和推行方法的拟议》中列出了 87 组偏旁或整字的繁简对应例子，这是真正意义上以"字表"模式展示简体字的开始。由此来看，1930 年可视作从理论探索到实践开展的起始之年。这一过程集中持续到 1935 年《第一批简体字表》发布。该时段学者们整理出的简体字表有 12种，且大都以"繁简字对照"的模式进行展示。（4）字形简化相关问题的总结与反思阶段。1936 年，民国政府教育部叫停了简体字表。自此开始，学者们从更加综合的视角考量简体字的整理与推行，这一过程持续到 1949年。就上面四个阶段而论，虽然我们依据核心事件给出了时间节点，但这些语言现象在发展时并非在某一个时间点上突然结束，而是具有历史延展性，在发展阶段上呈现出交叠性特征。

第二，研究方法具有多样性。该时期学者在探究汉字简化问题时，创造性地使用了多种研究方法。重点有以下一些：（1）"字形表"展示法。学者们在处理字形简化的实践成果时，往往以"字形表"的模式进行展示，典型代表为《第一批简体字表》。其时学者整理出的繁简"字形表"多达 20 种。（2）"月谱""年谱"展示法。以杜子劲为代表的学者，对 1926 年至 1933 年间的汉字简化工作及简化成果以"月谱"的形式进行了总结。此外，他还整理出了 1909 年至 1935 年间的简体字"年谱"。（3）实验分析与数理测算法。比如在"形体简化成果的汇聚阶段"，以艾险舟、傅葆琛、徐则敏、李从之等为代表的学者，充分利用实验统计、对比分析、数理测算等研究方法，对学生识字教育、民众识字教育中该教授哪些汉字，教授多少汉字，从哪些汉字开始教起，如何教授等问题，进行了更为科学的测算和分析。（4）字频统计与分级归类法。主要指依据字频对字符进行分级。比如徐则敏在《汉字难易分析的研究》中，依据使用频次，将他提取出的 2 400 个"常用字"进一步分为最常用、次常用、常用三级，每类各计 800 字。（5）心理认知研究法。以艾伟为代表的学者，将汉字难易度的研究从实验分析进一步深入到认知心理的层面。（6）纵向比较和横向比较相结合的研究方法。其时学者一方面考察了汉字发展简易化的总趋势，另一方面又考察了世界文字趋简的总体规律。比如艾险舟在《识字教学之研究》中主张用简体字进行教学，其理由之一即英国文字也经历了由繁到简的变化。再比如黎正甫在《简体字之推行与阻力》中指出,世界各国的文字基本都是"由繁而简"变化的,足见简体字既适合普通民众的需求,也顺应文字发展演变的自然趋势。

第三,讨论方式具有连续性。这里所谓的"连续性",主要指某学者提出一些观点、方法或整理出一些形体简化成果后,其他学者往往会就该主题或成果继续进行讨论或研究。比如 1909 年 1 月,陆费逵的《普通教育当采用俗体字》提倡使用俗体字;同年 2 月,沈友卿在《论采用俗体字》中对陆费逵的主张提出了异议;其年 3 月,陆费逵又在《答沈君友卿论采用俗字》中对沈友卿进行了回应。再比如 1933 年 11 月,林语堂在《提倡俗字》中对"别字""俗字"进行了区分,并明确反对"别字",提倡"俗字"。其后,钱克顺在《读了廿九期〈提倡俗字〉后的一封信》中,对林语堂《提倡俗字》里的观点进行了回应。还比如 1935 年 3 月,《推行手头字缘起》刊发了"手头字推行会"搜集的"手头字"300 个;同年 5 月,胡行之在《关于手头字》中新搜集了"手头字"80 个,对"手头字推行会"的成果进行了补充。

第四,推进模式具有辩证性。就晚清民国时期汉字简化的发展而言,我们可以将其推进模式描述为"螺旋式上升",即其时学者以"辩证"的思维逐步确立了汉字简化的科学理念。具体表现在文字简化指导思想的转变、简化成果整理原则的确立、汉字未来走向趋势的预判等方面。自 1892 年起,卢戆章、蔡锡勇、沈学、王照、劳乃宣等人尝试用"切音字"手段解决汉字繁难问题。不过到了 1908 年,《行用简字平议》便否定了沈学、蔡锡勇、劳乃宣等人的"简字"之举。1909 年,陆费逵在《普通教育当采用俗体字》中主张放弃拼音文字,采用汉字中已有的俗体字。至 1918 年,钱玄同在《中国今后之文字问题》中明确反对改良汉字,反对推行"简字",主张废除汉字,代之以Esperanto(世界语)。不过彻底废弃汉字绝非易事,故而 1920 年钱玄同又在《减省汉字笔画底提议》中主张搜集已有的简易形体供社会使用。1922 年,钱玄同在《汉字革命》中对沈学、卢戆章、蔡锡勇、劳乃宣、王照等人的观点进行了批驳,认为他们一方面想保留汉字,一方面又想造拼音文字的想法是行不通的。钱氏认为,在汉字改为拼音字母的"筹备"期内,对于汉字的补救办法为写"破体字"。1928 年,陈登皞在《中国文字改革的具体方针》中否定了将汉字根本废除、采用注音字母或罗马拼音字母的做法。他进而主张先简化社会上最常用的一些汉字,并认为其时进行汉字简化,是中国文字自身改良的一个好办法。在保留汉字的思路下,1930 年至 1935 年间,学者们多方搜集汉字中已有的简易形体。1936 年 1 月,民国政府教育部叫停简体字的推行后,其时学者又从汉字改革的各流派出发,重点围绕简体字是否是汉字改革的未来这一问题进行了探究。或者认为应该彻底走拼音化道路，或者认为简体字之路也行得通，或者认为应该"多路融合"，既推行简体字，也辅以拼音。1946年，张世禄在《汉字的特性与简化问题》中指出，汉字的改革不是废止汉字，应反对汉字拉丁化运动，汉字简化应该以近代的俗体字为核心顺势而为。由上来看，对于汉字繁难的问题，晚清民国学者在不断地"尝试—否定—再尝试"的模式中进行了半个多世纪的探索，最终得出了"推行简体字，辅以拼音"的方案。

第五，所持理念具有前瞻性。即便从今日之学术视野去审视，其时学者提出的一些主张或见解，仍具有很高的指导意义和学术价值。相关理念主要有：（1）对汉字简化指导思想的认识。其时有人以汉字是"象形文字"、是"衍形文字"的理由反对简省汉字的笔画，钱玄同在《减省现行汉字的笔画案》中认为："应该谋现在的适用不适用，不必管古人的精意不精意。"刘公穆的《从工作效率观点提倡简字》认为，文字变迁是依据自然进化规律进行的，但"自然进化"有时要借助"人工"，而"人工"只能在自然的基础上进行。（2）对汉字简化方法的创新。沈有乾于《汉字的将来》中，在分析汉字音无专形、字形复杂、字数繁多等特点的基础上，主张"三路会师"；提议将标音符号运动、简体字运动、基本字运动三种方法的好处发挥出来，进而创造出"第四种"方法。（3）对简体字价值的认知。黎锦熙在《注音符号与简体字》中认为，简体字之所以也有价值，是因为它是顺着汉字自然趋势发展的，从古代便如此，政府更多应"审订"和"承认"。刘公穆在《从工作效率观点提倡简字》中还指出，在将来的社会上，简体字一定会推行；并认为中国的文字不能毁灭，简体字的应用只需要等待时间。另外，艾伟的《从汉字心理研究上讨论简体字》认为，如果所选的简体字合乎科学原理，即使不正式颁行简体字，它也会行用。（4）对其时汉字简化工作不足的揭示。张公辉在《国字整理发扬的途径》中探究了该时期汉字简化工作存在的问题：第一，没有完整而切实可行的计划，整理过程漫长，方法散乱，缺乏有效标准；忽视了文字在发展的一定阶段有求稳定的需要。第二，简体字只是减少了笔画，没有建立起科学合理的标音体系；如果不能断然打倒繁体字，那么一字繁、简二体并行，反而会增加国字的繁难。

（三）晚清民国时期汉字简化发展的核心问题

晚清民国时期汉字简化的发展既涉及总体性问题，比如汉字简化的发生及发展过程、简化术语、简化方法、字形简化成果、汉字简化发展的推行力量，也涉及一些具有突出特色的专题性问题，比如"手头字"运动、"合体简字"现象、"类推"简化法、《第一批简体字表》等。基于此，我们以上述总体问题为主体框架,将那些特色突出的专题性问题置于相关主题之下,最终形成下面五章内容。

第一章,晚清民国时期汉字简化的发展过程。该时段汉字简化问题的发展总体上可划分为四个阶段：解决字形繁难问题的摸索阶段,字形系统简化思想的萌生阶段,字形简化成果的汇聚阶段,简化相关问题的总结与反思阶段。第二章,晚清民国时期汉字简化的"术语"体系。主要有指称拼音文字的"简字"用语、"简笔字"类术语、所指形体属于"简笔字"范畴的其他术语。第三章,晚清民国时期汉字简化的方法类型。这部分除了讨论该时段汉字简化方法的基本内容、发展趋势、核心特征外,还重点考察了"类推"简化法的发展问题。第四章,晚清民国时期汉字简化的形体成果。此部分除讨论字形简化的一般性成果外,还重点考察了该时段"俗字"类简化成果、"手头字"类简化成果、"合体简字"类简化成果、《第一批简体字表》。第五章,晚清民国时期汉字简化的推行力量。重点分析了该时期推动汉字简化发展的民间力量、政府行为、外国文字及其改革的影响,同时考察了钱玄同、黎锦熙等关键推动者。另外,我们也将该时段与汉字简化主题相关的事件、运动、观点、成果等按时间先后排列,编撰为《晚清民国时期汉字简化发展年谱》。

需要说明的是,根据章节安排,一些主题性运动或事件会有侧重地多次出现。比如"手头字"及"手头字"运动,分别出现在第一章、第二章、第四章;第一章主要是从晚清民国时期汉字简化发展的过程视角进行分析,第二章侧重从术语命名视角进行考察,第四章则从形体简化视角进行讨论。再比如"俗字"问题,分别出现在第二章、第四章;而钱玄同汉字简化的相关成就,依据研究重点,则分别出现在第一章、第三章、第五章,但均有侧重。

总之,晚清民国时期汉字简化在理论和实践方面的发展及其时学者讨论简体字问题时切入的视角、采用的方法、所持的观点等,既为新中国成立后的汉字简化工作打下了必要基础,也给当下和未来的语言文字规范工作以相当启示。

第一章　晚清民国时期汉字
简化的发展过程

19 世纪末 20 世纪初,中国社会积贫积弱的状态日渐显现。为了改变这种状况,一些仁人志士将变革的目光投向了语言文字,认为汉字笔画繁多、形体复杂,影响了时人教育水平和文化素质的提高。由此,不少热心人士主张改革汉字、简省形体。1891 年,康有为在《新学伪经考》卷三下《〈汉书·艺文志〉辨伪》中指出:"凡文字之先必繁,其变也必简,故篆繁而隶简,楷真繁而行草简。人事趋于巧便,此天智之自然也。"①这里康有为非常理性地思考了书体演变与文字繁简之关系,从哲学的高度指出文字简易化的总趋势。康有为对汉字形体繁难的认知,是其时不少学者的共识,从而引发了时人对汉字去留问题的思考。

晚清民国时期作为自主地、较有系统地进行汉字简化的起始阶段,人们并非一开始就认为汉字能够完善地记录汉语、满足表达需求,并不是自然地将目光聚焦到汉字中已有的简易形体上,并不是天然地有系统的简化方案和推行办法供时人采纳。从今天来看,这种种"必然"都是其时学者经过不断探索、尝试、争辩、反思才获得的结果。基于以上事实,对该时段汉字简化运动发生、发展问题的归纳与梳理,便成为后世学者研究的重点,成为撰写汉字规范史、汉字学史的重要关注点和取材点。

整体而言,当今学者对晚清民国时期汉字简化运动的研究,以介绍陆费逵、钱玄同、黎锦熙等人的简化理论与实践为基本模式。另外,他们大都介绍了《第一批简体字表》的发布与收回情况。早期较为全面地介绍民国时期汉字简化运动的是新加坡的谢世涯。他在《新中日简体字研究》(1989)②中,针对该时期汉字简化运动的发生与发展,以"研究者"为线索,分别介绍了陆费逵、钱玄同、黎锦熙、陈光尧、胡怀琛、徐则敏、顾良杰、容庚等人的汉

① 康有为,《新学伪经考》[M],北京:三联书店,1998 年,第 108 页。

② 谢世涯,《新中日简体字研究》[M],北京:语文出版社,1989 年,第 144 页。

字简化理论与实践,同时介绍了《第一批简体字表》。而从"学术史"视角对晚清民国时期汉字简化问题进行考察的主要是凌远征。他在《新语文建设史话》(1995)之《汉字简化运动简史》①一节中,重点介绍了陆费逵的《普通教育当采用俗体字》、钱玄同的《减省汉字笔画底提议》等论著及"手头字"的推行、"简体字表"的公布等事件。此外,苏培成的《二十世纪的现代汉字研究》(2001)②在《汉字的简化》一节中,以"事件"为序,分别介绍了陆费逵的汉字简化观、钱玄同对汉字简化的推进、胡适的"破体字"观、"手头字"的推行、《第一批简体字表》的发布与取消,同时还介绍了一些简体字资料性著作和简体字研究论著。另外,王凤阳的《汉字学》(1989)③、张书岩等编著的《简化字溯源》(1997)④、李宇明的《汉字规范》(2004)⑤、何九盈的《中国现代语言学史》(2005)⑥等,对该时期汉字简化问题的讨论与前述几位学者相似,此处不再赘述。

从上面的分析来看,尽管目前针对晚清民国时期汉字简化问题的研究成果相对丰富,但这类研究也存在明显不足:对该时段汉字简化问题的关注点不够全面,对其发展脉络的梳理不够深入,对一些重要节点或动向的把握不够细致,对该时段汉字简化发生、发展的阶段及其特征的揭示不够精准。鉴于这些事实,我们将在前贤时哲研究的基础上,进一步梳理晚清民国时期汉字简化发展的脉络,把握其在发展过程中的关键节点,为汉字规范史、汉字学史的撰写提供更多可参考的史料,为当今和未来的汉字规范工作提供可资借鉴的理论指导和实践经验。

以关键内容及发展特征为依据,我们可将该时段汉字简化运动的发生与发展划分为下面四个阶段:解决字形繁难问题的摸索阶段,字形系统简化思想的萌生阶段,形体简化成果的汇聚阶段,字形简化相关问题的总结与反思阶段。不过,在具体发展方面,上述四个阶段并非在某一个时间点上突然结束,故而我们给出的时间节点存在某些交叉现象。⑦

---

① 凌远征,《新语文建设史话》[M],开封:河南大学出版社,1995年,第158页。

② 苏培成,《二十世纪的现代汉字研究》[M],太原:书海出版社,2001年,第184页。

③ 王凤阳,《汉字学》[M],长春:吉林文史出版社,1989年,第599页。

④ 张书岩等,《简化字溯源》[M],北京:语文出版社,1997年,第7页。

⑤ 李宇明,《汉字规范》[M],武汉:华中师范大学出版社,2004年,第57页。

⑥ 何九盈,《中国现代语言学史》[M],广州:广东教育出版社,2005年,第490页。

⑦ 按,该章的部分内容此前已发表,此次收入时作了修改和增补。详见孙建伟,《清末民国时期汉字简化运动的发生与发展》[J],《宁夏大学学报》(人文社会科学版),2020年第1期;孙建伟,《清末民国时期汉字简化的发展:摸索与开拓》[N],《中国社会科学报》,2020年4月14日。

第一节　解决字形繁难问题的摸索阶段

解决字形繁难问题的摸索阶段,主要指清末兴起的"切音字"运动,集中发生在 1892 年至 1913 年间,典型表现为一种被称作"简字"的拼音符号。从该运动的发展来看,既涉及拼音"简字"方案的制定和推行,也涉及其时学者对"简字"推行理据、推行办法的争论等。

一、"简字"方案的制定与推行

其时有不少学者在分析文字由繁至简这一演变总规律的基础上,认为可以通过拼音的方式,消除汉字形体繁难的问题。1892 年,卢戆章在《一目了然初阶》中认为,记录汉语的文字较为繁杂,主张采用拼音。[①] 1896 年,蔡锡勇的《传音快字》指出,"从繁到简"是汉字发展的一种规律。为普及教育,他在美国开始拟制汉语的拼音方案《传音快字》。[②] 同样是 1896 年,沈学在《盛世元音》中指出,解决汉字难学的问题必须从"变通文字"开始,"得文字之捷径,为富强之源头"。他还强调文字的工具性,认为文字必须便利,"字也者,志也,所以助人省记者也。古字寓形,今字寓音;欲利于记诵,笔愈省为愈便,音愈原为愈正"。[③] 也有学者认为,应该从汉字构件出发,实现拼音化。1900 年,王照在《官话合声字母》中讨论了汉字难易与教育普及的关系,认为汉字的缺点在于形体繁难,而外国文字简易,从而利于教育普及。不过他反对单纯求简的速记式思想,认为此类做法"省手力而废脑力,书易就而读易讹"[④],因此主张用汉字偏旁作为字母。

多种类型"简字"的制定,使得用拼音替代汉字的"简字"之风愈来愈盛。有的从理论上阐明赞成推行"简字"之缘由。1906 年,《竞业旬报》第 5 期上刊发了《简字研究》[⑤]一文,认为我国识字的人少,都是由于汉字太难。于是有人给出了"简字的法则",或是"把简字拼成字音"等,这样便很容易懂得。

有的从现实需求出发,指出推行"简字"之必要。1910 年,《福建教育官

① 卢戆章,《一目了然初阶》[M],北京:文字改革出版社,1956 年,第 2—4 页。
② 蔡锡勇,《传音快字》[M],北京:文字改革出版社,1956 年,第 1—6 页。
③ 沈学,《盛世元音》[M],北京:文字改革出版社,1956 年,第 11 页。
④ 王照,《官话合声字母》[M],北京:文字改革出版社,1957 年,第 16 页。
⑤ 《简字研究》[J],《竞业旬报》,1906 年第 5 期。

报》第 18 期上刊发了《论简字为识字捷法宜由军队试行》①,讨论了中国语言的南北地域之别。该文认为中国文字太繁琐,主张以"简字为汉字之音符,汉字即京音之语号",如此则"文字不相僢,语言可统一";同时认为,这种做法在军队中尤其便于推行,且是最有效果的。文章还指出,军队的士兵来自各地,有的人不识字,给他们教授汉字会较为困难;如果再将他们迁移到他地,则困难更多,故而认为非常有必要给他们教授"简字"。

有的介绍了某地的"简字"课堂,指出"简字"推行之效果。1906 年,《竞业旬报》第 6 期上刊发了《简字学堂》②一文。文章指出,杭州行简字风气,杭州城内各营均已添加简字教科,其中以"旗营"办得最好;他们均使用由"北京简字社"发行的简字教科书;大凡历史、地理、博物学、体操班、国文等均有简字教科书,还有北京出的《简字报》。到 1909 年,《直隶教育官报》第 18 期上刊发了《推广夜课简字学堂》③一文,主张推广夜课简字学堂。

有的介绍了一些有代表性的"简字"成果。1908 年,劳乃宣在《增订合声简字谱》④中指出,"语言画一"由"文字简易"始,因而创制了《合声简字谱》,后又增订,故名为《增订合声简字谱》。同年,《新朔望报》第 4 期、第 6 期上刊发了《简字谱》(1—2)⑤,介绍了劳乃宣的《增订合声简字谱》。

二、对"简字"推行理据、推行办法的争论

这一时期,也有一些学者针对"简字"应否推行、如何推行等,展开了较为深入的剖析与辩驳。1909 年,都鸿藻在《浙江教育官报》第 8 期、第 9 期上发表了《简字利弊说》(1—2)⑥,分析了时人对待"简字"之不同态度,并谈了其对于"简字"的看法。都鸿藻首先举了日本的例子,认为"假名"便利于学习,是日本教育发达的重要原因。他进而指出,中国教育不普及的根源在于"文字不简易"。都鸿藻还考察了世人对待简字的两种态度,其一,反对简字;其二,反对简字分南北音。他也总结了反对简字者所持的三种理由:第一,认为简字"犷陋",采用"简字"是舍弃"固有"而习"本无",是"弃文而即野"。第二,认为用"简字"是秘密结会。第三,认为"简字"隔开了上流社会和中、下流社会。对于上面的三种反对理由,都鸿藻逐一进行了驳斥。最

---

① 《论简字为识字捷法宜由军队试行》[J],《福建教育官报》,1910 年第 18 期。
② 《简字学堂》[J],《竞业旬报》,1906 年第 6 期。
③ 《推广夜课简字学堂》[J],《直隶教育官报》,1909 年第 18 期。
④ 劳乃宣,《增订合声简字谱》[J],《新朔望报》,1908 年第 5 期。
⑤ 《简字谱》(1—2)[J],《新朔望报》,1908 年第 4 期、第 6 期。
⑥ 都鸿藻,《简字利弊说》(1—2)[J],《浙江教育官报》,1909 年第 8—9 期。

后,他主张要分南北音,还谈了分南北音并不影响汉语统一的理由。

之后,1910 年《宪志日刊》上发表了《论简字与汉字汉语之关系因及其利害》(1—6)①。该文讨论了世人看待"简字"的正反两种态度,进而认为,汉字应否改从"简字",其判别标准有两条。其一,应以是否适用于义务教育为准。该文以《康熙字典》所收汉字数量为限,计算了每日学习汉字的数量,计算了学习所有汉字所需的时间。由此认为,不改易无法实现教育之普及。其二,以是否适应于"学战"为准。该文进一步指出,学汉字需五年、十年之功,认为汉字繁难影响了学术推广,致使中国之学术为少数人所掌握,由此该文主张借"简字"以切汉字之音。②

第二节　字形系统简化思想的萌生阶段

虽然清末学者制定了多套"简字"符号,但由于这种拼音符号与汉语的属性不甚相符,从而它们注定无法从根本上解决汉字形体繁难的问题。故而其时学者逐渐对"简字"之路进行否定,又转而回到汉字本身。他们在考察汉字发展演变历史规律的基础上,将焦点对准了汉字中本有的简易形体,并归纳出了整理简易形体的方法。同时,其时学者对清末及民国初期汉字改革、简化的种种做法也进行了总结与思考。从相关成果的刊布时间来看,这一阶段集中在 1908 年至 1934 年。

一、否定"简字"之法、主张从汉字本身找出路

虽然"简字"之风曾极为盛行,且有一定的推行效果。但这种彻底改变书写符号的做法,是否能够满足记录汉语的需要,能否实现古今文化之传承,能否切实减少汉字繁难的问题,颇为值得思考。事实上,在"简字"之风大盛的时候,就有学者对"简字"这种用拼音符号替代汉字的改革方法提出了质疑。以吴稚晖、陆费逵、李思纯等为代表的学者,对"简字"进行了更加全面而深入的批判,并主张从汉字本身进行改良。

尽管其时学者总体上认为汉字"必然"会被废除,但又不会立刻被废除。

---

① 《论简字与汉字汉语之关系因及其利害》(1—6)[N],《宪志日刊》,1910 年 11 月 10—16 日。
② 按,1913 年过耀根在《无锡教育杂志》第 1 期、第 2 期上发表了《论简字与汉字之关系》(1—2),其内容与《宪志日刊》上发表的《论简字与汉字汉语之关系因及其利害》(1—6)相同。

故而学者们也在探索"过渡"时期的办法,或者认为可以对汉字进行简化,或者认为可以采用社会上已经存在的简易形体,且不少人对拼音"简字"持审慎态度。1908 年 3 月,吴稚晖在《新世纪》第 4 期上发表了《评前行君之"中国新语凡例"》①。该文指出,"中国现有文字笔画之繁难,枉费无数光阴,于文明进步,大有妨碍"。文章还认为,"中国现有文字之不适于用,迟早必废"。不过吴稚晖又指出,在废除前的过渡时期,可以对汉字进行"暂时"改良。故而他用自拟的四种笔画,即平画、直竖、斜弦、圆点,去改良汉字。吴稚晖也提出了改良汉字的两种方法:其一,限制字数,那些较偏僻的字废而不用;其二,手写之字,皆用草书。由此来看,吴稚晖主张简省汉字的笔画,限制使用中的汉字数量。同年 9 月,《通学报》第 6 卷第 3 期上刊发了《行用简字平议》,综合评价了沈学的《盛世元音》、蔡锡勇的《传音快字》、劳乃宣的《增订合声简字谱》,认为以上三人的简字之举均不可取。《平议》还认为,社会通行的汉字一年半时间即可学完,而且有自晋唐以来的行草字,简洁灵便。另外,1909 年 4 月,《甘肃官报》第 21 期上刊发了《推行简字之慎重》②一文,认为应该慎重对待"简字"的推行。

主张完全放弃拼音文字、采用汉字中已有简易形体的是陆费逵。1909 年 1 月,陆费逵在《教育杂志》第 1 卷第 1 期上发表了《普通教育当采用俗体字》③。陆文认为,汉字形体繁难,学习起来较为困难,不利于推行,这也是近人创制"简字法"的动因。他进一步指出,近人所创制的"简字"与旧有文字在形体上差异过大,不如推行俗体字,其理由是俗体字为最便捷、最易推行的汉字形体。陆费逵还归纳了俗体字较易推行的两点便利因素:其一,与正体字相比,这种字笔画简单,比如"體"作"体"、"燈"作"灯"、"歸"作"归"、"萬"作"万"、"蠶"作"蚕"等;其二,除公牍及考试答卷外,一般场合都在使用俗体字,社会底层人士靠这些字去阅读小说、唱本等。由此陆费逵认为,若采用俗体字,对于普及教育有极大便利。他进一步指出,采用俗字不但能够节省学习者的脑力,增加识字的人数,还能够便利写字、刻字等。不过,其时社会上一些人认为俗体字的形体不美观。对此陆费逵认为,文字只是记录语言的符号,而且是人造出来的,并非天然而成,从而雅观与不雅观更多是习惯问题。

陆氏的文章一经刊出,便有人提出了质疑。1909 年 2 月,沈友卿在《教

---

① 吴稚晖,《评前行君之"中国新语凡例"》[J],《新世纪》,1908 年第 4 期。

② 《推行简字之慎重》[J],《甘肃官报》,1909 年第 21 期。

③ 陆费逵,《普通教育当采用俗体字》[J],《教育杂志》,1909 年第 1 期。

育杂志》第 1 卷第 2 期上发表了《论采用俗体字》①。沈文对陆费逵的俗字主张提出了异议。他认为虽然陆费逵用意"良苦",但操作上恐怕不可行。沈友卿也谈了其反对采用"俗体字"的理由,认为尽管陆氏所说的那些比较简单的形体不是杜撰的,但并不是每个繁难的字都有相对应的简单形体。比如"體"可作"体",但"醴""髓"等字,用什么形体去替代呢?"燈"可作"灯",但"凳""橙"用什么字去替代呢?"萬"可作"万",但"邁""蕘"等字用什么形体去替代呢?另外,笔画比这些字多的字数量不少,将来如果编入课本中,必定会被人嗤笑。由此沈友卿认为,可采用的俗体字数量有限,大量由这些俗体作为构件的字并没有相应的俗体可替代,从而无法推广,其作用极其有限。

针对沈友卿的质疑,1909 年 3 月陆费逵在《教育杂志》第 1 卷第 3 期上发表了《答沈君友卿论采用俗字》②一文予以回应。陆文的核心思想如下:首先,采用俗字本不是改良文字的"正法",只因拼音"简字"不易推行,而创制字母文字则更难;采用俗字后,可有效减轻正体字造成的繁难问题。其次,只是采用已有的,而不是字字都要求用俗体。再次,文字本身是语言的符号,从仓颉造字到蝌蚪文到籀文再到隶书等,文字均"由繁而简,由难而易,盖吾人之心理然也";而且所谓正俗,也处在变动之中。第四,俗体字的由来或许不可考,但一定是习用的字才会有俗体;那些不常用的字,自然无须为其创制俗体简字,因此不少字没有对应的俗体并不奇怪。第五,主张由行政者采择俗体字予以颁布,这样人们会在心中接受,推行起来就相对比较容易。

认为应该"暂时"保留汉字的还有李思纯。1920 年,李思纯在《少年中国》第 1 卷第 12 期上发表了《汉字与今后的中国文字》③一文。他以欧洲文字为参照,讨论了汉字的缺点。其一,汉字"衍形"而不"衍音",声音信息不足;其二,形体繁难,耗费教师心力的是"字体的间架";其三,"同音异义""异音同义""一字数义"现象颇多。李思纯也分析了汉字的优点。其一,"因衍形之故,不容易随声音而变",可以跨越历史和方域,从而维系汉语的统一;其二,虽然常用的字数量有限,但能够通过组合去表达各类概念和名称。在上面基础上,李思纯认为汉字将来"必归废灭",但目前只能逐渐补充,不能根本废弃。他还指出,注音字母是中国文字的补救方法,不过该方

---

①　沈友卿,《论采用俗体字》[J],《教育杂志》,1909 年第 2 期。
②　陆费逵,《答沈君友卿论采用俗字》[J],《教育杂志》,1909 年第 3 期。
③　李思纯,《汉字与今后的中国文字》[J],《少年中国》,1920 年第 12 期。

法无法从根本上解决汉字遗存的各种问题,尤其是形体繁难问题,反而添了
"二重文字"之嫌。最后李思纯认为,世界未来会有公共文字,因此其时应
"保存汉字,救以注音"。

二、探索搜集已有简省形体的方法和步骤

尽管其时有不少人主张用拼音文字替代汉字,但这种根本性质的改变
非一时可成,故而以钱玄同、陆费逵、陈光尧等为代表的学者,努力探索采录
汉字中已有简省形体的方法及步骤。

1918 年,钱玄同在《新青年》第 4 卷第 4 期上发表了《中国今后之文字
问题》①。该文中钱氏反对改良汉字,反对推行"简字",主张废除汉字,代
之以 Esperanto(世界语)。不过钱玄同又认为,改用拼音文字非朝夕间可
以完成,到正式施行拼音文字需要"十年"之久,而这十年时间内仍可使用
汉字,故而他于 1920 年 2 月在《新青年》第 7 卷第 3 期上发表了《减省汉
字笔画底提议》②。该文中钱氏首先讨论了汉字的特征:声音难识,形体
难写。他继而认为,简省字体是提高书写速度的重要方法,注音字母可用
于补救汉字声音难读这一不足。就简省笔画而论,钱玄同准备选择三千
字左右。由此他拟出了搜集固有形体的八种方法:其中"采旧"的有五
类,即采取古字、采取俗字、采取草书、采取古书上的同音借字、采取流俗
的同音借字;"新造"的有三类,即新拟的同音假借字、新拟的借义字、新拟
的减省笔画字。另外,钱玄同还谈到了这种"简体字"的推行问题。他主
张从学校教育开始,然后扩张至印刷品,刻版时应该采用简体字加注音字
母的模式。

至 1922 年,钱玄同又在《国语月刊》第 1 卷第 7 期上发表了《汉字革
命》③一文,对沈学、卢戆章、蔡锡勇、劳乃宣、王照等人的观点进行了批驳,
认为他们一方面想保留汉字,一方面又想造拼音文字的做法是行不通的。
钱氏认为,在汉字改为拼音字母的"筹备"期内,对于汉字的补救办法为:写
"破体字",即凡笔画简单的字,不论古体、别体、俗体,都可采用;写"白字",
同音的字少用几个,拣一个笔画较简而较通行的字,去代替几个笔画较繁而
较罕用的字。这也是从汉字本身出发进行的一种改良。在同一期上,钱玄
同还发表了《减省现行汉字的笔画案》④,转录了他此前归纳出的八种方法。

---

① 钱玄同,《中国今后之文字问题》[J],《新青年》,1918 年第 4 期。
② 钱玄同,《减省汉字笔画底提议》[J],《新青年》,1920 年第 3 期。
③ 钱玄同,《汉字革命》[J],《国语月刊》,1922 年第 7 期。
④ 钱玄同,《减省现行汉字的笔画案》[J],《国语月刊》,1922 年第 7 期。

另外，何仲英在《汉字改革的历史观》（1922）①中指出，汉字改革是逐步推进的，需要创制"省体汉字"，他对钱玄同提出的八条整理办法给予了充分肯定。

　　同样是在1922年，陆费逵在《国语月刊》第1卷第1期上发表了《整理汉字的意见》②。陆氏认为，用注音字母或罗马字母改成拼音字，短时期内难以做到。可行的办法是限定通俗字的范围，减少笔画。他还归纳了整理汉字的步骤：第一步，采纳已经有使用基础的"简笔字"；第二步，酌量改变形式，将那些笔画繁琐的字之笔画加以省减。另外，胡适在《〈国语月刊·汉字改革号〉卷头言：用历史的眼光说明简笔字的价值》③中主张采用"破体字"。胡适指出，在语言文字的发展中，"小百姓"是革新家，"破体字"的创造与提倡便是其表现之一。他还举了一些"破体字"的例子，比如"萬"作"万"、"龜"作"龟"、"劉"作"刘"等。对于胡适的这一提倡，钱玄同在该文末尾的"附志"中认为，胡适用历史的眼光说明，通行于底层社会的简笔字"合理又合用"。

　　自钱玄同归纳出搜采简易形体的八条规则后，这一时期的学者们大都提出了与之相类似的整理办法，集中收录在《国语月刊·汉字改革号》④中。比如《对于简笔字之我见》一文举例说明了可搜罗的几类简笔字。其一，社会上多数人知道的简笔字，比如"怀""礼""刘""对""齐""难"等；其二，简笔的古字；第三，俗字。正厂在《过渡时期中的汉字》中申述了他人关于汉字改革的办法，举例说明了"简省笔画"的具体做法，比如用古字、俗字、借用、行草等。周起鹏在《汉字改革问题之研究》中提出并举例考察了省减汉字的五种方法：古字，俗字，通用字，借用字，草字。他进而认为，由上述五种方法而得的字不是"采古"就是"采俗"，笔画简单，容易认识，较易通行。

　　此外，1927年陈光尧在《语丝》第140期上发表了《简字举例：以简字改写〈大学〉经文全章》⑤，主张将笔画数多的字先改简，并用"简字"改写了《大学》经文。陈光尧指出，《大学》原文205字，平均每个字可减省4.5画。他还拟出了选取简字的体例：第一，采简笔"俗字"；第二，采直画"草

---

① 何仲英，《汉字改革的历史观》[J]，《国语月刊》，1922年第7期。
② 陆费逵，《整理汉字的意见》[J]，《国语月刊》，1922年第1期。
③ 胡适，《〈国学月刊·汉字改革号〉卷头言：用历史的眼光说明简笔字的价值》[J]，《国语月刊》，1922年第7期。
④ 《国语月刊·汉字改革号》[C]，1922年第7期。
⑤ 陈光尧，《简字举例：以简字改写〈大学〉经文全章》[J]，《语丝》，1927年第140期。

字";第三,采简单的"古字";第四,依据上面三种方法仿造与习惯接近的简字。

三、对晚清及民国初期汉字改革思路的总结与思考

自国人创制的第一个"切音字"方案发布后的 30 多年里,针对汉字的繁难问题,其时学者从不同视角提出了多种改革方案。不过,这些方案是否既能有效消除汉字的繁难问题,又能满足记录汉语的需求,同时也不至于割断中国的历史和文化,需要进行全面总结和反思。对此类问题进行综合考察的主要有陈光尧、杨端六、陈登皞等。他们的重要观点之一为改良汉字,搜采简易字形,以利社会之应用。

陈光尧在《中国文字趋简的历史观》(1927)①中认为,汉字演变总体上趋向便利,并列表展示了各字体的基本情况,比如时代、笔画数、字数、创制者等,还讨论了汉字趋简的历史。陈光尧又梳理了"近代的简字",核心观点包括:宋、元俗字是中国简字史上最有价值的发明;国人鼓吹采用拼音文字的运动,实当由王照、劳乃宣的"简字"始;国语注音字母这种完全拼音的文字,骤然离开汉字而独立,还有很多不便之处;国语罗马字大体与注音字母相同,注音字母只可限于中国,而国语罗马字可通于世界。与之相关,陈光尧在《〈简字举例〉答客难》(1927)②、《〈简字问题〉答客难》(1927)③、《发起简字运动临时宣言》(1928)④等文章中,也讨论了晚清及民国初期汉字改革、简化的发展进程等问题。

此外,杨端六在《改革汉字的一个提议》(1928)⑤中考察了改革文字的必要性。他认为文字是一切文化的根源,如果文字好,就能使得使用这种文字的民族得到极大便利。在这一前提下,杨端六认为中国文字有两个缺点:其一,文言文难学;其二,汉字难学。他进而指出,白话文运动对第一个问题已经有了一定程度的解决,而第二个问题并没有见效。此外,杨端六还梳理了注音字母、罗马字拼音运动发展的过程,分析了其失败之原因。在此基础上,杨端六认为汉字不是一天造成的,同样也不可能一天废除,其最大的"错误"在于"象形",既已深入人心,显然无法废除。由此他提议改用"省笔字",并将"省笔字"分为四类:第一,省笔字,此类最多;第二,俗字;第三,古

---

① 陈光尧,《中国文字趋简的历史观》[N],《民国日报·觉悟》,1927 年 10 月 10 日。
② 陈光尧,《〈简字举例〉答客难》[J],《语丝》,1927 年第 145 期。
③ 陈光尧,《〈简字问题〉答客难》[J],《语丝》,1927 年第 145 期。
④ 陈光尧,《发起简字运动临时宣言》[J],《贡献》,1928 年第 2 期。
⑤ 杨端六,《改革汉字的一个提议》[J],《现代评论》,1928 年第 194 期。

字;第四,草书。不过他认为草书的采用应该有所限制,混杂不清的不宜采用,应尽量采用大家都认识的。

　　至1928年9月,陈登皞在《京报副刊》上发表了《中国文字改革的具体方针》①,其副标题为"反对注音字母和罗马字拼音"。陈登皞指出,中国自有文字以来,总的趋势是"由繁而简",只是这种趋势是渐进的,颇为迟缓。其时有人主张将汉字根本废除,采用注音字母或罗马拼音字母。对于此类观点,陈登皞认为,这对中国数千年的历史、文化而言,并不是完满的补救计划。其理由为,汉语有声调,罗马音无法一一书写,罗马字标记中国语言不切实用。由此,陈登皞主张先简化社会上最常用的一些汉字。他指出,一部分简字事实上已经在社会上流行了很久,只是学者们没有关注,也没有加以提倡,比如"刘、乱、变、战、医、办、头、宝"等。陈登皞进一步认为,应大力提倡简字;举例并归纳了由繁至简的四类规则。另外,1930年陈登皞在《时事月报》第2卷第1号上发表了《中国字应该怎样改良》②一文,也梳理了这一时期汉字改革、简化的种种提法,认为其时进行文字简化,是中国文字自身改良的一个好办法。

　　除上面详细考察的三篇论著外,该时段还有不少类似的成果,集中收录在1929年9月河南省教育厅编辑的《中国新文字问题讨论集》③中。比如薇芬的《中国文字改革的管见》、企重的《我亦一谈改革中国文字》、李作人的《改革中国文字问题》、超的《论简字》、吴健民的《谈谈文字的改革》、刘仲昌的《民众教育与汉字革命》等。此外,陈登皞的《中国字应该怎样改良》④、张耀翔的《改造汉字刍议》⑤、万湘征的《汉字改革运动的回顾》⑥、贾尹耕(引者按,即罗常培)的《注音符号公布前之简字运动》(1—8)⑦、闵中一(引者按,或署名闵宗益)的《汉字变迁之大势及今后应有之改良》⑧、郭荣陞的《汉字改革运动概述》⑨、何西亚的《整理中国文字的必要》⑩、黎锦熙的《大

　　① 陈登皞,《中国文字改革的具体方针》[N],《京报副刊》,1928年9月10—11日。
　　② 陈登皞,《中国字应该怎样改良》[J],《时事月报》,1930年第2卷1号。
　　③ 河南教育厅,《中国新文字问题讨论集》[C],河南教育厅编辑处,1929年。
　　④ 陈登皞,《中国字应该怎样改良》[J],《时事月报》,1930年第2卷1号。
　　⑤ 张耀翔,《改造汉字刍议》[J],《教育季刊》,1930年第1期。
　　⑥ 万湘征,《汉字改革运动的回顾》[J],《星期评论》,1932年第13期。
　　⑦ 贾尹耕,《注音符号公布前之简字运动》(1—8)[J],《国语周刊》,1932年第44—48期、第53—55期。
　　⑧ 闵中一,《汉字变迁之大势及今后应有之改良》[J],《文理》,1933年第4期。
　　⑨ 郭荣陞,《汉字改革运动概述》[J],《南大半月刊》,1933年第2期。
　　⑩ 何西亚,《整理中国文字的必要》[N],《晨报·晨曦》,1933年11月7日。

众语文的工具——汉字问题》①等,亦属此类。

四、汉字改革、简化之"月谱""年谱"编著

对晚清及民国初期汉字简化工作进行总结的另一种形式是编著简化"月谱"或"年谱",以杜子劲为代表。他整理了 1926 年至 1933 年间中国新文字问题的"月谱",梳理了 1909 年至 1935 年间汉字简化的"年谱",集中展示了汉字改革、简化的相关成果,为晚清民国时期汉字简化"年谱"的编著奠定了一定基础。因为这一成果相对独特,故而我们将其单独列置。

1929 年,杜子劲在《国语旬刊》第 1 卷第 9 期上发表了《中国新文字问题月谱(国语运动文献调查)》②,按月梳理了 1928 年至 1929 年间汉字简化的进展,主要包括发生的事件、发布的报告、发表的论著等。之后,1933 年杜子劲又在《国语周刊》第 3 卷第 76 期、第 78 期上发表了《中国新文字问题月谱(1930—1932)》③。该文中杜子劲指出,前几年的"月谱"他只列到了 1929 年,此为 1930 年至 1932 年间发生的汉字改革的相关事项。至 1934 年,杜子劲又在《国语周刊》第 6 卷第 135 期、第 139 期上分别发表了《中国新文字问题月谱(1933)》④及《中国新文字问题月谱补》⑤,按月梳理了 1933 年汉字改革、简化的问题。

另外,杜子劲于 1931 年在《国语周刊》第 1 卷第 4 期至第 7 期上发表了《最近五年来的中国新文字问题(1926—1930)》⑥。该文中,他为中国新文字问题划分了时段,认为 1894 年至 1925 年这三十多年为"讨论时期",1926 年后为"正在建设时期",其中 1926 年以来的五年为"建设期中的保育时期"。此前李中昊搜集了 1926 年以前关于新文字问题的研究论著 150 余种,并从中选出了 20 篇,编为《文字历史观与革命论》。故而杜子劲选择了 1926 年以后的论著 80 余篇,归置在《中国新文字问题月谱》中;他又在这 80 余篇中选取了 24 篇,另加附录 5 篇,再加本篇,编为《新文字评论》。杜子劲指出,1926 年至 1930 年这五年里,对于文字问题的讨论有三个高潮时期:

---

① 黎锦熙,《大众语文的工具——汉字问题》[J],《国语周刊》,1934 年第 155 期。
② 杜子劲,《中国新文字问题月谱(国语运动文献调查)》[J],《国语旬刊》,1929 年第 9 期。
③ 杜子劲,《中国新文字问题月谱(1930—1932)》[J],《国语周刊》,1933 年第 76 期、第 78 期。按,第 78 期标题中的时间误作 1929 年起,然从第 76 期的内容来看,正当作 1930 年起。
④ 杜子劲,《中国新文字问题月谱(1933)》[J],《国语周刊》,1934 年第 135 期。
⑤ 杜子劲,《中国新文字问题月谱补》[J],《国语周刊》,1934 年第 139 期。
⑥ 杜子劲,《最近五年来的中国新文字问题(1926—1930)》[J],《国语周刊》,1931 年第 4—7 期。

第一次,1926—1927 年"国语罗马字"公布前后;第二次,1928 年"国语罗马字"第二次公布前后;第三次,1930 年民国政府提倡注音识字前后。

至 1936 年 4 月,杜子劲又在《山东民众教育月刊》第 7 卷第 3 期上发表了《简体字年谱》①。梳理了自 1909 年至 1935 年间汉字简化的重要事件或成果。

此外,虽不属"月谱"一类,但事实上也对简字研究的一些材料进行了汇聚,以陈光尧为代表。1930 年,陈光尧发表了《关系简字书籍举要》②一文,其中搜集并罗列了研究或收集简字的书籍共计 60 种。从内容上看,有以下一些:关于俗字的书,关于草字的书,关于古字的书,关于简字的书,关于汉字改革的书,关于普通文字学的书。1931 年,陈光尧在上海商务印书馆出版了《简字论集》③,该书收录了他于 1927 年至 1928 年间撰写的简字论文及字形简化实践类成果。1933 年,陈光尧又在上海启明学社出版了《简字论集续集》④,收录了他自 1929 年 1 月至 1932 年底为止关于简字研究的文章。

第三节　字形简化成果的汇聚阶段

在经历了第二阶段的理论探究之后,晚清民国时期的汉字简化工作进入了更具实践特色的第三阶段,其时间区间集中在 1930 年至 1935 年。一方面,学者们利用实验数据、对比分析、数理统计等研究方法,对学生识字教育、民众识字教育该教授哪些汉字,教授多少汉字,从哪些汉字开始教起,如何教授等问题,进行了更为科学的测算和分析;另一方面,他们依据一定的原则,搜集整理出了多种简体字表。就目前我们掌握的材料来看,1930 年至 1935 年间,学者们整理出的简体字表有 12 种,且基本以"繁简字对照"的模式进行展示。即使在今天来看,其时学者的研究方法和研究结论等,都颇具先进性和科学性。具体来看,这一发展阶段重点涉及以下四个环节:对字形难易度的量化分析,"俗字"问题及"俗字集","手头字"与"手头字"运动,"简体字"的甄选及推行。

---

① 杜子劲,《简体字年谱》[J],《山东民众教育月刊》,1936 年第 3 期。
② 陈光尧,《关系简字书籍举要》[J],《图书馆学季刊》,1930 年第 1 期。
③ 陈光尧,《简字论集》[C],上海:商务印书馆,1931 年。
④ 陈光尧,《简字论集续集》[C],上海:启明学社,1933 年。

一、对汉字形体难易度的量化分析

虽然民国初期的学者们逐渐对识字教育和民众教育中应教授什么字的问题达成了共识，但对于教授的具体字形、所教字量、教授步骤及教授效度等，并没有精确数据支撑下的一致看法。这显然需要在理论归纳的基础上，采用实验统计、数理分析等方法，进行更为科学、深入的探究。相关研究者主要有傅葆琛、徐则敏、李从之等。其共同认识为教授笔画少的简易字。

傅葆琛在《普及识字教育声中几个先决问题》（1930）[1]中指出，识字是一切教育的起始，教育的基础是识字，但问题的关键是教不识字的人识什么字。白话文运动的时候，有人主张废除汉字，改用一种拼音文字，有人主张采用罗马字，有人主张自造一种字母；但因为汉语在各地读音有别，故而拼音文字难以实行；拼音字母虽然发明了，却只是用于替代反切以注音，成为汉字的注音符号。从而汉字在近几十年至一百年间，绝不至于"寿终正寝"。由此他认为，教不识字的人识字，就是教汉字，同时教注音符号。概括来看，傅葆琛认为其时没有更好的文字去替代汉字，故而不识字的人仍当学习汉字；注音符号可以辅助汉字发出准确的音，也是不识字的人需要学习的。此外，李从之的《简字的研究和推行方法的拟议》（1930）[2]也认为，民众教育的起始是文字教育，并对傅葆琛《普及识字教育声中几个先决问题》中提出的"教不识字的人识哪一种写法的字"这一问题作了回答，他主张教授民众化的、简易化的"简字"。

同样，徐则敏的《汉字难易分析的研究》（1930）[3]认为，汉字繁难影响了民众教育之推行，并引用艾险舟《识字教学之研究》中的相关观点为佐证。他整理出了《历代汉字增加表》，认为要想求得普通所用的字，最好的办法就是"统计法"；将普通书报中的字加以统计，以便知其使用次数之多寡，从而可了解每个字常用的价值。在徐则敏之前，陈鹤琴、敖弘德、王文新三人已进行过相关统计，他在上面三位的基础上抽取出"常用字"2 400 个，并将这些字再分为最常用、次常用、常用三类，每类各计 800 字。徐则敏还根据《中华大字典》《新字典》与中央大学图书馆的笔画分类法，制定出了《汉字笔画分类表》，进而得到《常用 2 400 汉字笔画分配表》《常用 2 400 汉字笔画分析统计表》，并用抽样统计法整理出了《常用 100 汉字笔画分类表》《最常用次

---

① 　傅葆琛，《普及识字教育声中几个先决问题》[J]，《教育与民众》，1930 年第 1 期。

② 　李从之，《简字的研究和推行方法的拟议》[J]，《教育与民众》，1930 年第 3 期。

③ 　徐则敏，《汉字难易分析的研究》[J]，《国立中央大学教育季刊》，1930 年第 3 期。

常用与常用三类汉字笔画分配之比较图》《常用 2 400 汉字笔画分配图》。

至 1930 年 12 月，徐则敏又在《汉字笔画统计报告》①中指出，汉字难学习，主要由于笔画太多，字的结构太复杂。他列表展示了各时代汉字增加、累积的情况，给出了研究笔画数所依据的原始材料：第一，根据《中华大字典》的 42 239 个汉字，测查其笔画数的分配情况；第二，根据陈鹤琴、敖弘德、王文新三人研究所得的"常用字"2 400 个，测查其笔画分配状况；第三，在 2 400 字中抽取出价值最大的 800 个字，测查其笔画分配状况。之所以分三部分，主要是为了更加了解其时日常生活所用汉字的实际状况。概括来看，其结论主要有：第一，笔画异常复杂的字在结构上有共同特征：由许多简易的单字拼合而成，有时读音与单字相近，有时字义与单字相关。第二，越是通用的字，笔画越少；越是不通用的字，笔画越多。不少笔画繁杂的字逐渐被淘汰，足见由繁而简是汉字进化的"定律"。第三，所有汉字中，笔画容易观察的占 22.46%，不容易观察的占 37.83%，观察难易度待确定的占 39.71%，不容易观察的字比容易观察的字多；在常用字中，容易观察的差不多占一半，不易观察的占 18.34%，待确定的占 39.16%。总体来看，在常用字中，容易观察的比不容易观察的多。第四，汉字中的难字主要表现为笔画多、组织复杂。如果将常用字中 15 画以上的字和难易度待定的字改为民间通行的简字，则汉字难识、难写的问题便能得到较好解决。最后，徐则敏主张先学习其时社会上需要的字和容易观察的字；并依据上面的原则选出了 400 个教学用字。

属同类的还有艾险舟的《识字教学之研究》②、李步青的《拟选民众应识的字之标准及其方案》③、徐则敏的《民众识字教育中的简字问题》④、浙江省立严州初中附小的《简体字的研究》⑤、周先庚的《美人判断汉字位置之分析》⑥、吴法军的《由简笔字说到农民识字问题》⑦、邹鸿操的《简字与原字书写速度之比较》⑧、章荣的《简字的价值及应用之试验研究》⑨，等等。

---

① 徐则敏，《汉字笔画统计报告》[J]，《中华教育界》，1930 年第 12 期。
② 艾险舟，《识字教学之研究》[A]，《学术讲演集》（第 1 集）[C]，安徽省政府教育厅编译处，1930 年。
③ 李步青，《拟选民众应识的字之标准及其方案》[J]，《师院半月刊》，1930 年第 1 期。
④ 徐则敏，《民众识字教育中的简字问题》[J]，《民众教育季刊》，1933 年第 2 期。
⑤ 浙江省立严州初中附小，《简体字的研究》[J]，《浙江教育行政周刊》，1934 年第 20 期。
⑥ 周先庚，《美人判断汉字位置之分析》[J]，《测验》，1934 年第 1 期。
⑦ 吴法军，《由简笔字说到农民识字问题》[J]，《乡村改造》，1934 年第 25 期。
⑧ 邹鸿操，《简字与原字书写速度之比较》[J]，《南大教育》，1935 年创刊号。
⑨ 章荣，《简字的价值及应用之试验研究》[J]，《中华教育界》，1935 年第 1 期。

二、"俗字"问题及"俗字集"

搜集并整理社会生活中出现的"俗字",是民国时期汉字简化运动的具体表现之一,相关研究成果集中在 1933 年至 1934 年间。学者们多是在综合分析"俗字"的特点、存留情况等基础上,提出搜集"俗字"的方法、步骤、原则,继而整理出"俗字"表。对此类问题进行研究的主要有刘复、李家瑞、林语堂、曲元、陈光尧、刘德瑞、徐则敏等。

刘复、李家瑞编著的《宋元以来俗字谱》(1930)①共搜集《古列女传》《全相三国志平话》等十二种书中的俗字 1 604 组,6 240 个②。刘复认为,借此可观八九百年来俗字的演进和变化的轨迹。从实际效果来看,该书虽为研究俗字而作,客观上却推动了简笔字运动。林语堂的《提倡俗字》(1933)③对"别字""俗字"进行了区分,并明确反对"别字",提倡"俗字"。林语堂还拟定了采录俗体的方案:第一,现行俗体、省体中的简便者均可采录,比如"灯""迁"等。第二,古字之简者亦可采用,比如"礼""众"等。第三,行草书中的省便形体,需改作楷书笔画,比如"属""过"等。第四,白话中常见的字要顾及,比如"應""聽"应该分别写作"应""听"。第五,一些双音节的固定词语应该采用简体,比如"衚衕"可写作"胡同"、"鼅鼄"可写作"蜘蛛"。第六,老师有义务教学生写省笔字。第七,专名可以随时缩写起始的两笔。就其内容而言,上述七条除第六条为推行办法外,其余六条均为采录之办法。林文一经刊出,便有人提出了不同看法。同年 12 月,钱克顺的《读了廿九期〈提倡俗字〉后的一封信》④对《提倡俗字》中的观点进行了驳斥。钱克顺区分了"俗字"和"简字",进而认为"俗字"是通俗所用的字,不能跟"简字"同日而语,且俗字早有人用,不必提倡。钱文进一步指出,不该给小学生教俗字。该文末附有林语堂的"回复",不过林氏仍提倡采用俗字。

其后,1933 年 12 月曲元在《论语》第 31 期上发表了《俗字方案》,搜集并列举了报纸、杂志上常见的俗字 300 组,比如"勞—劳""獻—献""麗—丽"等。曲元赞成俗字,还主张创造俗字,提议向小市民搜集俗字,认为他们是俗字最广泛的使用者。1934 年 2 月,陈光尧在《论语》第 34 期上发表了

① 刘复、李家瑞,《宋元以来俗字谱》[M],北京:中央研究院历史语言研究所,1930 年。
② 中国大百科全书编辑部,《中国大百科全书·语言文字》[M],北京:中国大百科全书出版社,1988 年,第 374 页。
③ 林语堂,《提倡俗字》[J],《论语》,1933 年第 29 期。
④ 钱克顺,《读了廿九期〈提倡俗字〉后的一封信》[J],《论语》,1933 年第 31 期。

《简字九百个》①。他从《中华简字表》中摘录出了 900 个简字，同时给出六条说明，并给一些有疑问的字添加了注释。1934 年 3 月，刘德瑞在《小学问题》第 1 卷第 7 期上发表了《讲义上正俗字之商榷》②。其中考察了写讲义的人使用俗体字的原因，并将日常通用的俗写字搜集起来，连同正字按组排列，制成正俗字表，共计 150 组。

　　代表性的成果还有徐则敏的《550 俗字表》。1934 年 7 月，徐则敏在《论语》第 43 期至第 45 期上发表了《550 俗字表》③。徐则敏认为，俗字正合乎汉字简易化的进程。其理由为：第一，俗字结构简单；其二，俗字只改变了汉字形体的一部分，使得前后可以衔接；其三，俗字处处可行；其四，已识汉字的人，不用再单独学习，一见即识；其五，未识汉字的人，学习俗字比学习楷字要容易得多。他还提出了研制俗字的方案：第一步，填写俗字，让俗字用得最娴熟的大学生在 2 400 个常用字中写出他们所用的俗体。第二步，调查手抄本中的俗字，比如油印讲义、听讲笔记、日常信札等。第三步，调查字典中所用的俗字，主要指《学生字典》《中华大字典》。第四步，从草字中找俗字，所据材料主要有石竖庵的《草字汇》。第五步，调查古今各家汇集的俗字书，依据有龙光甸的《字学举隅》、夏曰瑑的《字系》、徐原古的《字学辨释》、刘复的《宋元以来俗字谱》、胡怀琛的《简易字说》。用上面的方法，徐则敏共搜集到 2 500 个简体俗字，并将其命名为《常用简字研究》。他最终选录了 550 个应用较普遍的俗字，列为字表。其选取原则如下：一、笔画比较简便者；二、结构比较简单者；三、结构比较通行者；四、形声的联合比较容易者；五、形义的联合比较容易者；六、结构比较整齐者。

　　除上述成果外，关于"俗字"问题的讨论，还有《老百姓日报·国语专刊》第 59 期上发表的《救济汉字典提倡俗字》④、澄的《提倡俗字》⑤、温锡田的《提倡"俗字""别字"?》⑥、杜子劲的《奉天承运的俗字》⑦、补庵的《说俗字》⑧、张文正的《谈俗字》⑨等。

---

①　陈光尧，《简字九百个》[J]，《论语》，1934 年第 34 期。

②　刘德瑞，《讲义上正俗字之商榷》[J]，《小学问题》，1934 年第 7 期。

③　徐则敏，《550 俗字表》[J]，《论语》，1934 年第 43—45 期。

④　《救济汉字典提倡俗字》[N]，《老百姓日报·国语专刊》，1933 年 11 月 11 日。

⑤　澄，《提倡俗字》[N]，《大公报·小公圃》，1933 年 12 月 3—4 日。

⑥　温锡田，《提倡"俗字""别字"?》[J]，《国语周刊》，1933 年第 118 期。

⑦　杜子劲，《奉天承运的俗字》[J]，《国语周刊》，1934 年第 125 期。

⑧　补庵，《说俗字》[J]，《广智馆星期报》，1934 年广字 277 号。按，该文标题下有注释：即简笔字，又名"简写"。

⑨　张文正，《谈俗字》[N]，《华北日报·每日文艺》，1935 年 5 月 9 日。

三、"手头字"及"手头字"运动

"手头字"问题是该时期继"俗字"问题之后,学者们集中讨论的又一个热点。他们在对"手头字"这一概念进行界定的基础上,梳理了"手头字"运动的兴起和发展,整理出了"手头字"字集。虽然"手头字"运动在 1934 年 8 月间便已发起,但大量的研究文献则集中出现于 1935 年。该论题的研究者主要有张新夫、陈子展、胡行之、馥泉、吕思勉、耳耶、丰子恺、坚壁、史枚等。

1935 年 2 月 15 日,张新夫在《社教通讯》创刊号上发表了《民众读物应采用手头字的建议》①。张新夫认为,"手头字"指人们日常手头上写的便当字,与"简字"相近,但比"简字"更"自然"且"通行"。他还认为,民众读物也应该采用"手头字",因为在汉字"繁难"问题上,"繁"的问题已经得到了部分解决,有专家选出了 1 000 多个字作为学习的对象,而"难"的问题则非常严重。他同时对"手头字"的使用范围给出了四条建议:其一,自编的油印民众读物,一律采用"手头字";其二,自编的铅印民众读物,尽量让印刷所用"手头字"铅字排印;其三,订购民众读物时,尽量选那些用"手头字"排印的;其四,在第一期字汇的基础上,继续搜集新的"手头字",以作为第二期的备选材料。同月 25 日,陈子展在《读书生活》第 1 卷第 8 期上发表了《关于手头字》②一文。陈子展认为,该年度中国文化的第一件大事便是"手头字"的推行,它是继"口头语"后语言文字上的又一革新。陈子展指出,他听闻"手头字推行会"大致成立于 1934 年之八九月,《推行手头字缘起》《手头字第一期字汇》不久将发表。

1935 年 3 月 1 日,《生活教育》第 2 卷第 1 期上发表了《推行手头字缘起》③。该文指出,人们日常生活中有不少"便当"字,大家手头上都这样写,但书本上却不这样印,从而造成要认识两种字形的问题。因此该文主张将"手头字"铸成铜模铅字,也用在印刷上。"手头字推行会"选出了常用的 300 个"手头字"作为第一期字汇,之后再陆续增加,直到"手头字"和印刷体一样为止。

代表性的论著还有胡行之的《关于手头字》(1935)④。胡文认为,"手头字"的推行是必然趋势。其理由主要有以下几点:其一,在暂时不能改为拉丁字之前,推行"简体字"或"手头字",是实行教育的必然选择。其二,其时

① 张新夫,《民众读物应采用手头字的建议》[J],《社教通讯》,1935 年创刊号。
② 陈子展,《关于手头字》[J],《读书生活》,1935 年第 8 期。
③ 《推行手头字缘起》[J],《生活教育》,1935 年第 1 期。
④ 胡行之,《关于手头字》[J],《现代》,1935 年第 4 期。

人事日繁,推行"手头字"乃势所必然。其三,"手头字"在各行各业早已流行,现在只是"因势利导"。胡行之还归纳了"手头字"的来源:来源于古体,来源于书法字帖,来源于草书,来源于谐声,来源于假借,取一部分以代全体,取一边以代全体。对于"手头字"的数量,胡行之认为除各地通行的以外,还可以按照上面的方法去搜集;他同时列出了新整理的80组"手头字"。

　　该时期关于"手头字"的研究成果还有馥泉的《手头字运动》①、吕思勉的《反对推行手头字提倡制定草书》②、丰子恺的《我与手头字》③、坚壁的《关于手头字》④、杰的《为什么要提倡手头字》⑤、醉竹的《手头字质疑》⑥、史枚的《谈谈手头字》⑦、黄祖英的《对于手头字的疑问》⑧、陈的《关于推行手头字》⑨、曹懋唐的《对于反对推行手头字提倡制定草书问题之商榷》⑩、李岑的《关于手头字》⑪、绥靖的《再说手头字》⑫等。关于"手头字"的形体成果,我们将在本书第四章《晚清民国时期汉字简化的形体成果》之第三节进行专门考察。

四、简体字的甄选及推行

　　简体字又称作"简笔字"。与"俗字""手头字"两个论题相比,民国学者对简体字问题的讨论持续时间更长,相关研究成果也更为丰富。从时段来看,集中在1934年至1936年间。尽管该时期不少学者依然认为汉字最终将走向拼音化道路,不过他们仍将目光投向了已有的简易形体,探求系统提取此类形体的方法。此外,学者们还重点讨论了简体字或简笔字的推行范围及推行办法。另外,在《第一批简体字表》发布前后,学者们整理出的以"简体字"或"简笔字"命名的"文字表"有12种之多。代表性成果有钱玄同的《搜采固有而较适用的简体字案》⑬及《与黎锦熙汪怡论采

---

① 馥泉,《手头字运动》[J],《现代》,1935年第2期。
② 吕思勉,《反对推行手头字提倡制定草书》[J],《光华大学半月刊》,1935年第6期。
③ 丰子恺,《我与手头字》[J],《太白》,1935年第1期。
④ 坚壁,《关于手头字》[J],《江苏省小学教师半月刊》,1935年第14期。
⑤ 杰,《为什么要提倡手头字》[J],《新民》,1935年第76期。
⑥ 醉竹,《手头字质疑》[J],《青岛画报》,1935年第13期。
⑦ 史枚,《谈谈手头字》[J],《读书生活》,1935年第2期。
⑧ 黄祖英,《对于手头字的疑问》[J],《江苏省小学教师半月刊》,1935年第20期。
⑨ 陈,《关于推行手头字》[J],《青年文化》,1935年第3期。
⑩ 曹懋唐,《对于反对推行手头字提倡制定草书问题之商榷》[J],《江苏教育》,1935年第7期。
⑪ 李岑,《关于手头字》[N],《觉今日报·文艺地带》,1935年8月22日。
⑫ 绥靖,《再说手头字》[N],《觉今日报·文艺地带》,1935年8月25日。
⑬ 钱玄同,《搜采固有而较适用的简体字案》[J],《国语周刊》,1934年第123期。

选简体字书》①、黎锦熙的《大众语文的工具——简体字》②、吴稚晖、曹聚仁的《谈简笔字》③、吴法军的《由简笔字说到农民识字问题》④、童仲赓的《简笔字的自然趋势》⑤等。

对简体字选录问题讨论得最丰富、最系统的属钱玄同。他在《搜采固有而较适用的简体字案》(1934)中分析了采用简体字的理由,指出陈光尧研制的"简字",卓定谋提倡的"章草",容庚采用古今笔画简易的字体印写的《颂斋吉金图录》等,都是简体字推行的实践者。他认为简体字不仅适用于平民教育,在小学、中学教育中也应推行。钱玄同还指出,要普及简体字,首先需要规定简体字的写法,从而需要搜采固有而较适用的简体字作为素材;有了标准体,就可以用其偏旁组织新的"配合";如果还不够,便可用这些构件造新的简体字。钱氏指出,故有的简体字可取材的有以下六类:其一,其时通行的俗体字;其二,宋元以来的小说等书中的俗字;其三,章草;其四,行书和今草;其五,《说文》中笔画少的异体;其六,碑碣上的别字。

另外,钱玄同还在《与黎锦熙汪怡论采选简体字书》(1935)中说明了采选简体字的相关细节。钱氏认为,采选简体字的目的,或者说其唯一目的,是为了节省书写时间。由此视角入手,钱氏认为行草的笔势不但不能刻意避免,反而要积极采用;在采用行草的笔势时,务必选择点画分明、结体平正的;在选取简体字时,务必依照"述而不作"的原则,因为有历史习惯的字体更易于推行;采选故有的简体字时,应该遵循笔画简少、通行易识、平正易写三个原则。该文还给出了采选简体字的材料:草书,行书,自宋代到现在的俗体字,《说文》中笔画简少的古体字,碑志造像及敦煌写本中笔画简少的别体字。

与此同时,黎锦熙在《大众语文的工具——简体字》(1934)中引用钱玄同的《减省现行汉字的笔画案》《搜采固有而较适用的简体字案》、胡适的《〈国语月刊·汉字改革号〉卷头言:用历史的眼光说明简笔字的价值》三篇文章,以阐明其对文字改革、汉字简化的看法。概括来看,其观点集中表现在以下四个方面:其一,认为十余年来的学者文人不重视"审查""追认"简易字的工作,反倒要给"简体字"定出一个系统,这是"图易于难"的行为。其二,小百姓"创造"的"破体字"调查齐全,是基本够用的;如果不够用,可以在将来的"简体字谱"中挑出一些"固有而较适用"的予以提倡,而非"创

① 钱玄同,《与黎锦熙汪怡论采选简体字书》[J],《国语周刊》,1935 年第 176 期。
② 黎锦熙,《大众语文的工具——简体字》[J],《国语周刊》,1934 年第 156 期。
③ 吴稚晖、曹聚仁,《谈简笔字》[J],《社会月报》,1934 年第 6 期。
④ 吴法军,《由简笔字说到农民识字问题》[J],《乡村改造》,1934 年第 25 期。
⑤ 童仲赓,《简笔字的自然趋势》[J],《正中》,1934 年第 2 期。

造新的"。其三,新造的"简体字"和"拼音文字"对于"小百姓"而言,都是不认识的;与其这样,不如不改变汉字本身,而为其另外设立一个"辅佐者",即"注音符号",这是妥协的做法。不妥协的做法则是汉字革命,即"国语罗马字"。其四,"简体字"在书写时方便,但在阅读时却与"繁体字"一样;如果"繁简体字"同时存在,"简体"省下的时间"繁体"又"补充"了回来。因此,采用"小百姓"造的就够了,无须再造。他还赞成"简体字运动",认为其时只需按"自然"的原则去做,而不可强定系统、臆造新体。此外,吴稚晖、曹聚仁在《谈简笔字》(1934)中也认为,应先采用"久已公认"的简笔字,不能创造得太"生疏",那样跟"本字"成了两个字,读旧式书报又不认识了。

赞成并主张推行简体字的还有吴法军。他在《由简笔字说到农民识字问题》(1934)中首先为简笔字下了定义:指识字的人,笔底下时常写到的,也是口头上不断说到的。吴法军还指出人们对于"简笔字"的不同称呼:庄泽宣的《基本字汇》称作"形异字",商务印书馆出版的《平民字典》称作"别体字",刘复称作"俗字",其他有"简笔字""简易字""破体字""省写字""缩写字"等;虽然名称不同,但实际上是同一类现象。之后吴法军总结:"简笔字"的意思是,有的汉字笔画太多,记忆和书写起来很费力,于是人们把汉字的笔画逐渐减少,直至不能再减,然而它仍然可以代表原来的字,与原来的字功用相同。吴法军还指出了简笔字常出现的十种场所:其一,各县石印的日报;其二,坊间石印的小说;其三,石印的各种广告;其四,各学校油印的讲义;其五,石印的各种通俗书报;其六,社会上往来的信件;其七,石印的各种标语、宣言;其八,乡村书写的契约;其九,民间的各种账簿;其十,年节婚丧时贴的对联。

童仲赓则主张顺应汉字简易化的趋势,并提议控制日常行用的字数。他在《简笔字的自然趋势》(1934)①中认为,简笔字有其自然趋势,无须在根本废除后"另起炉灶",再创造一种简单的文字。他从汉字发展的历史去证实简笔字的总趋势,进而认为,与其"改弦更张",不若"因势利导"。童仲赓同时指出,前几年风靡的注音字母现在已经沉寂下来了;十年以前有人提倡的罗马字,现在也没了半点影响。继而认为,新创造简笔字是"费力不讨好"的工作。由此他进一步指出,中国的字之所以被认为难,是因为字典里有很多"冗字""复字",如果将这些字全都摒弃,而选择三千字,并加以规范和推行,行之数年,自然便成为习惯。另外,童仲赓还举例展示了汉字省减的方案:其一,缩形省笔;其二,部分省笔;其三,借字的省笔;其四,借音的省笔;其五,选择的省笔;其六,边旁的省笔。概括来看,童仲赓认为应该顺应简笔

①　童仲赓,《简笔字的自然趋势》[J],《正中》,1934 年第 2 期。

字的自然趋势,控制字数、简省笔画。

　　1935 年 8 月 21 日,《中央日报》上刊布了《第一批简体字表》①。其内容包括:部令第一一四〇〇号文件《第一批简体字表》、字表说明、推行办法,选编经过。自此之后,有非常多的学者针对该字表进行了多视角研究。相关论题主要包括:《字表》本身的问题,比如所收简体字合理与否,推行方法科学与否;与《字表》及所收简体字直接相关的问题,比如汉字简化及简体字的历史观,简体字与识字教育、工作效能的关系,简体字与学术发展、文化传承的关系等。该类问题我们将在本书第四章《晚清民国时期汉字简化的形体成果》之第五节进行专题考察。

　　除上面讨论的一些材料外,形体简化的其他字汇(表)还有以下几种:卓定谋的《章草考》②收录可考的章草字数 3 000 字,陈光尧在《简字九百个》③中从《中华简字表》里摘录出了简字 900 个,章荣在《简字的价值及应用之试验研究》④中选出了 248 个简字。理论探究的还有钱玄同的《论简体字致黎锦熙汪怡书》⑤、黎锦熙的《关于简体字的各方意见的报告》⑥及《简体字之原则及其推行办法》⑦、徐则敏的《谈简字:简字运动的现状和关于简字种种的说明》⑧、周淦的《简体字问题》⑨、顾良杰的《吾人对于简体字表应有的认识》⑩、黎正甫的《简体字之推行与阻力》⑪等。

第四节　简化相关问题的总结与反思阶段

　　1936 年 1 月 28 日,《教育与民众》第 7 卷第 5 期上转发了《简体字暂停推行》⑫的告示,指出《第一批简体字表》被勒令停止推行。至此,民国时期

---

①　《第一批简体字表》[N],《中央日报》,1935 年 8 月 21 日。
②　卓定谋,《章草考》[M],北京:北平自青榭,1930 年。
③　陈光尧,《简字九百个》[J],《论语》,1934 年第 34 期。
④　章荣,《简字的价值及应用之试验研究》[J],《中华教育界》,1935 年第 1 期。
⑤　钱玄同,《论简体字致黎锦熙汪怡书》[J],《国语周刊》,1935 年第 204 期。
⑥　黎锦熙,《关于简体字的各方意见的报告》[J],《国语周刊》,1935 年第 205 期。
⑦　黎锦熙,《简体字之原则及其推行办法》[J],《国语周刊》,1935 年第 205 期。
⑧　徐则敏,《谈简字:简字运动的现状和关于简字种种的说明》[J],《江苏省小学教师半月刊》,1935 年第 24 期。
⑨　周淦,《简体字问题》[J],《教与学》,1935 年第 3 期。
⑩　顾良杰,《吾人对于简体字表应有的认识》[J],《教育杂志》,1935 年第 11 期。
⑪　黎正甫,《简体字之推行与阻力》[J],《公教学校》,1936 年第 5 期。
⑫　《简体字暂停推行》[J],《教育与民众》,1936 年第 5 期。

由官方开展的汉字简化行动宣告终结,《字表》从正式发布到被停止推行尚不足一年。虽然《字表》被废止,但汉字简化运动和关于汉字简化的研究并没有停止,其时学者对汉字简化相关问题进行了更加全面且深入的总结与反思。这一时段跨度较长,从 1936 年一直持续到 1949 年。

一、关于汉字前途和命运的讨论

《字表》发布前后,民国学者从汉字改革的各流派出发,重点围绕简体字是否是汉字改革的未来这一问题进行了讨论:或者认为应该彻底走拼音化道路;或者认为简体字之路也行得通;或者认为应该"多路融合",既推行简体字,也辅以拼音。

(一)认为应该彻底走拼音化道路

其时仍有不少学者认为,拼音化道路才是汉字改革的目标方向,其典型代表有萧迪忱、达牛、邓渭华、之光、王力、陈耐烦等。这些学者或认为简体字之路是"换汤不换药",或认为简体字破坏了汉字的系统性,或认为汉字已经不符合时代的需要等。

萧迪忱在《汉字改革问题的回顾和展望》(1935)[①]中首先简述了汉字发展简化的历史,认为当时中国文盲多的其中一个原因是汉字繁难;继而讨论了汉字改革的派别,并从"功用"视角将其分为四派:限制派,改良派,补助派,革命派。在此基础上萧迪忱认为,汉字必须要改革是不争的事实,其关键是如何改。对此他认为,限制字数、减少笔画、造新形声字、加注字音,都是"换汤不换药",虽能降低难度,但不能成为便利的工具。他最终认为,G.R.的拼音法式可以体现中国语言的特点。与萧迪忱的观点相似,钱玄同在《历史的汉字改革论》(1935)[②]中也认为,汉字早已有拼音化的趋向,故而主张用国语罗马字替代汉字。钱氏指出,拼音字有固定的形体,放在语言里,不管是单音的还是复音的,都不是独立存在,而是有上下文。之后钱玄同进一步申述其观点:汉字最初造字时是象形的,后来造的字也是衍形的;尽管造字时从形体入手,但用字时却将其视作记音的符号。由此钱氏主张将汉语写成拼音文字。

此外,达牛的《从汉字改革运动说到中国的前途》(1936)[③]首先指出汉字的缺点:难识,难记,难写。在此基础上,他认为以往的汉字改革运动,比

---

① 萧迪忱,《汉字改革问题的回顾和展望》[J],《山东民众教育月刊》,1935 年第 7 期。

② 钱玄同,《历史的汉字改革论》[J],《小学与社会》,1935 年第 40—42 期。

③ 达牛,《从汉字改革运动说到中国的前途》[J],《人文》,1936 年第 8 期。

如"切音新字""官话字母""简字""注音字母""国语罗马字""手头字"等，都未给社会带来满意的效果。对于其原因，他认为没有达到新文字的三个条件：易记易写，跟口语相合，不与国际文字相背驰。由此达牛认为，"中国话写法拉丁化"可以较好地解决这一问题，尽管它也有缺陷。最后达牛指出，既然汉字已经失去了时代的需要，则应爽快地推进"拉丁化新文字"。与之相似，邓渭华在《汉字改革的途径》(1937)①中总结并分析了汉字改革的八种方法，认为只有欧化，走国语罗马字、拉丁化新文字之路，才是汉字最终的唯一出路。他进而指出，欧化是最有利、最方便的一种汉字改革方法，也是改革程度最强的一种。

持类似观点的还有之光的《简体字在文字运动中的地位》②、王力的《汉字改革》③、陈耐烦的《中国文字的过去现在和将来》④等。

（二）认为应该继续推行简体字

与上面的观点不同，也有一些学者坚持认为，简体字自有其历史渊源和推行价值，是可以继续推行的。对于具体简化方法，学者们大都认为，应该以近世的俗体字为核心顺势而为，同时也可以适量采用行书、草书、古字的写法。持此类观点的学者主要有黎锦熙、陈光尧、张世禄、张公辉、曹伯韩等。

黎锦熙是认可简体字的代表性人物。他在《注音符号与简体字》(1936)⑤中首先考察了简体字的来源和名称，认为简体字之来源甚早，可以说中国自有文字以来就有了简体字。黎氏指出，过去的学者将唐宋以来楷书或行书中的简易形体称作"俗体"，与"雅体"相对；或称作"破体"，与"正体"相对；或称作"小写"字，与"大写"字相对。他提议，其时为民众教育着想，不必再采用此种具有"褒贬"性质的名称，而是称作"简体字"。与"简体"相对的是"繁体"，只取繁简之分，而无正俗之别。在此基础上，黎锦熙认为简体字之所以也有价值，是因为它是顺着汉字自然的趋势发展的，政府更多需要"审订"和"承认"，不应该长久地使教育工具有那么多的"麻烦"与"矛盾"。

陈光尧是推行简体字的坚定支持者。在《简字运动概说》(1938)⑥中，

---

① 邓渭华，《汉字改革的途径》[J]，《新中华》，1937 年第 6 期。
② 之光，《简体字在文字运动中的地位》[J]，《新文字半月刊》，1935 年第 3—4 期。
③ 王力，《汉字改革》[M]，长沙：商务印书馆，1940 年，第 54 页。
④ 陈耐烦，《中国文字的过去现在和将来》[M]，上海：世界书局，1941 年，第 112 页。
⑤ 黎锦熙，《注音符号与简体字》[J]，《文化与教育》，1936 年第 93—94 期。
⑥ 陈光尧，《简字运动概说》[J]，《今论衡》，1938 年第 2 期。

他讨论了"简字"这一名称的意义、"简字"的范围,考察了历史上人们提倡简字的动机,梳理了其自身从事简字研究的经过,介绍了各种简字的取材过程,指出所收简字的性质;还讨论了简字的美术价值,指出推行简字的稳健办法,认为简字有利于促进新闻报纸事业的发展。陈光尧在《科学教育与简字》①中指出,当时中国通行的楷字形体繁难,已不适应社会事务繁杂的新时代。概而言之,他认为当时通行的楷字存在难识、难记、难写、难查、难看的缺点。由此陈光尧进一步从推进科学教育的视角认为,推行简体字是进行文字改革的重要思路。

至1946年4月,张世禄在《客观》第18期上发表了《汉字的特性与简化问题》②。他从汉字发展的历史入手,分析了汉字演变"简易化"和"明晰化"的趋势;还讨论了汉字的改革,认为汉字改革不是废止汉字,"汉字拉丁化运动"不能算作真正意义上的汉字改革运动,故而反对汉字拉丁化运动。并强调指出,他所谈的"汉字改革"是在顺应汉字发展趋势的基础上,对其加以调整。此外,张世禄还提出了汉字简化的办法,认为应该以近代的俗体字为核心顺势而为,同时也可以适量采用行书、草书的写法。另外,1948年4月,张世禄在《学识》第2卷第8期上发表了《汉字的简化运动》③,亦为简体字的继续推行辩护。

此外,曹伯韩在《简体字的检讨》(1946)④中指出,该文所谓的"简体字",指比楷书汉字笔画简易一些的汉字;此类形体是宋元以来的产物,多在民间通行,用于账簿、药方、当票、小说唱本等载体之上,被认为是"不登大雅之堂"的一种写法。文中也分析了简体字的构成方法,并引用《减省现行汉字的笔画案》之观点,列举了八种原则,逐条进行了分析。曹伯韩继而认为,简体字的结构完全符合汉字的造字原则和演变规律。他还讨论了简体字的推行问题,认为简体字只是汉字"改良",而非汉字"革命"。

也有学者考察了晚清民国时期汉字简化运动存在的问题及不足,并指出改进的策略。1946年7月,张公辉的《国字整理发扬的途径》一书由台湾评论社出版,其中对汉字简化的价值进行了讨论。张公辉认为,简体字运动者采用的是自发式、渐进性的手段,从而使得简体字存有不少缺点。第一,没有完整而切实可行的计划,整理过程漫长,方法散乱,缺乏有效标准,忽视了文字在发展的一定阶段有稳定性的需要。第二,简体字只是减少了笔画,

---

①　陈光尧,《科学教育与简字》[J],《今论衡》,1938年第10期。
②　张世禄,《汉字的特性与简化问题》[J],《客观》,1946年第18期。
③　张世禄,《汉字的简化运动》[J],《学识》,1948年第8期。
④　曹伯韩,《简体字的检讨》[J],《桂林师范学院丛刊》,1946年第1期。

没有建立起科学合理的标音体系,如果不能断然打倒繁体字,那么一字繁、简二体并行,反而增加了国字的繁难。第三,引用王力《汉字改革》中的观点,认为简体字在读、写两方面都比繁体字要困难,因此数十年来的简体字运动便由盛转衰。他继而考察了各国文字简化的普遍方法,并认为选取常用的形体,削减罕用的样式,废除变体、繁体的歧异,寻求大写、小写、正书、草书的近似,便可以达到简便的目的。①

(三)认为应该多种方法并行

也有学者从更为综合的视角出发,认为应该将标音符号运动、简体字运动等方法结合起来,为汉字的改革和简化探索新方向。持此观点的主要是沈有乾。

1937 年 5 月,沈有乾在《汉字的将来》②中论述了汉字的演化与突变,分析了汉字的特点,指出其对简体字的看法。他认为简体字是为消除汉字形体复杂这一问题而产生的,其改革的彻底性远不如标音符号,从而其收获自然也不多,阻力也不大。之后,他又分析了简体字的好处和不足。其中好处主要有:容易推行,笔画少,书写省事,学习较为容易;不足主要有:简体字使得汉字的数量越来越多,则它对教育是否有利,需要进一步验证。针对此类不足,沈有乾也给出了具体解决方案。第一,选择那些结构完整且有个性的简体字,此类往往比繁体字容易认识。第二,充分利用"假借"法,而不是另造"新字",从而能达到简化字形又不增多字数的目的,比如用"才"替代"纔"等。由此他又认为,推行简体字是"有利无弊"的。最后,沈有乾主张"三路会师":即将标音符号运动、简体字运动、基本字运动三种方法的好处发挥出来,从而可以产生"第四种"方法。

此外,还有一些研究者对晚清以来的汉字改革及简化运动进行了总结,但未对汉字的未来及发展趋势作出论断。此类主要有童振华的《中国文字的演变》③、史存直的《中国文字改革运动的过去和现在》④、吴一心的《中国文字改革运动之史的综述》⑤等。

二、对于汉字繁简体的量化和质化研究

随着《第一批简体字表》的发布与叫停,学者们除了从理论上考察简体

① 张公辉,《国字整理发扬的途径》[M],台北:台湾评论社,1946 年,第 5—6 页。
② 沈有乾,《汉字的将来》[J],《教育杂志》,1937 年第 5 期。
③ 童振华,《中国文字的演变》[M],上海:生活书店,1937 年,第 144 页。
④ 史存直,《中国文字改革运动的过去和现在》[J],《中华教育界》,1947 年复刊第 4 期。
⑤ 吴一心,《中国文字改革运动之史的综述》[J],《中华教育界》,1947 年复刊第 8 期。

字应否推行外,也注重从实验分析和数理统计的视角,进行更为深入的剖解。这典型表现为考察繁简体字与学习效率的关系,进而上升到认知心理的层面。

（一）繁简体字在学习效率上的实验研究

前文我们已经提及,其时除了《第一批简体字表》外,类似的简体字表有十多种,因此仍有不少学者结合该类字表中收录的简易形体,从更为科学的层面,对汉字繁简体的效度进行实验研究,相关学者主要有张定华、周学章、沈有乾、杨骏如、曹芷清、薛鸿志、李爱德等。尽管一些学者认为,简体字对于减少汉字繁难问题作用有限,但他们总体上认为,在认识、抄写、默写等方面,简体字都较繁体字有明显优势。

从实验视角进行总结性研究的是杨骏如。1936 年 4 月 15 日,杨骏如、曹芷清在《实验研究月刊》第 10 卷第 8 期上发表了《估定简体字学习效率的比较实验报告》[①],该文总结了其前的相关实验,并极力主张在各种教育中应采用简体字。具体来看,杨、曹二人首先对已有的繁简体字实验进行了简要述评,主要涉及章荣的《简字的价值及应用之试验研究》、周学章的《繁简字体在学习效率上的实验》。之后论述了该实验的准备,实验的进行,实验的考察,等等。在此基础上,他们认为简体字在认识、抄写、默写等方面,都较繁体字有明显优势。其结论主要包括如下要点：第一,儿童记忆简体字比记忆繁体字有优势,教儿童读书识字,应尽量采用简体字。第二,儿童书写简体字比书写繁体字在准确度和速度等方面有优势,教儿童书写时应尽量采用简体字。第三,儿童默写简体字比默写繁体字有优势。第四,由于简体字容易认识、容易书写、容易默写,国文科和算术、常识课等应尽量采用简体字教学。第五,采用简体字,可以有效减少儿童的学习负担。第六,低年级的各科教学应尽量采用简体字。第七,短期教育应尽量采用简体字。第八,民众教育应尽量采用简体字。第九,强迫识字类教育应尽量采用简体字。第十,各级各类教育都可以采用简体字。最后,该文认为简体字是其时效率最高的汉字。

至 1948 年 1 月,刘公穆在《工作竞赛月报》第 5 卷第 1 期上发表了《从工作效率观点提倡简字》[②]。该文首先讨论了中国文字的优越性,梳理了汉字字体的历史演变,考察了文字变迁的原理,认为应在不改变汉字本质的前

---

① 杨骏如、曹芷清,《估定简体字学习效率的比较实验报告》[J],《实验研究月刊》,1936 年第 8 期。
② 刘公穆,《从工作效率观点提倡简字》[J],《工作竞赛月报》,1948 年第 1 期。

提下,顺其自然地对汉字进行改革。在此基础上,刘公穆考察了简体字的工作效率。他认为,其时简体字已经普遍应用,通用的俗体字约为 520 多个,简写字约为 450 个。其时的常用字 7 000 多个,因此简体字约占常用字的七分之一。

属同类的还有张定华的《简体字与行政效率》①、周学章的《繁简字体在学习效率上的实验》②、沈有乾的《简体字价值的估计方法》③、杨骏如的《简体字在国语教学上效率的实验》④、薛鸿志的《汉字简正写法之比较》⑤、周学章和李爱德的《繁简字体在学习效率上之再试》⑥等。

(二) 从认知心理视角对汉字繁简问题进行审视

以艾伟为代表的学者,将汉字难易度的研究逐渐从实验分析进一步深入到认知心理层面,这是其时学者考察汉字简化问题的又一个新视角。

1936 年 6 月,艾伟在《从汉字心理研究上讨论简体字》⑦中认为,如果简体字的行用果真有科学依据,且所选的汉字也合乎科学原理,则即使部令不正式颁行简体字,它也会行用。同样,虽然现在部令废止推行简体字,它仍然会继续行用。他指出,在《汉字的学习心理》中既已举例证明简体字是应当行用的,并认为行用简体字是改革汉字的"最低限度"。该文中艾伟转录了相关著作中关于汉字笔画多寡与书写速度之关系的结论,考察了错字的范围与笔画的关系。他将错字分为三类:形错,音错,义错。通过《小学各级默字错误分析表》《小学各级错字分析表》两个实验,证明形错占比最高,音错次之,义错再次;形错之中,繁体字的错误占比最高。艾伟进而认为,采用简体字后,一般小学生在学习上可以免去不必要的困难,进而认为颁布简体字表是促进教育的一种必要手段。最后艾伟指出,多方研究和讨论证明,"简字表"适合于一切大众和小学读物采用,不宜繁简二体同时并用,因为那样违反了学习心理。

至 1947 年 9 月,艾伟又在《教育杂志》上发表了《汉字心理研究之总检讨》⑧,此文主要讨论了字形问题、常用字问题等。其中字形问题重点涉及

---

① 张定华,《简体字与行政效率》[J],《行政效率》,1935 年第 5 期。
② 周学章,《繁简字体在学习效率上的实验》[J],《教育杂志》,1936 年第 1 期。
③ 沈有乾,《简体字价值的估计方法》[J],《教与学》,1936 年第 8 期。
④ 杨骏如,《简体字在国语教学上效率的实验》[J],《江苏省小学教师半月刊》,1936 年第 13 期。
⑤ 薛鸿志,《汉字简正写法之比较》[J],《师大月刊》,1937 年第 32 期。
⑥ 周学章、李爱德,《繁简字体在学习效率上之再试》[J],《教育杂志》,1937 年第 5 期。
⑦ 艾伟,《从汉字心理研究上讨论简体字》[J],《教与学》,1936 年第 12 期。
⑧ 艾伟,《汉字心理研究之总检讨》[J],《教育杂志》,1947 年第 3 期。

笔画数,字形组织,形与声、形与义的关系,字的认识和默写,字形的记忆与保持,字形观察的心理特征等。艾伟认为,字形学习的困难在于笔画数的增多和字形组织结构的复杂。

本 章 小 结

综上而论,晚清民国时期是有意识、有系统地进行汉字简化的起始阶段,它为 20 世纪 50 年代开展的汉字简化工作,在理论和实践层面都奠定了重要基础。从该时期文字改革及汉字简化相关的各类成果出发,我们可将其时汉字简化运动的发生与发展归纳为四个阶段:(1)解决字形繁难问题的摸索阶段。主要指拼音“简字”方案的制定与推行,针对“简字”推行理据、推行办法的争论。(2)字形系统简化思想的萌生阶段。主要指否定拼音“简字”法,主张从汉字本身找出路,探索搜集已有简易形体的方法和步骤,对晚清及民国初期的汉字改革思路进行总结与思考。(3)形体简化成果的汇聚阶段。主要包括对汉字形体难易度的量化分析,“俗字”问题及“俗字集”,“手头字”及“手头字”运动,“简体字”的甄选及推行。(4)字形简化相关问题的总结与反思阶段。主要涉及对汉字前途和命运的讨论,其特色是对汉字繁简体进行量化和质化研究。

第二章　晚清民国时期汉字简化的 "术语"体系

　　晚清民国时期,与汉字简化相关的"术语"主要有"简字""简笔字""省笔字""减笔字""简易字""省写字""简体字""简写""手头字""破体字""白字""小写""别字""别体字""俗字""古字"等。不过,该时期学者往往对所使用的术语缺乏严格界定,致使不少"术语"内涵方面所指不清、外延方面界限模糊,其间往往存在"同名异实""同实异名"的情况。也正是由于这一原因,从严格意义上来讲,它们并不能被称作"术语"。一方面由于当今学界对上述名称的考察并不充分,汉字学教材和专著在谈到晚清民国时期文字简化的相关"术语"时,基本以介绍"手头字"为范式,比如王均主编的《当代中国的文字改革》①、苏培成的《二十世纪的现代汉字研究》②、高更生的《现行汉字规范问题》③等。另一方面由于这些"术语"可以帮助我们更加全面地认识该阶段汉字简化的理论和实践成果,可以为汉字学史、中国语言学史相关问题的完善提供更多一手素材,从而我们非常有必要科学地厘析晚清民国时期汉字简化相关的"术语"。

　　从该类术语的实指出发,我们可将相关概念分为以下几个大类:其一,指称一种拼音文字的术语,主要是"简字"。其二,"简笔字"类术语,属于此类的表述还有"简体字""省笔字""减笔字""简易字""省写字""简写""简字"等。第二类中的"简字"可视作"简笔字"或"简体字"的简称。其三,其他类,或作为"简笔字"构成之一种,或其中的一部分是"简笔字",主要有"手头字""破体字""白字""小写""别字""别体字""俗字""古字"等。在具体做法上,我们严格从其时学者的理解、界定及使用情况出发,并结合他们所举的各类例子进行归纳和分类;在上述基础上,再从今日之学术视野进行审视和评判。

---

① 　王均,《当代中国的文字改革》[M],北京:当代中国出版社,1995 年,第 41—42 页。
② 　苏培成,《二十世纪的现代汉字研究》[M],太原:书海出版社,2001 年,第 192—193 页。
③ 　高更生,《现行汉字规范问题》[M],北京:商务印书馆,2002 年,第 163 页。

第一节　指称拼音文字的"简字"

晚清民国时期,对汉字进行改革的实践之一是推行"简字"。不过,这里所说的"简字"指一种拼音文字,并非指形体简易的汉字而言。1906 年,沈韶和的《新编简字特别课本》出版,这属于较早期使用"简字"这一名称表示切音字的情况。同样是在 1906 年,《竞业旬报》第 5 期上刊发了《简字研究》①一文,认为我国识字人数少的原因在于汉字太难。于是有人提出了"简字的法则",或是"把简字拼成字音"等,这样便很容易懂得。该文指出,"札派简字学堂"卒业的陈某到南通州开设"简字研究所",每周予以研究。《竞业旬报》第 6 期上又刊发了《简字学堂》②一文,指出杭州行简字风气,杭州城内各营均已添加简字教科,其中以"旗营"办得最好。他们均使用简字教科书,该书由北京简字社发行。大凡历史、地理、博物学、体操班、国文等均有简字教科书,还有北京出的《简字报》。足见其时切音字运动之火热。至 1908 年,《通学报》上刊发了《行用简字平议》③。该文综合评价了沈学的《盛世元音》、蔡锡勇的《传音快字》、劳乃宣的《增订合声简字谱》,认为以上三人的简字之举均不可取。1913 年,过耀根在《无锡教育杂志》上发表了《论简字与汉字之关系》,认为要想完整表达汉语的意义,简字为其关键途径,故而主张用简字以切汉字之音。其他提及或使用"简字"的还有田廷俊的《简字不如代字官音不如正音说》(1908)④、《甘肃官报》第 21 期上刊发的《推行简字之慎重》(1909)⑤、《直隶教育官报》第 18 期上刊发的《推广夜课简字学堂》(1909)⑥、《福建教育官报》第 18 期上刊发的《论简字为识字捷法宜由军队试行》(1910)⑦等。上面所说的"简字",都是指拼音文字而言。

而随着陆费逵的《普通教育当采用俗体字》⑧、钱玄同的《减省汉字笔画

---

① 《简字研究》[J],《竞业旬报》,1906 年第 5 期。
② 《简字学堂》[J],《竞业旬报》,1906 年第 6 期。
③ 《行用简字平议》[J],《通学报》,1908 年第 3 期。
④ 田廷俊,《简字不如代字官音不如正音说》[J],《通学报》,1908 年第 1 期。
⑤ 《推行简字之慎重》[J],《甘肃官报》,1909 年第 21 期。
⑥ 《推广夜课简字学堂》[J],《直隶教育官报》,1909 年第 18 期。
⑦ 《论简字为识字捷法宜由军队试行》[J],《福建教育官报》,1910 年第 18 期。
⑧ 陆费逵,《普通教育当采用俗体字》[J],《教育杂志》,1909 年第 1 期。

底提议》①等文章的发表,人们逐渐有意识地去搜采社会上本有或已流行的形体简易汉字。由此开始,"简字"的所指发生了根本性变化,转而指称形体简单的汉字。1938 年,陈光尧在《简字运动概说》②中给"简字"下了定义。认为"简字"指笔画简易、使用便利的汉字,又称作"简笔字""简体字"等。他还从来源角度指出,"简字"包括简易的古文、篆文、隶书、行书、章草、今草、异文、俗字等。只要笔画比现行的楷书简单,且易于认识、易于书写的汉字,就可以称作"简字"。

事实上,对于"简字"的两种不同所指,民国学者既已进行过考察。比如陈光尧、黎锦熙等,都指出劳乃宣等人使用的"简字"与后期所说的"简字"名同而实异。1927 年,陈光尧在《〈简字问题〉答客难》③《中国文字趋简的历史观》④中,对"简字"这一概念的使用情况作了分析。他指出,清光绪三十三年(1907)劳乃宣所说的"简字",只是一种拼音符号,与"简字"的本义完全不相干。陈光尧还指出,他自己使用"简字"始于民国十五年(1926)秋天,并认为这是"简字"名实相符的起始时间。

另外,1935 年《民教通讯》第 1 卷第 2 期上刊发的《关于民众识字教育的两个新倡导:铸造注音汉字铜模、提倡手头字》⑤一文,对简体字的名称进行了讨论。该文认为,"简体字"不可称作"简字",其理由是"简字"乃清末劳乃宣等人创制的一种字母,"简体字"则仍是汉字,不过其笔画简易而已。1936 年,黎锦熙在《注音符号与简体字》⑥中指出,有人将"简体字"叫作"简字",可以说"简字"即"简体字"的简称;不过劳乃宣曾将"官话字母"称作"简字",这样一来,有些人会将"简体字"同注音符号、新文字字母混为一谈。由此黎锦熙进一步认为,还是叫作"简体字"更好,不应该把"体"省去;如此人们便会明白,这只是汉字的一种比较简单的字体,而不是其他一种文字。

不过,民国时期也有个别学者未对两种不同性质的"简字"加以区分。比如 1928 年,陈登皞在《中国文字改革的具体方针》⑦中主张,先简化社会上最常用的一些汉字。他指出,一部分"简字"事实上已经在社会上流行了

① 钱玄同,《减省汉字笔画底提议》[J],《新青年》,1920 年第 3 期。
② 陈光尧,《简字运动概说》[J],《今论衡》,1938 年第 2 期。
③ 陈光尧,《〈简字问题〉答客难》[J],《语丝》,1927 年第 145 期。
④ 陈光尧,《中国文字趋简的历史观》[N],《民国日报·觉悟》,1927 年 10 月 10 日。
⑤ 《关于民众识字教育的两个新倡导:铸造注音汉字铜模、提倡手头字》[J],《民教通讯》,1935 年第 2 期。
⑥ 黎锦熙,《注音符号与简体字》[J],《文化与教育》,1936 年第 93—94 期。
⑦ 陈登皞,《中国文字改革的具体方针》[N],《京报副刊》,1928 年 9 月 10—11 日。

很久,只是学者们没有关注,也没有加以提倡。他还举了一些例子,比如"刘""乱""变""战""医""办""头""宝"等。之后陈登皥进一步指出,从前劳乃宣已在提倡"简字",可惜和者甚少。显然,此文中陈登皥提倡的"简字"与劳乃宣等所推崇的"简字"并不是同一类文字现象。又比如1933年,郭荣陛在《汉字改革运动概述》①中谈"简字运动"时,将劳乃宣、钱玄同、陈光尧等人归置在一起,未言明两类不同性质的"简字"。

综上来看,"简字"这一概念事实上指称了两种不同性质的现象。从清末至民国初期,尤其是1892年至1913年"切音字"运动时期,"简字"这一表述指一种拼音文字。随着陆费逵、钱玄同等人对俗体字、简体字的提倡,以及时人对已有简体字的搜集、采录和推行等,人们又用"简字"指称形体简易的汉字;或者有人将"简体字"简称作"简字",从而赋予"简字"这一术语以新的内涵。与劳乃宣等人提倡的"简字"相比,后来"简字"的所指发生了根本变化,由指称拼音文字转而指称形体简单的汉字。

第二节　"简笔字"类术语

与"简笔字"属异名同实的还有"简体字""省笔字""减笔字""简易字""省写字""简字""简写"等表述。综合来看,晚清民国时期学者们撰写的汉字简化类论著,标题中含有"简体字"这一表述的有127篇,含有"简笔字"这一表述的有21篇。不过从内容事实来看,其时学者更多是在"简笔字"这一表述下考察这类现象,且"简笔字"这一名称的使用时间更早,故而此节标题中亦使用"简笔字"以代之。

该时段较早使用"简笔字"这一术语的是陆费逵。1922年,陆氏在《整理汉字的意见》②中指出,宣统元年(1909)时他便主张用简笔字,并与沈友卿打过笔墨官司,但后来简笔字并未流行;陆氏认为推行国民教育应该让字体简易,以便节省学习时间。该文中陆费逵还举例指出使用简笔字的优势,比如"與"作"与"、"燈"作"灯"、"點"作"点"等。他同时指出,简笔字在社会上已经有了使用基础。另外,陆费逵还提出了整理"简笔字"的步骤:第一步,采纳已经有使用基础的"简笔字";第二步,酌量改变形式,将那些笔画繁琐的字之笔画加以省减。同年,胡适的《〈国学月刊·汉字改

---

① 郭荣陛,《汉字改革运动概述》[J],《南大半月刊》,1933年第2期。
② 陆费逵,《整理汉字的意见》[J],《国语月刊》,1922年第1期。

革号〉卷头言：用历史的眼光说明简笔字的价值》①、无名氏的《对于简笔字之我见》②也都使用了"简笔字"这一表述。到 1928 年，陈光尧在《发起简字运动临时宣言》③中也使用了"简笔字"这一术语。他强调指出，所倡导的"简笔字"之源头，是民国十一年（1922）钱玄同等人在"汉字改革"运动中提倡的"简笔字"。不过上面诸家均未对"简笔字"这一术语进行界定。

到了 1930 年代，学者们逐渐对"简笔字"进行了界定。有的从使用领域视角进行界定，有的从形体和功能视角进行界定。1934 年，吴法军在《由简笔字说到农民识字问题》中为"简笔字"下了定义：指识字的人笔下时常写到的，也是口头上不断说到的。这里吴法军侧重从使用领域视角为"简笔字"下定义。他又总结道："简笔字"的意思是，有的汉字笔画太多，记忆和书写起来很费力，于是人们把汉字的笔画逐渐减少，直至不能再减，然而它仍然可以代表原来的字，与原来的字功用相同。此处吴法军则重点从形体和功能视角对"简笔字"进行界定，是较为全面的一个定义。

有的从构成要素视角进行界定。1935 年 7 月，林瑛在《对于简笔字的两点意见》④中也为简笔字下了定义。他指出，简笔字指自宋元以来的破体或小写，以及后来人们书写的讹字、别字。这里林瑛主要从"简笔字"的构成要素视角进行界定。1938 年，陈光尧在《简字运动概说》⑤中也讨论了"简字"这一名称的意义。认为"简字"指笔画简易、使用便利的汉字，又称作"简笔字""简体字"。从来源视角，他认为"简字"包括简易的古文、篆文、隶书、行书、章草、今草、异文、俗字等。陈光尧进一步指出，只要笔画比现行的楷书简单，且易于认识、易于书写的汉字，就可以称作"简字"。

晚清民国学者亦对"简笔字"类术语从概念界定视角进行过归纳或辨析。较早期对"简笔字"的种种名称进行辨析的是傅葆琛。1930 年 9 月，他在《普及识字教育声中几个先决问题》里指出，"简笔字"或称作"减笔字""简易字"等。同年 11 月，李从之在《简字的研究和推行方法的拟议》中指出，与"简字"性质相类的名词有很多，比如"简笔字""简体字""省笔字""减笔字""简易字""省写字"等。他进一步指出，这些名词无须管它，只要合乎"简单"的原则即可，笔画比原来的字少，即可称作"简字"。1931 年，许

---

①　胡适，《〈国学月刊·汉字改革号〉卷头言：用历史的眼光说明简笔字的价值》[J]，《国语月刊》，1922 年第 7 期。

②　《对于简笔字之我见》[J]，《国语月刊》，1922 年第 7 期。

③　陈光尧，《发起简字运动临时宣言》[J]，《贡献》，1928 年第 2 期。

④　林瑛，《对于简笔字的两点意见》[J]，《北调》，1935 年第 1 期。

⑤　陈光尧，《简字运动概说》[J]，《今论衡》，1938 年第 2 期。

惠芬在《晨报·艺圃专栏》上连载《简易字概说——俗所谓简笔字》,认为"简笔字"与"简易字"为同种现象。1934 年,吴法军在《由简笔字说到农民识字问题》中指出,人们对于"简笔字"有不同的称呼,比如"简笔字""简易字""省写字"等。吴法军认为,它们虽然名称不同,但实际上是同一类现象。

之后,研因在《从白话文说到推行简体字》(1935)①中指出,"简体字"或被称作"简笔字"。黎锦熙的《注音符号与简体字》(1936)②指出,与"简体"相对的是"繁体",只取繁简之分,而无正俗之别。他进一步指出,"简体字"又称作"简笔字",即简省笔画之义。不过他同时强调指出,"简体字"并不都是经简省笔画而来,有的是经变更笔势而成。黎锦熙还认为,也有把"简体字"叫作"简字"的,可以说"简字"即"简体字"的简称。

"简笔字"又被称作"简写""缩写字"。1934 年,补庵在《广智馆星期报》广字 277 号上发表了《说俗字》③一文,认为"俗字"即"简笔字",又名"简写"。相比较来看,"缩写字"这一表述出现的频次非常低,目前我们只在吴法军的《由简笔字说到农民识字问题》中看到。他在谈时人对于"简笔字"的不同称谓时指出,"缩写字"与"简笔字"虽名称不同,但实际上是同一类现象。

第三节　所指形体属于"简笔字"范畴的其他术语

这类术语所指称的形体,或是"简笔字"的构成部分,或所指称的一些形体可归于"简笔字"范畴,主要有"手头字""破体字""白字""小写""别字""别体字""俗字""古字"等。④

一、手头字

作为民国时期汉字简化潮流中的重要成果,"手头字"指人们日常手头上书写的"便当"字,与这一概念直接相关的是"手头字"运动。其时社会上

---

① 研因,《从白话文说到推行简体字》[J],《儿童教育》,1935 年第 7 期。
② 黎锦熙,《注音符号与简体字》[J],《文化与教育》,1936 年第 93—94 期。
③ 补庵,《说俗字》[J],《广智馆星期报》,1934 年广字 277 号。按,该文标题下有注释:即简笔字,又名"简写"。
④ 按,此部分考察"手头字",侧重讨论该术语的命名及与其他术语间的异同,与第四章第三节考察"手头字"的字形简化成果有显著区别。

流行一些容易书写的"便当"字,但书本上并不这样印刷,从而造成手头和书本上用字不一样的现象。为解决这一矛盾,民国二十三年(1934)八九月间,一些热心汉字改革的人,比如吴稚晖、蔡元培、辛树帜等,组成了"手头字推行会",他们拟将人们日常生活中使用的"手头字"搜集整理到一起,并在印刷品中加以推广。① 1935年3月,该协会在《生活教育》杂志上发表了《推行手头字缘起》②一文,介绍了推行"手头字"的缘由,并附有《手头字第一期字汇》,收录"手头字"300个。

对于"手头字"这一概念,民国学者已进行过相关解析。1936年3月,杨晋雄在《青年界》上发表了《新术语浅释:手头字、简体字、学生运动、英镑集团、通货、塞拉西、艾登》③一文,认为"手头字"是大众手头上流行的字体,是1934年大众语论战的结果,继而发展到了文字的改革,最终提出了推行"手头字"。此外,张新夫、馥泉、耳耶等人于1935年也对"手头字"的相关问题进行过考察。张新夫在《民众读物应采用手头字的建议》④中指出,"手头字"是人们日常手头上写的"便当"字,与"简字"相近,但比"简字"更"自然"且"通行"。馥泉在《手头字运动》⑤中亦指出,"手头字"指大家日常都这样写的"便当"字。耳耶在《方块字·别字·手头字》⑥中也认为,"手头字"指大众手头,甚至知识分子手头也经常写的"省笔字"。持类似观点的还有醉竹的《手头字质疑》⑦、史枚的《关于手头字》⑧等。

对于时人将日常生活中使用的"便当"字称作"手头字"之原因,郭挹清、童振华等进行过考察。郭挹清在《手头字概论》(1936)中指出,该名称是"手头字推行会"决定的,并认为此名称很恰当。其理由是在《说文》一派的"古体字"尚未被废除之前,需要给这种民众常用的字体确定一个名称,以区别于古体字。⑨ 另外,童振华在《中国文字的演变》(1937)中指出,钱玄同等人提倡"简笔字"或"简体字",其目的是简省笔画,而"手头字"运动之所以将他们拟推行的字体定名为"手头字",主要在于这种字是民众手头上书

① 陈子展,《关于手头字》[J],《读书生活》,1935年第8期。
② 《推行手头字缘起》[J],《生活教育》,1935年第1期。
③ 杨晋雄,《新术语浅释:手头字、简体字、学生运动、英镑集团、通货、塞拉西、艾登》[J],《青年界》,1936年第3期。
④ 张新夫,《民众读物应采用手头字的建议》[J],《社教通讯》,1935年创刊号。
⑤ 馥泉,《手头字运动》[J],《现代》,1935年第2期。
⑥ 耳耶,《方块字·别字·手头字》[J],《新社会》,1935年第6期。
⑦ 醉竹,《手头字质疑》[J],《青岛画报》,1935年第13期。
⑧ 史枚,《关于手头字》[J],《礼拜六》,1935年第609期。
⑨ 郭挹清,《手头字概论》[M],上海:天马书店,1936年,第3—4页。

写的字体。①

　　上面重点考察了"手头字"的实指及其得名之缘由,下面我们在探究其与"简笔字""简体字"等关系的基础上,进一步认识"手头字"这一术语。

　　有的学者认为,它们是同一类现象,只是名称不同。喆夫在《谈简笔字》②中指出,"简笔字"又叫"手头字",是一种习惯的写法。皎在《对于推行简笔字的意见》③中认为,"手头字"就是"简笔字"。与上面二位的观点相似,之光在《简体字在文字运动中的地位》④中指出,"简体字"或"手头字",是汉字的一种变体写法,即把笔画繁多的字改为笔画简单的字。并从来源视角认为,"简体字"或"手头字"无非是"俗体字""破体字""草字""古体字"等。另外,《社会新闻》第 13 卷第 1 期上刊发的《简字问题的商榷》⑤认为,"简字"即所谓"手头字",也就是"破体字",是将汉字信手而写,与原字稍有相似,以求简便。同样,坚壁在《关于手头字》⑥中指出,"手头字"跟"省体字""简体字""破体字"等,在内容上并无本质区别,只是"手头字"强调指出这些字是手头上常用的"便当"字,而不是有系统地创制一套别的文字。又《民教通讯》第 1 卷第 2 期上刊发了《关于民众识字教育的两个新倡导:铸造注音汉字铜模、提倡手头字》⑦一文,认为"简体字"仍是汉字,不过其笔画有简省而已,上海出版界或将其称作"手头字",二者属于同实异名现象。此外,陈耐烦在《中国文字的过去现在和将来》中指出,通过省减形体改良文字的方法是由人类的好简性造成的,其改变的结果称作"简字",也称作"减笔字",又称作"手头字"。⑧

　　有的学者则强调指出"手头字"与"简笔字"或"简体字"的不同,并对其间的差异作了辨析。概括来看,主要有以下几方面的理由:

　　(1) 认为"手头字"跟"简笔字"的来源不同。史枚在《谈谈手头字》⑨《关于手头字》⑩中指出,"手头字"虽然便当,但跟"简笔字"不同。他认为人们在谈"简笔字"时,某个字是否有简写,依据的完全是"书本",而"手头

---

①　童振华,《中国文字的演变》[M],上海:生活书店,1937 年,第 148—151 页。

②　喆夫,《谈简笔字》[J],《新天津画报》,1935 年第 112 期。

③　皎,《对于推行简笔字的意见》[J],《翊教》,1935 年第 7 期。

④　之光,《简体字在文字运动中的地位》[J],《新文字半月刊》,1935 年第 3—4 期。

⑤　《简字问题的商榷》[J],《社会新闻》,1935 年第 1 期。

⑥　坚壁,《关于手头字》[J],《江苏省小学教师半月刊》,1935 年第 14 期。

⑦　《关于民众识字教育的两个新倡导:铸造注音汉字铜模、提倡手头字》[J],《民教通讯》,1935 年第 2 期。

⑧　陈耐烦,《中国文字的过去现在和将来》[M],上海:世界书局,1941 年,第 90 页。

⑨　史枚,《谈谈手头字》[J],《读书生活》,1935 年第 2 期。

⑩　史枚,《关于手头字》[J],《礼拜六》,1935 年第 609 期。

字"则主要根据大家手头上是否这么写。

（2）认为二者所指称的范围不同，"手头字"是"简笔字"的一部分。潘广镕在《简笔字与手头字》①中对"手头字"和"简笔字"作了区分。他首先引述了其时学者关于"简笔字""手头字"的不同看法，进而认为二者都使汉字的"笔画减少"，从而"容易写、容易识"。不过潘广镕又指出，按照其意义来看，二者又是不同的。他认为"手头字"肯定是"简笔字"，因为要想便于书写，减少笔画是必然选择；而"简笔字"未必是"手头字"，因为一些字在书写时并不是习惯性地减少笔画，而是参照已有的"俗体""省体""草书""古字"等，造出一种笔画少的简笔字。潘广镕进而指出，"手头字"是"简笔字"的一部分，其范围要比"简笔字"小。

（3）认为一些"手头字"实际上增加了笔画，称作"简笔字"或"简体字"并不合适。郭挹清在《手头字概论》中指出，大众所使用的字大部分确实比古体字要简易，但仍有一部分"手头字"，其笔画不一定简易，不过或者书写时笔画顺当，或者比较容易认识。比如"夲""着""吊"等，并不适宜称作"简笔字"或"简体字"。② 同样，童振华在《中国文字的演变》中亦指出，尽管"手头字"中的大多数比楷书的笔画简单，但也有一些是为了容易辨认而增加了笔画，比如"看见"的"看"书作"着"、"水果"的"果"书作"菓"等。③

（4）认为有的"手头字"无法再简省笔画，不能称作"简笔字"或"简体字"。郭挹清在《手头字概论》中还指出，类似"口""上""大""寸"等字，很难再省减其笔画。如果用"简笔字"或"简体字"，这一类字该如何称谓呢？是继续叫作"简笔字""简体字"，还是称作"正体字"或"正统派字"呢？而如果称它们为"手头字"，则是颇为适合的，因为民众手头上的确如此使用。④

（5）认为"手头字"和"简笔字"对待"古字"的态度不同。童振华的《中国文字的演变》指出，"手头字"运动不是创造新的简字或推行已经不通行的古字，而是推行那些在手头上流行的字体；认为"手头字"之"述而不作""述今而不述古"的做法，跟简体字运动也有不同。⑤

此外，其时社会上有人将"手头字"称作"俗字""别字""破体字""小

---

① 潘广镕，《简笔字与手头字》[J]，《文苑》，1935 年第 1 期。
② 郭挹清，《手头字概论》[M]，上海：天马书店，1936 年，第 3—4 页。
③ 童振华，《中国文字的演变》[M]，上海：生活书店，1937 年，第 150 页。
④ 郭挹清，《手头字概论》[M]，上海：天马书店，1936 年，第 4 页。
⑤ 童振华，《中国文字的演变》[M]，上海：生活书店，1937 年，第 150 页。

写""便写"等。对此，郭挹清在《手头字概论》中认为，这类名称均不合适，并逐一作了辩解。对于"俗字"之称，他认为古体字未必是雅的；对于"别字"之称，他认为古体字中也有"别字"；对于"破体字"之称，郭挹清指出，事实上楷书都是篆文的破体字；对于"小写""便写"等名称，他认为这两种表述仍旧意味着古体字是中国文字的正统。[①]

综上，从"手头字"的形体成果出发，再结合其时学者的相关观点，我们可知"手头字"与"简笔字""简体字"的所指并不完全等同，它们在来源、范围、特征等方面均存在差异。"手头字"这一名称更多是揭示了该类字的使用领域，其中的大部分属于"简笔字"或"简体字"范畴。

二、破体字

晚清民国时期汉字简化的思潮中，胡适、钱玄同属于比较早期提出"破体字"这一表述的学者。1922 年，胡适在《〈国语月刊·汉字改革号〉卷头言：用历史的眼光说明简笔字的价值》[②]中指出，在语言文字的发展中，"小百姓"是革新家，"破体字"的创造与提倡便是其表现之一。虽然该文中胡适未对"破体字"进行界定，但他举了一些"破体字"的例子，比如"劉"作"刘"、"龜"作"龟"、"亂"作"乱"、"竈"作"灶"、"聽"作"听"、"聲"作"声"等。从这些例子来看，胡适所说的"破体字"跟后来钱玄同等人提倡的"简体字"属于同种现象。同样是在 1922 年，钱玄同在《汉字革命》[③]中举例说明殷商甲骨文中就有将字体改简的情况，此后的大篆变小篆、小篆变隶书、隶书变草书，都是将文字改简；宋元以来又有新的简体字。在上面基础上，他认为汉字需要进行"根本改革"，即"将汉字改用字母拼音"。在这样的背景下，钱玄同指出，在改为字母拼音的"筹备"期内，对于汉字的补救办法有写"破体字"、写"白字"等五种。对于"破体字"这一问题，钱玄同又指出，凡笔画简单的字，不论是古体、别体，还是俗体，均可采用。不过，该文中钱玄同并未对"破体字"进行界定。整体来看，该时段学者对"破体字"的考察集中在 1930 年代，他们大都是在讨论"简体字"时，顺带谈及"破体字"。

（一）认为"破体字"即"减笔字""简体字"

其时不少学者认为，"破体字"与"简笔字""简体字""简易字""手头

① 郭挹清，《手头字概论》[M]，上海：天马书店，1936 年，第 3 页。
② 胡适，《〈国学月刊·汉字改革号〉卷头言：用历史的眼光说明简笔字的价值》[J]，《国语月刊》，1922 年第 7 期。
③ 钱玄同，《汉字革命》[J]，《国语月刊》，1922 年第 7 期。

字"等是异名同实现象。傅葆琛在《普及识字教育声中几个先决问题》(1930)①中认为,识字是一切教育的起始,教育的基础是识字,教不识字的人识什么字,是一个很关键的问题。他在分析其时社会上关于识字教育的种种论调后,认为教不识字的人识字,应该一方面教汉字,另一方面教注音符号。傅葆琛同时指出,汉字有很多种写法,比如真、草、篆、隶、行书等;一个字还有不同的写法,如简笔字、别体字等;还有用笔画少的字替代笔画多的字之趋向,比如用"才"替代"纔"。此文中傅葆琛认为,"简笔字"又称作"减笔字""破体字";他还举了几组例子,比如"邊"作"边"、"雙"作"双"、"衆"作"众"、"豐"作"丰"等。

1934 年 8 月,梦飞在《文化与教育》第 27 期上发表了《记钱玄同先生关于语文问题谈话》②,从中我们可以进一步了解钱玄同对于"破体字""简体字"关系的认识。钱氏认为,"俗字"又叫"破体字",又叫"省笔字",又叫"简体字"。钱玄同还指出,求简便是一种自然趋势,无须提倡。此文中,钱玄同明确指出,"破体字"跟"省笔字""简体字""俗字"等是同一种现象。1934 年 12 月,吴法军在《由简笔字说到农民识字问题》③中指出,人们对于"简笔字"有不同的称呼:庄泽宣的《基本字汇》称作"形异字",商务印书馆出版的《平民字典》称作"别体字",刘复称作"俗字",其他有"简笔字""简易字""破体字""省写字""缩写字"等。吴法军认为,上面的种种表述虽名称不同,但实际上是同一类现象。

属同类的还有之光、刘公穆。之光在《简体字在文字运动中的地位》(1935)④中认为,"简体字"或"手头字"是汉字的一种变体写法,即把笔画繁多的字改为笔画简单的字。他进一步从来源视角认为,"简体字"或"手头字"无非是"俗体字",或称作"破体字""草字""古体字"等。这里之光也认为"简体字"与"俗体字""破体字"等为异名同实现象。刘公穆在《从工作效率观点提倡简字》(1948)⑤中考察了简体字与工作效率的关系问题,认为"俗体字""破体字"的出现是为了便利书写,且这种字体逐渐被社会所认可。他同时指出,宋元以来的通俗字体,即"破体字",或称作"小写",应该普遍使用。这里刘公穆认为,"破体字""俗体字"是"简字"的一种。

---

① 傅葆琛,《普及识字教育声中几个先决问题》[J],《教育与民众》,1930 年第 1 期。
② 梦飞,《记钱玄同先生关于语文问题谈话》[J],《文化与教育》,1934 年第 27 期。
③ 吴法军,《由简笔字说到农民识字问题》[J],《乡村改造》,1934 年第 25 期。
④ 之光,《简体字在文字运动中的地位》[J],《新文字半月刊》,1935 年第 3—4 期。
⑤ 刘公穆,《从工作效率观点提倡简字》[J],《工作竞赛月报》,1948 年第 1 期。

（二）认为"破体字"跟"手头字"属同类现象

也有一些学者认为，"破体字"跟"手头字"为同一类现象。1935 年 4 月 1 日，坚壁在《关于手头字》①中指出，"手头字"跟"省体字""简体字""破体字"等并无本质区别；只是"手头字"强调指出这些字是手头上常用的"便当"字，而不是有系统地创制一套什么文字。1935 年 4 月 30 日，杰在《为什么要提倡手头字》②中指出，提倡"手头字"或"破体字"的原因，主要是为了节省时间。这里杰认为"破体字"和"手头字"是同一种现象。1935 年 10 月 5 日，《社会新闻》第 13 卷上刊发了《简字问题的商榷》③一文。该文认为，"简字"即所谓"手头字"，也就是"破体字"，指将汉字信手而写，与原字稍有相似，以求简便。该文还指出"破体字"存在的几个问题：其一，一个字往往有几种不同的写法。其二，一种写法有几种不同的读法。其三，从识字的角度认为，无须另创简字。其理由为已认识原字的人无须再识简字，看到简字，他们便知其义；尚未认识原字的人，教其认识原字和简字，作用是一样的。其他如之光的《简体字在文字运动中的地位》④等，亦认为"破体字"即是"手头字"。

（三）认为"破体字"不等于"简体字"

不过也有部分学者认为，"破体字"不同于"简体字"，并对其间的差异作了分析，比如潘新藻的《推行简体字的商榷》⑤、章荣的《简字的价值及应用之试验研究》⑥等。潘新藻在《推行简体字的商榷》(1935)中认为，"简体字"出自王部长的提案，不能指"章草"；并认为"章草"由隶书改变而成，虽然笔画有省减的地方，但并非后世的"破体字""俗用字"可相比。他同时指出，"简体字"如果将"破体字"和"俗用字"两者兼收，则其字仍然可以"楷写"，而且铅印字排版也比"章草"容易。由此来看，潘新藻认为"破体字"是"简体字"之一部分。

与上面观点相似，章荣在《简字的价值及应用之试验研究》(1935)中指出，他此文所谈的"简字"即"简体字"，普通所说的"简字"指"俗字"，或称"破体字"。"俗字"中的一些字比对应的正字还要繁，这类"俗字"不能列入其所谓的"简体字"。概而言之，他这里所说的"简字"指某个字的简易写

①　坚壁，《关于手头字》[J]，《江苏省小学教师半月刊》，1935 年第 14 期。
②　杰，《为什么要提倡手头字》[J]，《新民》，1935 年第 76 期。
③　《简字问题的商榷》[J]，《社会新闻》，1935 年第 1 期。
④　之光，《简体字在文字运动中的地位》[J]，《新文字半月刊》，1935 年第 3—4 期。
⑤　潘新藻，《推行简体字的商榷》[J]，《正中》，1935 年第 2 期。
⑥　章荣，《简字的价值及应用之试验研究》[J]，《中华教育界》，1935 年第 1 期。

法。由上来看，章荣将"破体字"和"俗字"相等同，同时认为"俗字"中的一些形体并不能称作"简体字"。陈光尧在《简字运动概说》(1938)①中讨论了"简字"的内涵，也考察了"简字"与"破体字"的关系。他认为，时人或将"俗字"称作"破体字"，但不能用这个术语称呼"简字"，因为"简字"并不是字"破体"而致。考求陈光尧之意，即"简字"的来源跟"破体字"不同，或者说不全同。

综上来看，民国学者在谈"破体字"时，均未专门对其进行定义，更多是在考察"简体字""手头字"时顺带谈及。大部分学者认为，"破体字"就是"简体字""手头字"；也有部分学者认为，"破体字"与"简体字"有区别，或者认为二者的来源不同，比如陈光尧认为"简体字"并不是"字破"而致；或者认为二者的范围不同，潘新藻、章荣认为"破体字"是"简体字"的一部分。结合上面的讨论，我们可知晚清民国时期汉字简化论题下所说的"破体字"，指不合于正体的"俗体字"，是"简笔字""简体字"之一种。

三、白字

民国时期，对"白字"这一汉字简化相关的术语进行考察的主要是钱玄同。1922年，钱玄同的《汉字革命》②认为，在汉字改为字母拼音的"筹备"期内，可对汉字进行补救，其具体办法主要有：写"破体字"，写"白字"。对于后者，钱玄同主张同音的字少用几个，而选择一个笔画简易且较通行的字，去代替几个笔画较繁、较罕用的字。钱氏同时指出一些特殊情况：主张写"白字"，并不意味着可以写一些同音的生僻字；有些同音词习惯上要加以分析，这种也不能混合，以免造成误解。另外，1935年钱玄同在《国语周刊》上发表了《论简体字致黎锦熙汪怡书》③一文，其中在谈到整理简体字"偏旁表"的原则时指出，绝对不采录"白字"，如"带"作"代"、"叶"作"业"等。

由上来看，该时段所谓的"白字"，即写同音别字。具体言之，指借用同音的笔画少的字替代笔画繁多的字。

四、小写

民国时期较早提及"小写"这一术语的是周起鹏。1922年，周起鹏的《汉字改革问题之研究》④指出，汉字中的"简字""俗字""小写"在古时候就

---

① 陈光尧，《简字运动概说》[J]，《今论衡》，1938年第2期。
② 钱玄同，《汉字革命》[J]，《国语月刊》，1922年第7期。
③ 钱玄同，《论简体字致黎锦熙汪怡书》[J]，《国语周刊》，1935年第204期。
④ 周起鹏，《汉字改革问题之研究》[J]，《国语月刊》，1922年第7期。

已经出现了。不过周起鹏并未对他所谓的"小写"进一步予以界定或分析。其后林瑛、黎锦熙、张公辉、刘公穆等，也在其相关论著中有所提及。

林瑛在《对于简笔字的两点意见》(1935)①中为"简笔字"下了定义。他认为"简笔字"指自宋元以来的"破体"或"小写"，以及后来人们书写的"讹字""别字"。虽然林瑛没有界定"小写"，但我们可推知，他认为"小写"是"简笔字"的一部分。黎锦熙在《注音符号与简体字》(1936)②中指出，老百姓觉着一些字难写，便简省了其笔画。学者们通常将其称作"俗体"，与"雅体"相对；或称作"破体"，与"正体"相对；或称作"小写"字，与"大写"字相对。这里黎锦熙认为，"小写"与"俗体""破体"指同一类现象。1946年，张公辉的《国字整理发扬的途径》一书由台湾评论社出版，书中对各国文字简化的方法进行了考察，并总结了文字改革之方法。比如选取常用的形体，削减罕用的样式，废除变体、繁体的歧异，寻求大写、小写、正书、草书的近似，以达到简便的目的。不过，该书并没有进一步对"小写"进行说明。③ 其后，刘公穆在《从工作效率观点提倡简字》(1948)④中指出，"教育部"于民国二十一年(1932)公布了《国音常用字汇》，其"说明"之第19条指出，其中有一些宋元以来的通俗字体，即"破体字"，或称作"小写"，应该普遍使用。这里刘公穆认为，"小写"即指"破体字"。

综合来看，民国学者对"小写"这一术语并未进行过严格界定，只是在考察简体字等问题时有过相关涉及。关于"小写"之内涵，从上面几位学者的分析入手，我们可知它与"俗体""俗字"颇为相似，是"简体字""简笔字"的一部分。

五、别字

晚清民国时期汉字简化主题下所谈的"别字"，主要指同音别字，即借用与原字声音相同或相近的形体以替代原字。该时期学者对于"别字"之态度，可分为两派：一派从汉字拼音化视角出发，认为"别字"是汉字到拼音文字的过渡；另一派则明确反对推行"别字"，认为借用"别字"以减少形体数量的做法，客观上破坏了汉字的系统性，所造成的问题比带来的便利大得多。综合来看，对"别字"这一术语进行考察的主要有林语堂、胡愈之、王力、陈耐烦等。他们对"别字"的研究所涉视角较多，重点有"别字"的定义，"别

① 林瑛，《对于简笔字的两点意见》[J]，《北调》，1935年第1期。
② 黎锦熙，《注音符号与简体字》[J]，《文化与教育》，1936年第93—94期。
③ 张公辉，《国字整理发扬的途径》[M]，台北：台湾评论社，1946年，第30—33页。
④ 刘公穆，《从工作效率观点提倡简字》[J]，《工作竞赛月报》，1948年第1期。

字"与"简笔字""俗字"等的关系,对待"别字"的态度。

其一,界定"别字"。通过梳理"别字"与"简笔字""俗字"等的关系,进一步揭示"别字"的内涵。林语堂在《提倡俗字》(1933)①中首先对"别字"和"俗字"进行了区分。他还举了一些例子,比如"歐洲"之"歐",写作"毆"为别字,写作"欧"则是俗体字;"留学生"之"留",写作"流"是别字,写作"畄"则是俗体字。虽然林语堂未对"别字"进行界定,但从他举的例子来看,其所谓"别字",主要指同音别字。胡愈之在《怎样打倒方块字》(1934)②中对"别字"进行了界定:指与原字声音相近但形态不同的字。胡愈之进一步指出,"别字"与"简笔字"不同,"简笔字"的形态是固定的,是用比较简单的形体替代比较繁杂的形体;写"别字"则只认声音而不识形态。1935 年 11 月,徐则敏在《简字的效用和性质》③中认为,简字不是别字,也不是草字,别字、草字只占简字很小的一部分。此外,凌霄在《简体字·别字》(1935)④中,摘录了宋、清时代御笔,学者们写简笔字、别字的情况。由上来看,"别字"中那些已经流行开来的形体,是"简笔字"的构成内容之一。

其二,对待"别字"之态度。一些学者主张通过写"别字"进而过渡到"中国语拉丁化"。1934 年,胡愈之在《太白》创刊号上发表了《怎样打倒方块字》⑤一文。该文章全文用简写体、省笔字、同音替代字转写,比如"文学"作"文穴"、"其实"作"其石"、"组织"作"组只"、"形态"作"形太"、"这样"作"这羊"、"时候"作"时后"等。胡愈之主张实行中国语拉丁化,并认为从方块字到拉丁化需要一个过渡阶段。他提出了两个具体办法:写别字,实行词的连写。认为经由"别字"只取声音过渡到废除"方块字",进而到完全"拉丁化",是废除方块字的路径。与胡愈之相似,耳耶在《方块字·别字·手头字》(1935)⑥中认为,要彻底消除"文言文"的影响,就需要首先废除方块字,用拼音文字去替代。他认可了写"别字"这种行为,认为写一些"大众认可"的别字有利于人们接近方块字;同时认为,写别字是一种过渡手段。王力在《汉字改革的理论与实际》(1936)⑦中认为,汉字的致命伤为"难学",由于这个原因,汉字在人们手头上出现了"别字",逐渐过渡到报纸杂志上;并认为这种只求音同不管字义的行为,离拼音的道路越来越近了。

---

① 林语堂,《提倡俗字》[J],《论语》,1933 年第 29 期。
② 胡愈之,《怎样打倒方块字》[J],《太白》,1934 年第 1 期。
③ 徐则敏,《简字的效用和性质》[J],《教师之友》,1935 年第 11 期。
④ 凌霄,《简体字·别字》[J],《天津商报画刊》,1935 年第 46 期。
⑤ 胡愈之,《怎样打倒方块字》[J],《太白》,1934 年第 1 期。
⑥ 耳耶,《方块字·别字·手头字》[J],《新社会》,1935 年第 6 期。
⑦ 了一(王力),《汉字改革的理论与实际》[J],《独立评论》,1936 年第 205 期。

另一些学者则反对写"别字"。林语堂在《提倡俗字》(1933)中明确反对推行"别字",不过他在反对写"别字"的同时,认可了那些已经流行开来的"别字"。温锡田在《提倡"俗字""别字"?》(1933)①中梳理了上海的报纸针对"别字""俗字"问题的讨论,诸如曹聚仁、陶景然、高植、林语堂等人的"别字"主张。不过,温锡田个人并不赞同用别字或俗字去消除汉字的困难。蕉心在《"大众语""简笔字""写别字"》(1935)②中也明确反对写别字。泰来在《别字与简字》(1939)③中认为,提倡写别字属"无聊",是"开倒车"。陈耐烦在《中国文字的过去现在和将来》(1941)中指出,提倡"别字"的人之目的是减少汉字的数量,进而使汉字完全走上"衍声"的道路。对此,他认为此种提法存在两个明显的问题:其一,汉语的音节数量少,容易造成大量同音字现象;其二,不同地区存在方音差别。由此他进一步指出,通过写"别字"这种方法改进汉字,以解决字数繁多的问题,非但不比当下的汉字系统完善,反而会更差。④

六、别体字

对于"别体字"这一术语,民国学者有的从概念上进行界定,比如李从之的《简字的研究和推行方法的拟议》,有的则简单地谈其与简体字等术语之关系。

1930 年 9 月,傅葆琛在《普及识字教育声中几个先决问题》⑤中指出,汉字有很多种写法,比如真、草、篆、隶、行书等;一个字还有不同的写法,如"简笔字""别体字"等;还有用笔画少的字替代笔画多的字之趋向,比如用"才"替代"纔"。不过傅葆琛并没有对"别体字"作进一步说明。1930 年 11 月,李从之在《简字的研究和推行方法的拟议》⑥中认为,与"简字"性质相似的名词有很多,比如"简体字""简笔字""别体字"等;他还从类型上将"简字"分为六种,并举例予以说明。其中第二种为"别体字",指别用一个字体,与原字音义同而形不同,如"體"作"体"等。另外,吴法军在《由简笔字说到农民识字问题》(1934)中指出,人们对于"简笔字"有不同的称呼,其中商务印书馆出版的《平民字典》⑦叫作"别体字"。吴法军进一步指出,虽名称不同,

① 温锡田,《提倡"俗字""别字"?》[J],《国语周刊》,1933 年第 118 期。
② 蕉心,《"大众语""简笔字""写别字"》[J],《礼拜六》,1935 年第 587 期。
③ 泰来,《别字与简字》[J],《立言画刊》,1939 年第 25 期。
④ 陈耐烦,《中国文字的过去现在和将来》[M],上海:世界书局,1941 年,第 91 页。
⑤ 傅葆琛,《普及识字教育声中几个先决问题》[J],《教育与民众》,1930 年第 1 期。
⑥ 李从之,《简字的研究和推行方法的拟议》[J],《教育与民众》,1930 年第 3 期。
⑦ 马瀛、方毅编,《平民字典》[M],上海:商务印书馆,1927 年。

但实际上是同一类现象。

综合来看,其时学者认为"别体字"是简体字的一部分,它与原字音义同而形不同。从今天的术语体系来看,"别体字"往往指"异体字"。

七、俗字

民国学者在谈汉字简化问题时,使用"俗字"这一术语的频次较高,其中大多都是在谈简化方法时,尤其是甄选已有形体时,提到采录"俗字"。比如钱玄同的《减省汉字笔画底提议》、陈光尧的《简字举例:以简字改写〈大学〉经文全章》《发起简字运动临时宣言》、杨端六的《改革汉字的一个提议》等。另外,1930 年李从之在《简字的研究和推行方法的拟议》中,对"俗字"给出了一个较为具体的理解。他认为,俗字指把字的难写而复杂的一部分构件改用较简单的符号去替代,如"劉"作"刘"、"歡"作"欢"等。关于俗字类形体的简化成果,我们将在本书第四章进行专题考察,此处从略。

八、古字

比较来看,民国时期学者们对"古字"这一术语的认识较为一致。1930 年,李从之在《简字的研究和推行方法的拟议》中为"古字"下了定义:从前的古写法,如"無"作"无"、"禮"作"礼"等。就其研究动态而论,该时段学者对这一术语的考察,更多是在谈汉字的简化方法时,将其作为方法之一种,即采录"古字"。比如 1920 年钱玄同在《减省汉字笔画底提议》中指出,"采旧"的有五类,其中有采录"古字";又比如何仲英的《汉字改革的历史观》中亦有采录"古字"的办法。

本 章 小 结

从上面的分析来看,晚清民国时期汉字简化类术语体系的发展表现出多种特征。其一,术语众多。主要有"简字""简笔字""省笔字""减笔字""简易字""省写字""简体字""简写""手头字""破体字""白字""小写""别字""别体字""俗字""古字"等。其二,定义不清。不少论著大都是直接使用某个术语,未对涉及的术语进行严格界定。比如陆费逵的《普通教育当采用俗体字》、钱玄同的《减省汉字笔画底提议》等,均没有对其中提到的"俗体字""简体字"等用语进行界定。其三,所指不一。比如"简字"这一表述,劳乃宣等用其指称"拼音文字",陈光尧、黎锦熙等用其指称"简笔字"。其四,关系杂乱。虽然我们从相关术语的实指出发,将其分为指称拼音文字的术语,指称"简笔字"类的术语,指称形体属于"简笔字"范畴的其他术语等三大类,但第二类与第三类之间以及第三类内部的关系均颇为复杂。而其时相关论著,比如李从之的《简字的研究和推行方法的拟议》、研因的《从白话文说到推行简体字》等,只是简单地认为一些术语所指相同,并未对其内在关系进行厘析。

概而言之,这一时段学者们对汉字简化问题的理论研究还处在较为粗疏的阶段,对各类术语的考察也处在感性认识阶段,没有从较为系统的视角审视这类术语。论其原因,根本在于其时不少研究汉字简化问题的学者,没有进行过系统的汉字简化实践工作,致使其对汉字简化相关术语及术语间关系的判定更多是浅层的认识。

第三章　晚清民国时期汉字
简化的方法类型

对简化方法的总结与概括，是晚清民国学者针对汉字简化问题研究的又一个热点。目前我们搜集到相关文献 36 篇（部），其中绝大部分都在其论著中列出了较为详细的简化方法，并给出了大量例子。1920 年 2 月，钱玄同在《减省汉字笔画底提议》①中归纳出了汉字简化的八种方法，此为该时期学者关于汉字简化方法问题的最早研究成果。1935 年 8 月 21 日，《第一批简体字表》正式发布。该字表颁行前后，学界对于汉字简化方法的研究形成了一个高峰，仅在 1935 年，就有 10 篇论著归纳或引述了汉字的简化方法。有的从整体上提出汉字简化的原则。比如《教部开会讨论注音汉字与简体字》②提出了采选简字的五条原则，同时给出了五种可依据的材料：草书，行书，自宋代到民国时期的俗体字，《说文》中笔画少的古体字，碑志造像和敦煌写本中笔画少的别体字。有的则概括出较为具体的简化方法。比如胡行之在《关于手头字》③中将"手头字"从来源角度归纳为六类：来源于古体，来源于帖体，来源于草书，来源于谐声，来源于假借，取一部分以代全体。

不过，论及当今学者针对晚清民国时期汉字简化方法的整理与研究，则几乎属于"空白"。卢士樵、李萍在《文字学原理》④之"第四部"卷十《汉字简化方案之得失》中有《民国时期流产的汉字简化方案》一节，然而卢、李二人所说的"汉字简化方案"并不指汉字简化的具体方法，而是指《第一批简体字表》的制定与发布这一工作。基于上述事实，这里我们将全面考察该时段学者归纳出的汉字简化原则及具体的简化方法，考察其时学者汉字简化的理念及其发展，进一步认识其时汉字简化工作的成败与经验教训，深入考

---

① 钱玄同，《减省汉字笔画底提议》[J]，《新青年》，1920 年第 3 期。
② 《教部开会讨论注音汉字与简体字》[J]，《教育与民众》，1935 年第 7 期。
③ 胡行之，《关于手头字》[J]，《现代》，1935 年第 4 期。
④ 卢士樵、李萍，《文字学原理》[M]，长春：东北师范大学出版社，2013 年，第 223 页。

察汉字发展的简化与逆简化现象,以期对当今和未来的汉字规范与成果推广等提供参考和借鉴。

第一节　简化方法的展示模式

晚清民国学者针对汉字简化方法的探究,表现出不同的模式。有的学者通过归纳汉字发展演变的某些特征,或提出汉字简省的原则,或对汉字简化方法进行思考,但未展示出具体的简化方法;有的学者不但提出了简省的原则,同时在相关原则的指导下,以举例的方式展示了简化方法或简化类型。其中后一种模式为该时期学者对汉字简化方法研究的主流做法。

(一)仅展示简省的原则或对简化方法的认识

仅指出简省的原则,或只谈对简化方法的认识,而不展示出具体的简省方法,该种做法并不是民国学者对汉字简化方法问题研究的典型形式。相关成果主要集中在《教部开会讨论注音汉字与简体字》、钱玄同的《论简体字致黎锦熙汪怡书》、邓渭华的《汉字改革的途径》等著述中。他们从宏观上谈了对采录简字的看法,提出了一些总原则。

1935 年 3 月,《教育与民众》第 6 卷第 7 期上刊发了《教部开会讨论注音汉字与简体字》①一文,给出了采选简体字的标准和所依据的材料。该文认为,采选简体字的标准有三:其一,笔画简少;其二,通行易识;其三,平正易写。并认为,满足以上三个标准的,一定选录;满足以上两条或一条标准的,酌情选录;全部不满足,或与上面标准相悖的,则绝对不采录。同时给出了采录简字的五种材料,不过该文没有进一步展示出具体的采选方法。

与上相似,章荣在《简字的价值及应用之试验研究》(1935)②中提出了选录简字的四条原则。(1)采录最常见的。比如"龘"和"麄","麄"字虽然形体简单,但是并不常见,从而不应采录。(2)已被视作正字的不采录。比如"賸"与"剩"、"龢"与"和"、"嬭"与"奶"、"輭"与"软"等,每组中的第二个形体已完全取代了正字的地位。(3)形体不够简易的不采录。一些简字的形体并不一定比正字简单,或比正字只是略微简单些,这类也不采录。比如"久"与"乆"、"今"与"仐"、"劫"与"刧"、"悉"与"悉"、"罰"与"罰"、"葬"与"塟"、"蕊"与"蕋"、"覓"与"覔"、"賓"与"宾"、"鄰"与"隣"、"面"

---

①　《教部开会讨论注音汉字与简体字》[J],《教育与民众》,1935 年第 7 期。

②　章荣,《简字的价值及应用之试验研究》[J],《中华教育界》,1935 年第 1 期。

与"面"、"驗"与"骀"等,每组中后者的形体并不比前者简易多少。(4)不通行的简字不采录。比如"花"与"芲"、"飯"与"飰"、"鼎"与"鼡"、"琴"与"琹"、"畝"与"畮"等,每组中后者的形体并不简单,且不甚通行,故而不采录。有时候,如果简字的形体非常简单,即使不通行,亦可采录,比如"讓"与"讠上"、"鐘"与"钟"中的后者。

钱玄同在《论简体字致黎锦熙汪怡书》(1935)[1]中则谈到了《第一批简体字表》采选简体字的五条原则。(1)所采录的材料,草书形体最多,其次是俗体,再次是行书,最少的是古字。(2)所采录的形体,每个都有来历。(3)坚决不采录"白字",比如"帶"作"代"、"業"作"叶"等。(4)多个繁字用同一个简单形体替代的不采录,比如"广"字可代替"庵""慶""廣";不过"舊"作"旧"的历史较长,故可采用;"親"可作"亲",因"亲"字现今已不用,故而可采录;"虧"不作"亏",是由于"亏"乃"于"的古体。(5)简字与繁字笔势所差不大的,暂时不采录。

另外,邓渭华在《汉字改革的途径》(1937)[2]中亦考察了简体字的改造问题。他将改造方法从总体上分为两类:提倡宋元以来的俗体省笔字,按照汉字的构成原则创制整套新汉字。不过邓渭华并没有对上面两类情况进行具体考察。

(二)展示原则的同时展示具体简化方法

该时期学者对于汉字简化方法的讨论,典型做法是既给出形体简化的总原则,同时也展示出具体的简化方法,比如钱玄同的《减省汉字笔画底提议》《减省现行汉字的笔画案》、何仲英的《汉字改革的历史观》、正厂的《过渡时期中的汉字》、周起鹏的《汉字改革问题之研究》、杨端六的《改革汉字的一个提议》、陈登皞的《中国文字改革的具体方针》、郭荣陞的《汉字改革运动概述》、胡行之的《关于手头字》、育苍的《文化建设与简字运动》等。此将代表性成果解析如下:

正厂在《过渡时期中的汉字》(1922)[3]中谈到了汉字简化的原则和具体方法。他指出,要把十画以上的旧有汉字简省到十画以下。并提出简省笔画的三条原则:其一,简省笔画要做到使大家容易认识,尽力避免形体过于相似。其二,除了一些特殊情况外,偏旁和单字的简化要相一贯。前者比如"體"简化作"体",在对其他字进行简化时,不能把"亻"用作"骨"的简化替

---

① 钱玄同,《论简体字致黎锦熙汪怡书》[J],《国语周刊》,1935 年第 204 期。
② 邓渭华,《汉字改革的途径》[J],《新中华》,1937 年第 6 期。
③ 正厂,《过渡时期中的汉字》[J],《国语月刊》,1922 年第 7 期。

代形体,不能把"本"用作"豐"的简化替代形体;后者比如"言"简化作"讠",则"謂"应简化作"谓"。其三,新造的字,要争取"不出十画"。从上面三条原则出发,正厂在钱玄同《减省汉字笔画底提议》《减省现行汉字的笔画案》所示汉字简化方法的基础上,提出了汉字简化的四条具体办法。(1)采录古字。比如"無"作"无"、"從"作"从"等。(2)采录俗字。比如"聲"作"声"、"體"作"体"、"劉"作"刘"等。(3)借用简单形体。比如"腐"作"付"、"葉"作"叶"等。(4)采录行草。比如"爲"作"为"、"見"作"见"等。

与此同时,《对于简笔字之我见》(1922)①一文指出,其时的首要任务是参照已经通行的简笔字,全面搜集相关形体,作为编辑通俗书报所用。并拟出了搜罗的三种方法:(1)收录社会上已经通行的简笔字。比如"懷"作"怀"、"劉"作"刘"、"對"作"对"、"齊"作"齐"、"難"作"难"等。(2)收录古字。比如"圍"作"囗"、"集"作"亼"等;"主"作"丶"、"隱"作"乚"之类,也可采用。(3)收录俗字。裁缝、厨子等所记的账目里有不少流行的俗字,比如"襖"作"袄"、"竈"作"灶"、"乾"作"干"、"薑"作"姜"等。另外,该文还全面搜集了《覆元椠古今杂剧三十种》里的简笔字,以所从部件为类进行了列举,体现出明显的"类推"简化思想。

此外,闵中一在《汉字变迁之大势及今后应有之改良》(1933)②中指出,当时社会上流行的简字数量不多,如果能够厘析出其中的规则,方可搜寻到更多简字。由此,他归纳出了汉字简化的五种规则。(1)繁字中的一些简单笔画,如果能够代表整字,则只保留这些简单笔画,即用能够代表整字的简单笔画代替整字。比如用"鬥"代"鬪"、用"丽"代"麗"、用"沪"代"滬"、用"声"代"聲"、用"医"代"醫"、用"独"代"獨"、用"腊"代"臘"、用"岩"代"巖"、用"响"代"響"、用"烛"代"燭"等。(2)连在一起的繁复字,删去其共有的笔画或构件。比如用"夗央"代"鴛鴦"、用"科斗"代"蝌蚪"、用"悉率"代"蟋蟀"、用"胡枼"代"蝴蝶"、用"堂郎"代"螳螂"、用"昆屯"代"餛饨"、用"比巴"代"枇杷"、用"馬義"代"螞蟻"、用"青廷"代"蜻蜓"、用"知朱"代"蜘蛛"等。(3)保留繁字中的最简单笔画,改变那些繁杂的笔画或构件。比如用"办"代"辦"、用"欢"代"歡"、用"恋"代"戀"、用"实"代"實"、用"宝"代"寶"、用"岁"代"歲"、用"观"代"觀"、用"执"代"執"等。(4)繁字中的一部分,如果是独立的字,则用笔画简易的同音字替代。比如

---

①　《对于简笔字之我见》[J],《国语月刊》,1922年第7期。

②　闵中一,《汉字变迁之大势及今后应有之改良》[J],《文理》,1933年第4期。

用"犹"代"猶"、用"机"代"機"、用"灯"代"燈"、用"柏"代"檔"等。(5)采录古体字。比如用"口"代"圍"、用"婴"代"攖"、用"从"代"從"、用"无"代"無"、用"永"代"咏"、用"仌"代"冰"、用"埶"代"熟"、用"要"代"腰"等。闵中一还认为,如果依照上面五种原则去搜求省笔字,则日常生活需要的字都可以求得。

其后,育苍在《文化建设与简字运动》(1935)①中也归纳出了汉字简化的五种类型。(1)保留繁字中能够代替整字的简单笔画。比如"沪"代"滬"、"虫"代"蟲"、"加"代"嘉"等。(2)连缀的双音节词,删去其共有构件。比如"蝌蚪"作"科斗"、"鴛鴦"作"夗央"等。(3)保留繁字中的简单笔画,改变其复杂笔画。比如"辦"作"办"、"遷"作"迁"、"寶"作"宝"、"觀"作"观"等。(4)如果繁字中一些最繁杂的构件属于独立的字,则可以用同音的简单形体替代。比如"猶"作"犹"、"機"作"机"等。(5)采用古字。比如"咏"作"永"、"從"作"从"等。

比较来看,闵中一归纳出的简化类型与陈登皞在《中国文字改革的具体方针》②中提出的方法非常相似,所不同者在于,闵中一多出了采录"古体字"这一条。而上述方法都为汉字的系统简化提供了重要的理论参考。

第二节　简化方法的发展过程

纵观晚清民国时期学者们考察汉字简化方法时依据的材料和秉持的思想,我们可知,该时期汉字简化方法的发展与这一时段汉字简化总体问题的演进相一致。由此我们可将其时汉字简化方法的发展进程概括为下面四个阶段:考察社会上流行的俗体字、省笔字等的简省方法,考察"手头字"的简省方法,考察《第一批简体字表》的简省方法,总结并提炼前期相关成果。

(一)考察社会上流行的俗体字、省笔字等的简省方法

民国学者最初总结汉字的简化方法,其目标是搜寻社会上已经通行的笔画简易的字。因此通过分析其时社会上已经流行的简易形体,或考察那些虽未流行但已客观存在的笔画少的古字,进而总结汉字简化的方法,便成为一种潮流。这类以钱玄同的《减省汉字笔画底提议》《减省现行汉字的笔画案》为代表。纵观1928年9月以前关于笔画简省的各种方案,学者们基

---

① 育苍,《文化建设与简字运动》[J],《邕宁教育界》,1935年第4—5期。
② 陈登皞,《中国文字改革的具体方针》[N],《京报副刊》,1928年9月10—11日。

本以钱玄同《减省汉字笔画底提议》《减省现行汉字的笔画案》中提出的简化方法为"范式"。

1920 年 2 月,钱玄同发表了《减省汉字笔画底提议》①。他在该文中指出,要在 1920 年 1 月起做一部书,选择社会上常用的字大约 3 000 个,为其选定笔画少的形体。钱氏指出,大凡笔画繁杂的,都为其选定一个较为简单的替代写法;那些本来就笔画简单的无须再改,比如"一""二""上""下""天""人"等;十画以下的,如果没有更为简单的写法,也可以不用更改。按照这个设想,他预计所选 3 000 个字的笔画,平均可减少一半。笔画减少一半,则写字所耗的时间也可以缩短一半。钱玄同同时认为,他设想的这本书大概三四个月时间便可做成。其中的简体字大都是固有的,新造的比较少。钱氏还指出,新造字有两重困难:其一,逐字新造,不但麻烦,而且一些字不好造;其二,个别人造的字,很难获得多数人认可。相反,若采用固有的,则可以很好地减少争执,且易于推行。基于上面的设想,钱玄同提出了简省汉字笔画的八种方法:

(1) 采录古字。比如"圍"作"囗"、"胸"作"匈"、"集"作"仐"等。

(2) 采录俗字。比如"聲"作"声"、"體"作"体"、"劉"作"刘"等。

(3) 采录草书。比如"東"作"东"、"為"作"为"、"行"作"彳"等。钱玄同认为,采录这类字时需要有一定限制。那些笔画联结在一起的草书字,书写时较不便利,如果不能拆开,则不予采录。

(4) 采录古书上的同音假借字。比如"譬"作"辟"、"導"作"道"、"拱"作"共"等。他认为采录这一类字时,亦需要有一定限制。一些借字,古代的时候和本字音相同,因此可以通借;但后世它们的读音不相同了,从而不可以再通借。不过上面主要是针对借字在现在还常用的情况而言的,如果借字现在已经不使用了,也可以把它的音改读为本字的音,进而借为本字使用。再比如"譬""導""拱"和"辟""道""共"等字,民国时期的国语里都不单用,已经变成"譬如""引導""拱手"和"復辟""道路""共同"等双音词;从而"辟如"和"復辟"、"引道"和"道路"、"共手"和"共同"虽然共用一字,但它们各有各的用法,彼此不相干,也不致造成误会。相反,那些本字和借字在国语中都单用的,则不能借用。

(5) 采录流俗的同音假借字。如"薑"作"姜"、"驚"作"京"、"腐"作"付"等。这类字的特征是,某个字只有一些特殊的用法,借用之后不至于造成意义上的混淆。

---

① 钱玄同,《减省汉字笔画底提议》[J],《新青年》,1920 年第 3 期。

（6）新造的同音假借字。如"範"作"范"、"餘"作"余"、"預"作"予"等。这是依据"采录流俗的同音假借字"之法新造的。

（7）新造的借义字。如"旗"作"㫋"、"鬼"作"甶"、"腦"作"囟"等。上面三组虽然读音不同，但字义相同。之所以能换用，根本在于后世"㫋""甶""囟"三字已经废而不用，从而可以用其分别替代"旗""鬼""腦"。另外，"㫋""甶""囟"几个字本身没有标音构件，钱氏认为它们可以"随便读"，进而能分别读作"旗""鬼""腦"。

（8）新造的笔画简易字。如"厲"作"厉"、"蠱"作"蛊"、"襲"作"袭"等。因为"萬"字作"万"、"蟲"字借"虫"、"龍"字借"龙"，所以"厲""蠱""襲"三字可参照已有形体的简化方式进行简省。不过钱玄同又认为，这类字还是尽量少造。类似于"厲""蠱""襲"等字，由于笔画过于繁多，且先前没有简单的替代形体，故而可据以省改。至于那些先前已有简体的，或者能够借用其他字进行简化的，便无须新造。

钱氏还指出，其唯一目的是"简省笔画"，从而不管是古字、俗字、本字、借字、楷书、草书，只要能够实现简省笔画的目的，都可以采录。该文中钱玄同进一步将这些方法分为两类：采录旧有的形体，即采录古字，采录俗字，采录草书，采录古书上的同音假借字，采录流俗的同音假借字；新造的形体，即新造同音假借字，新造借义字，新造省减笔画的字。不过钱氏这里所谓的"新造"，也还是指已有简易形体的来源而言。

自钱玄同开此"先河"之后，不断有学者总结汉字简化的方法。整体来看，该时期学者们总结的方法基本以钱玄同的八种方法为"蓝本"。比如《对于简笔字之我见》、正厂的《过渡时期中的汉字》、周起鹏的《汉字改革问题之研究》、杨端六的《改革汉字的一个提议》、李从之的《简字的研究和推行方法的拟议》、郭荣陞的《汉字改革运动概述》、童仲赓的《简笔字的自然趋势》等。

也有一些学者直接转录了钱玄同关于汉字简化方法的成果。比如1922年8月，何仲英在《汉字改革的历史观》①中指出，他非常赞同钱玄同《减省汉字笔画底提议》中的观点，并转录了钱氏归纳出的八种简化方法。不过何仲英删去了钱玄同针对第四至条第八条的解释，只转录了其核心结论。又如1935年4月，坚壁的《关于手头字》②转录了钱玄同《减省现行汉字的笔画案》①中的观点,亦将汉字简化的方法分为八种。与上相同,1949 年 1 月,艾伟在《汉字问题》中转录了钱玄同《减省现行汉字的笔画案》里归纳出的八种简化方法。②

（二）考察"手头字"的简省方法

1934 年至 1935 年间,汉字简化浪潮中出现了"手头字"运动。"手头字"指人们日常生活中使用的"便当"字,彼时学者整理出了《手头字第一期字汇》,共计收录"手头字"300 个。作为一种新的提议,该时期一些学者便以"手头字"为材料,考察了汉字形体简化的方法。以坚壁的《关于手头字》、胡行之的《关于手头字》、陈耐烦的《中国文字的过去现在和将来》、郭挹清的《手头字概论》等论著中归纳出的相关条例为代表。兹将代表性方法解析于下:

坚壁在《关于手头字》(1935)③中转录了钱玄同《减省现行汉字的笔画案》④中的观点,将"手头字"简化的方法归纳为八种。因与上引钱氏归纳出的条例一致,此处不再赘论。而胡行之在《关于手头字》(1935)⑤中从来源视角将"手头字"归纳为了七类:(1)从古体而来。比如"與"作"与"、"同"作"仝"、"從"作"从"、"堂"作"坐"等。(2)从字帖而来。比如"榮"作"荣"、"勞"作"劳"、"營"作"营"、"隨"作"随"、"隱"作"隐"、"愛"作"爱"等。(3)从草书而来。比如"齊"作"齐"、"濟"作"济"、"歸"作"归"、"盡"作"尽"、"數"作"数"、"實"作"实"、"報"作"报"等。(4)从谐声而来。比如"燈"作"灯"、"選"作"选"、"濱"作"浜"、"爐"作"炉"、"遠"作"远"、"糧"作"粮"等。(5)从假借而来。比如"幾"作"几"、"黨"作"党"、"兒"作"儿"、"纔"作"才"、"夠"作"勾"、"泰"作"太"、"臺"作"台"等。(6)取繁字的一部分代替整字。比如"醫"作"医"、"懇"作"恳"、"聲"作"声"、"蟲"作"虫"、"麗"作"丽"、"鬪"作"鬥"、"舊"作"旧"、"際"作"际"、"麼"作"么"等。(7)取繁字的一边代替整字。比如"雖"作"虽"、"殼"作"壳"、"畝"作"亩"、"務"作"务"、"條"作"条"、"離"作"离"、"雜"作"杂"、"親"作"亲"等。上述七类中,除第二类"从字帖而来"外,其余六类事实上即是汉字简化的六种方法。

---

①　钱玄同,《减省现行汉字的笔画案》[J],《国语月刊》,1922 年第 7 期。

②　艾伟,《汉字问题》[M],上海:中华书局,1949 年,第 141—142 页。

③　坚壁,《关于手头字》[J],《江苏省小学教师半月刊》,1935 年第 14 期。

④　钱玄同,《减省现行汉字的笔画案》[J],《国语月刊》,1922 年第 7 期。

⑤　胡行之,《关于手头字》[J],《现代》,1935 年第 4 期。

其后,陈耐烦在《中国文字的过去现在和将来》(1941)①中考察了简体字的八种形成方法。陈耐烦认为,改良文字的第一种方式是由人类的好简性造成的,其改变的结果称作"简字",也称作"减笔字",又称作"手头字"。他认为简字的含义比"手头字"要宽泛,简字包括历来一切简化的字,而"手头字"仅仅指正楷的简体字而言,并总结了"手头字"形成的八种方法:第一,特制的。比如"鬻"作"炒"、"鬻"作"煮"、"龢"作"和"等。第二,由草书变成的。比如"為"作"为"、"當"作"当"等。第三,用整字的一部分代替整字。比如"聲"作"声"等。第四,类似于"醫"作"医"、"灋"作"法"等。第五,采用古体。比如"衆"作"众"、"從"作"从"等。第六,利用假借字。比如"來"作"耒"、"蟲"作"虫"、"薑"作"姜"、"瓊"作"琼"等。第七,把形声字声的部分简化。比如"墳"作"坟"、"蝦"作"虾"、"證"作"证"、"覆"作"覈"等。第八,简化整体的一部分。比如"國"作"国"、"鳳"作"凤"、"陳"作"陈"等。

另外,闵中一在《汉字变迁之大势及今后应有之改良》(1935)②中展示了他归纳出的汉字简化的五种规则。郭挹清在《手头字概论》(1936)中探究了"手头字"的构成方法,他将老式字变为"手头字"的方法归纳为五大类16小类,其中五大类包括关于形的、关于音的、关于义的、关于音义的、其他。郭挹清指出,"手头字"并不是随意去造,而是有规律可循;他同时认为,"手头字"的构成方法和"六书"一样,并不是人们事先定好规则才去创造。③

（三）考察《第一批简体字表》的简省方法

《第一批简体字表》作为我国第一个由官方发布的简体字表,其中收录的324个简体字自然成为民国学者考察汉字简化方法的重要材料。这类以郑疆斋的《教育部通令推行简字之检讨》④、葛定华的《简体字应否强制推行》⑤归纳出的简化方法为代表。具体如下:

郑疆斋在《教育部通令推行简字之检讨》(1935)中分析了《第一批简体字表》之简体字的形成类型,共计十种。(1)采录形体简单的古文。比如"禮"作"礼"、"無"作"无"等。(2)删去整字中的部分组织。比如"爾"作"尔"、"啟"作"启"、"從"作"从"、"氣"作"气"等。(3)借用形体简单的同音字。比如"纔"作"才"等。(4)整体改造。比如"體"作"体"、"竈"作

---

① 陈耐烦,《中国文字的过去现在和将来》[M],上海:世界书局,1941 年,第 90 页。

② 闵中一,《汉字变迁之大势及今后应有之改良》[J],《文理》,1933 年第 4 期。

③ 郭挹清,《手头字概论》[M],上海:天马书店,1936 年,第 40—58 页。

④ 郑疆斋,《教育部通令推行简字之检讨》[J],《秦风周报》,1935 年第 27 期。

⑤ 葛定华,《简体字应否强制推行》[N],《华北日报》,1935 年 12 月 15 日。

"灶"，其中"体""灶"都是后来新造的字。（5）将繁字中作声符的较繁部件改用同音的简单形体替代。比如"鐘"作"钟"、"猶"作"犹"、"竊"作"窃"、"戀"作"恋"、"變"作"变"、"懷"作"怀"、"壞"作"坏"、"環"作"环"、"還"作"还"等。（6）以会意的方式改简较繁的字。比如"國"作"国"、"羅"作"罗"等。（7）保留繁字的某一构件，以代替繁字。比如"雜"作"杂"、"雖"作"虽"、"點"作"点"、"條"作"条"、"縣"作"县"、"醫"作"医"等。（8）改变繁字较繁的偏旁，用简单的形体代替之，这类往往以同一个形体代替多个较繁的构件。比如"頭"作"头"、"讀"作"读"、"續"作"续"、"贖"作"赎"、"賣"作"卖"、"賢"作"贤"、"聖"作"圣"、"對"作"对"、"趙"作"赵"、"艱"作"艰"、"難"作"难"、"勸"作"劝"、"雞"作"鸡"、"鳳"作"凤"、"劉"作"刘"、"齊"作"齐"、"嘗"作"尝"、"壇"作"坛"、"風"作"凤"、"歸"作"归"、"靈"作"灵"、"當"作"当"、"過"作"过"、"時"作"时"等。（9）将简易的草书改写为楷体。比如"門"作"门"、"學"作"学"、"應"作"应"等。（10）保留简易的草书写法。比如"為"作"*为*"、"偽"作"*伪*"、"甚"作"*七*"等。其中上面第八类显示出明显的"类推"简化思想。

与郑疆斋相似，葛定华在《简体字应否强制推行》（1935）中亦对《第一批简体字表》所收的简体字进行了分析，从来源视角将其归纳为七种。（1）将形体简单的行书、草书改为楷书。比如"為"作"为"、"卒"作"卆"、"東"作"东"、"樂"作"乐"、"盡"作"尽"、"齊"作"齐"等。（2）采用形体简单的古文。比如"鬥"作"門"、"與"作"与"、"貌"作"兒"、"爾"作"尔"、"個"作"个"、"氣"作"气"、"畫"作"画"、"號"作"号"、"從"作"从"、"眾"作"众"等。（3）假借同音的简单形体，或用同音的简单形体替代某一构件。比如"庵"作"广"、"萬"作"万"、"遠"作"远"、"覆"作"覀"、"遷"作"迁"、"趕"作"赶"、"懼"作"惧"、"蝦"作"虾"等。（4）改变繁字的某一构件，以便简化。比如"喬"作"乔"、"頭"作"头"、"劉"作"刘"、"會"作"会"、"壞"作"坏"、"這"作"这"、"窮"作"穷"等。（5）将繁字的某一较繁构件用简单的形体替代。比如"權"作"权"、"難"作"难"、"戲"作"戏"等。（6）省去繁字的某一构件。比如"壓"作"压"、"寶"作"宝"、"蟲"作"虫"、"懇"作"恳"、"糶"作"粜"、"時"作"时"、"獨"作"独"、"殺"作"杀"、"職"作"耵"、"雖"作"虽"、"啟"作"启"、"離"作"离"、"雜"作"杂"等。（7）俗写而成的简体字。比如"陽"作"阳"、"陰"作"阴"、"體"作"体"、"莊"作"庄"、"靈"作"灵"、"黨"作"党"、"廟"作"庙"、"爐"作"炉"等。

（四）总结并提炼前期相关成果

虽然"手头字"的推行效果一般，《第一批简体字表》也被搁置，但社会日常领域使用的简体字并没有减少,汉字简化的发展趋势并没有停止,民国学者针对汉字简化方法的探究并没有停滞。在上面三阶段基础上,其时学者对汉字简化的方法进行了更为全面的总结和提炼,以徐则敏在《简字的效用和性质》①中归纳出的 14 条简化方法为代表。兹展示于下:

(1)会意。指某个简字的形体可以用"六书"中的"会意"方法解释。比如"竈"作"灶"、"齩"作"咬"、"體"作"体"、"巖"作"岩"、"筆"作"笔"、"眾"作"众"、"癡"作"痴"、"國"作"国"等。

(2)形声。指某个简字的形体可以用"六书"中的"形声"方法解释。比如"戰"作"战"、"滬"作"沪"、"懼"作"惧"、"鐘"作"钟"、"懲"作"惩"、"竊"作"窃"、"遷"作"迁"、"癢"作"痒"、"感"作"感"等。

(3)通借。指用形体简单的同音字替代形体繁杂的字。比如"里"代"裏"、"元"代"圓"、"划"代"劃"、"叶"代"葉"、"听"代"聽"、"几"代"幾"、"台"代"臺"等。徐则敏指出,"六书"中只有假借,没有"通借"。并进一步认为,"通借"的字尽管是写别字,但属于沿袭已久的,并非提倡别字的人自行添加,从而也不能为了追求形体简化就随意写别字。

(4)古体。指用形体简单的古体代替繁字。比如"礼"代"禮"、"卅"代"礦"、"畊"代"耕"、"弃"代"棄"、"异"代"異"、"从"代"從"等。

(5)本字。一些字现今通行的是其"或体",其本字因笔画简单而变为了简字。比如"範"与"范"、"泰"与"太"、"網"与"网"中的后者。

(6)或字。一些字有"本体"和"或体"两种形体,但通行的"本体"并没有"或体"简单,则"或体"变成了简字。比如"於"与"于"、"萬"与"万"、"龍"与"龙"、"箇"与"个"、"後"与"后"中的后者。

(7)省体。指把一个合体字的一部分省去。比如"類"作"类"、"離"作"离"、"號"作"号"、"雖"作"虽"、"點"作"点"、"條"作"条"、"務"作"务"、"麗"作"丽"、"雲"作"云"、"處"作"处"、"釐"作"厘"、"麼"作"么"、"關"作"关"等。

(8)首尾。指把一个合体字的首尾部分留下,删去其中间的部分。比如"寒"作"宀"、"蠶"作"蚕"、"壓"作"压"、"堂"作"坐"、"屋"作"屋"、"職"作"耴"等。这一类与杭良《改简汉字的方法》中的"割腹"法相似。

(9)起笔。指将一个合体字的起笔部分作为简字。比如"聲"作"声"、"寶"作"宝"、"餐"作"歺"、"醫"作"医"等。

(10)破体。指把繁字之繁杂偏旁的一部分删去,让其变成简字。比如

---

① 徐则敏,《简字的效用和性质》[J],《教师之友》,1935 年第 11 期。

"燭"作"烛"、"時"作"时"、"際"作"际"、"標"作"标"、"歸"作"归"、"掃"作"扫"、"陽"作"阳"、"懇"作"恳"、"質"作"质"、"罷"作"罢"、"爺"作"爷"、"厭"作"厌"等。

（11）减笔。指把繁字的繁杂偏旁的笔画简省，使其变成简字。比如"劉"作"刘"、"亂"作"乱"、"戲"作"戏"、"對"作"对"、"難"作"难"、"權"作"权"、"脈"作"脉"、"稱"作"称"、"恆"作"恒"、"變"作"变"、"蓋"作"盖"、"實"作"实"、"窮"作"穷"、"蘇"作"苏"、"當"作"当"、"嘗"作"尝"、"羅"作"罗"、"會"作"会"、"吳"作"吴"、"歲"作"岁"等。

（12）草体。指把笔画可折断的草体字作为简字。比如"會"作"![草体字]"、"頭"作"头"、"爲"作"为"、"章"作"![草体字]"、"看"作"![草体字]"、"春"作"![草体字]"、"麥"作"麦"、"專"作"专"、"在"作"![草体字]"、"教"作"![草体字]"、"奉"作"![草体字]"、"照"作"![草体字]"、"盡"作"尽"、"興"作"兴"、"屬"作"![草体字]"、"夏"作"![草体字]"等。

（13）用"双"形代替。指由三个相同构件构成的合体字，其下面的两个构件，可以用"双"代替，进而得以简化。比如"森"作"![简化字]"、"淼"作"![简化字]"、"磊"作"![简化字]"等。

（14）"二体"。指由两个相同构件上下叠置而成的合体字，其下面的构件可用两点代替，进而实现简化。比如"炎"作"![简化字]"、"棗"作"枣"、"讒"作"谗"等。

整体而论，上面的十四条规则，几乎包含了汉字简化的所有类型，可谓后出转精，为后世汉字简化方法的完善与体系化、汉字的系统性简化提供了理论和方法借鉴。

第三节　简化方法的总体特征

这里所谓"总体特征"，主要指该时段学者总结出的汉字简化方法是以"述而不作"为核心特征，还是以"新造"为核心特征。通过考察其时学者厘析出的汉字简化的具体方法，我们发现其条例有的展现出较强的"述而不作"特征，有的则侧重结合汉字发展演变情况进行"新造"。不过这里我们只能说上面两类"侧重"展示出某一特征，因为有不少条例兼具上面两种特征。

（一）侧重展示出"述而不作"的特征

总体来看，晚清民国学者对于汉字简化方法的态度是"述而不作"，即依据其时社会上流行的简易字体总结汉字简化的方法。尽管一些学者提到了按照此类方法搜集简易字体,但其搜集的重点也是针对已有的简易形体,而非新造。最具代表性的学者是钱玄同。

1922 年 8 月,钱玄同在《减省现行汉字的笔画案》①中指出,其时简省汉字的笔画,应该依据通行于民众中间的简体字进行,他认为这类简体字十之七八都是从宋元时代流传下来的。钱氏在分析这类形体结构的基础上,将汉字简化的方法归纳为八类:(1)把多笔画的字删去一部分,留下形似的轮廓。比如"龜"作"龟"、"壹"作"壱"、"壽"作"寿"、"該"作"𫍲"、"命"作"佘"、"關"作"关"等。(2)采用本有的草书。比如"得"作"冐"、"為"作"为"、"東"作"东"、"實"作"实"、"事"作"𢂇"、"會"作"会"等。(3)将多笔画的字只写其一部分。比如"聲"作"声"、"寶"作"宝"、"條"作"条"、"雖"作"虽"、"虧"作"亏"、"獨"作"独"等。(4)将字的笔画多的一部分用简单的形体代替。如"觀"作"观"、"鳳"作"凤"、"劉"作"刘"、"邊"作"边"、"辦"作"办"、"蘭"作"兰"等。(5)采用古体。比如"禮"作"礼"、"處"作"处"、"從"作"从"、"雲"作"云"等。(6)将声符改用笔画少的形体替代。比如"遠"作"远"、"燈"作"灯"、"覆"作"𧚝"、"遷"作"迁"、"墳"作"坟"、"襖"作"袄"等。(7)另造一个简体。比如"眾"作"乑"、"竈"作"灶"、"戴"作"𢧵"、"響"作"响"等。(8)假借其他简单的形体。比如"義"借"义"、"薑"借"姜"、"驚"借"京"、"乾"借"干"、"幾"借"几"、"舊"借"旧"等。

不过我们需要注意,上面钱氏第七条所谓"另造",指的是古人造,而非其时学者造,从而此"另造"事实上也是对旧有形体的一种选录。其后同时代学者对汉字简化方法的考察,大都承袭了钱玄同归纳出的八种方法及所举的例子,有的是直接转引,有的是略改表述,有的是再行分类。典型代表有周起鹏、李从之等。

周起鹏在《汉字改革问题之研究》(1922)②中,针对十画以上的汉字之简省问题,主张以"采旧"为基本原则,并归纳出了五种具体的简省方法。(1)采录古字。比如"圍"作"囗"、"禮"作"礼"、"無"作"无"、"網"作"网"、"從"作"从"等。周起鹏认为,这类字在古书中还可以见到,现在应该让它们复活,并尽量利用。(2)采录俗字。比如"竈"作"灶"、"點"作"点"、"燈"作"灯"、"亂"作"乱"、"萬"作"万"等。他认为这类字非常多,

① 钱玄同,《减省现行汉字的笔画案》[J],《国语月刊》,1922 年第 7 期。
② 周起鹏,《汉字改革问题之研究》[J],《国语月刊》,1922 年第 7 期。

社会流俗早已在使用。（3）采录通用字。比如"纔"作"才"、"鬪"作"鬥"、"巖"作"岩"、"個"作"个"等，并认为这类字在正式文献中也早已通行。（4）借用简单形体。比如"蟲"作"虫"、"體"作"体"、"葉"作"叶"、"乾"作"干"等。（5）采录草字。比如"東"作"东"、"齊"作"齐"、"會"作"会"、"寶"作"宝"等。对于此类字的采录，周起鹏认为，应该选择那些笔画清晰、能够拆分开的；相反，那些笔画牵连、书写不便的，则不应采录。周起鹏还指出，上面列举的五种简化方法，不是"采古"就是"采俗"，笔画简单且容易认识，而且有的形体其时字典里也能找到，可以尽量采用。他同时认为，将来"语体文"通行后，"同音字"亦可借用，因为"文言文"里的单音字到"语体文"中就会变成复音字，从而不至于发生误会。

此外，李从之在《简字的研究和推行方法的拟议》（1930）[1]中也归纳出了简字的六种类型。事实上，我们可以将这六种类型视作汉字简化的六种方法。（1）减笔字。即减少笔画的字，其字形仍保留原形，变化非常少。比如"因"作"囙"、"或"作"或"、"留"作"畱"等，只是把原字减少了一两笔。（2）别体字。指用一个与原字音义相同但形体不同的简单字形替代原字，比如"體"作"体"、"萬"作"万"等。（3）行书字。指某个字不十分潦草的行书写法，二者音义均相同。比如"長"作""、"張"作""、"東"作"东"等。（4）通用字。指借用形义本不相同的简单字替代形体繁杂的字。比如"豐"作"丰"、"乾"作"干"、"纔"作"才"等。也有一些虽然偶有使用，但并不常见，故不采录。比如"教"作"交"、"銀"作"艮"等。（5）俗字。指将字之难写的一部分改用较为简单的符号替代。比如"劉"作"刘"、"觀"作"观"、"歡"作"欢"等。不过有些虽是俗用，形体并不简单，则不采录。比如"欲"或书作""形、"看"或书作""形，虽然"""看"俗用，但其实际简省的笔画有限，故而不采录。（6）古字。指古时所用的形体，比如"無"作"无"、"圍"作"囗"、"堯"作"垚"、"時"作"旹"等。虽然上面几组中的后一形体现在不通行，但可以再次使用它们。

（二）侧重展示出"新造"的特征

也有一些学者认为，汉字的简化不能只停留在搜集已有简易形体这一阶段，而应该"新造"，应按照已有的方法"类推"出新的简易形体。其中以杭良的《改简汉字的方法》、陈光尧的《简字运动的概况》《简字运动概说》、郭荣陞的《汉字改革运动概述》为代表。兹展示其要者于下：

---

① 李从之，《简字的研究和推行方法的拟议》[J]，《教育与民众》，1930 年第 3 期。

杭良在《改简汉字的方法》(1929)①中,将汉字简化的方法归纳为六种。具体如下:

(1)淘汰双叠字体。不少汉字在构成方式上是由相同构件二叠或三叠而成。对于此类字,杭良认为,在简化时可以将其重叠的构件予以简省。比如"叠"字可省减为"叠","啜"字可省减为"叹","缬"字可省减为"绚","篓"字可省减为"笈"。杭良指出,该种省减方法在汉字发展演变史上也曾被人们采用过,比如"征"字古或写作"徎","星"字古或写作"曐"。不过杭良同时指出,如果改简后的写法跟已有的某个汉字同形时,则不能采用此种方法。比如"森"字,若删去上部的"木",则与"林"同形;若删去下部的两个"木",则与"木"同形,显然"森"字便不能用省减重叠构件的方法进行简化。

(2)并和特别类如的笔画。指把某个字中那些非常近似的笔画或构件并合,比如"鹿"可改简为"鹿","報"可改简为"报"。杭良认为,这一方法可用于补救第一种方法的不足;比如第一种方法认为"森"字无法改简,但从第二种方法来看,它又可改简为"㭇"。另外,依据第一种方法改简的字,就无须再使用第二种方法进行简化。杭良还指出,这种方法并不是他新创的,其时社会上已经在使用了。但是这种改简后的汉字常被称作"俗写"或"小写",正式场合人们往往弃而不用。由此该文认为,其时要改简汉字,经由这种方法造成的简体字也应当采用,并广为宣传。

(3)割腹。杭良认为,用上面两种方法并不能改简所有汉字,于是他主张把那些由三部分构件构成的汉字,割去其中间的部分,即"割腹法"。比如"鼻"由三部分纵向组合而成,"蜥"由三部分横向组合而成,其中的"田""自"分别是"鼻""蜥"的"腹部"。割去之后,"鼻"可简化作"鼻"形,"蜥"可简化作"蛳"形。其他如"實"可简化作"宾"形,"朧"可简化作"胧"形。他认为历史上对汉字的此种改革只是针对一部分字,现在要改简汉字,可将更多字用此方法进行改简。比如"栗"古时或写作"㮚"形,"字"古时或写作"寕"形,现在行用的"栗""字"二形,可视作"㮚""寕"分别割去了中间的"卤""巛"。另外,用"割腹"的方法改简某字后,如果跟已有的字同形,比如"藝"割腹后变成了"芸","衙"割腹后变成了"行",则不可用"割腹"的方法进行省减,而应该再用其他方法进行简化。

(4)削角。杭良指出,汉字是四方体,百分之三四十都有角,在对汉字进行简化时,可将那些不重要的角削去。比如可削去"疑"字左上角的"匕"而成"㲁",可削去"歸"字左下角的"止"而成"歸"。他同时指出,用削角的

---

① 杭良,《改简汉字的方法》[N],《民国日报·觉悟》,1929年1月14日、1月16日。

方法简省汉字应谨慎为之,否则也容易造成形体混讹。比如"劉"字若削去左上角部分,则变得跟"釗"同形;"繈"字若削去右上角部分,则变得跟"納"同形,而"釗""納"都是其时的常用字。

（5）离尾。杭良从书写顺序视角出发,将汉字最后书写的笔画或构件称作"尾巴",比如他把"麖"中的"禾"视作"尾巴"。从汉字简省的角度来看,所谓"离尾",即把有"尾巴"的字删去其"尾巴",比如将"麖"字书作"庿"等。离尾的做法,在汉字发展史上也有先例。比如"寶"字或写作"窐"形,"皂"字或写作"白"形等。杭良还指出,离尾的方法也会造成同形现象。比如"羣"的尾巴是"羊",离去后就会变得与"君"同形;再比如"案"的尾巴是"木",离去后就会变得跟"安"同形。在这种情况下,便不能采用离尾的方法进行简省。

（6）去繁留简。指把一个汉字中最简单的笔画留下,把繁难的笔画省去。比如"壈"字,由"土""雨""革""月"四个部件组合而成。若采用"去繁留简"的简省法,则可以用其中最简单的"土"和"月"组合成"坍"形。杭良指出,"去繁留简"这种改简汉字的做法在汉字发展史上亦有先例。比如"灋"作"法"、"燭"作"燭"或"烛"等。由此他认为,改简汉字的时候亦可采用这一方法。

杭良最后指出,上面六种方法虽然不能做到完美,但完全可以将笔画繁多的字改简百分之七八十。综合来看,杭良提出的简省汉字的几种方法,是从汉字发展演变的历史出发,删去汉字形体中的某一部分,总体上属于"新造"一类。与钱玄同等人提倡的"述而不作"思想主导下的改简结果相比,采用杭良的方法改简后的形体在推行上存在较大困难。

此外,陈光尧在《简字运动的概况》(1930)[①]中将整理简字的方法归纳为了四种,其中前三种属于采录已有的形体,即采录俗字、采录草字、采录古字;

第四种为依照上面的三种方法,仿造字体和书写习惯同原字相类似的新字,比如"贏"作"𧇛"、"搔"作"扚"、"矗"作"𠂤"等。对于第四种,陈光尧又归纳出了四条"缩字"的方法。一为利用字音缩字,比如"纏"作"𬓙"、"籐"作"𮂠"等;二为利用字形缩字,比如"撑"作"捎"、"醬"作"府"等;三为利用字义缩字,比如"種種"作"種〃"、"整理整理"作"整理〃〃"等;四为保留原字的大略或轮廓等。另外,陈光尧于1938年发表了《简字运动概说》,其观点与上引内容相似。

属于"新造"简省法的还有郭荣陞,他在《汉字改革运动概述》(1933)[②]

---

① 陈光尧,《简字运动的概况》[J],《中华图书馆协会会报》,1930年第6期。
② 郭荣陞,《汉字改革运动概述》[J],《南大半月刊》,1933年第2期。

中一方面分析了其时通行的简字类型,另一方面提出了创制新简字的方法。其中前者是在总结陈登皞、杨端六、陈光尧等人成果之基础上进行的,共计八条;后者是在分析陈光尧提出的创制简字之二十四条规则的基础上进行了归纳。郭荣陞将创造新简字的方法总结为九条:(1)语体转换而成的简体。比如"滌"作"洗"、"擲"作"扔"、"曝"作"晒"、"躍"作"跳"等。(2)意义相通的字,可选用形体较为简单的。比如"蹤蹟"作"踪跡"、"襃"作"狎"、"巑"作"岇"等。(3)用","".."两组符号替代重叠的字、词和句子。(4)对字形要求不甚严格的双音词,可酌情删去繁字的某些构件。比如"鯨魚"作"京魚"、"麝香"作"射香"、"霖雨"作"林雨"等。(5)将繁字的字形改为有字理的简单形体。比如"鞠"作"胸"、"髖"作"膝"等。(6)具有相同偏旁的双音节名词,删去其共有的偏旁。比如"琺瑯"作"法郎"、"蜻蜓"作"青廷"、"狼狽"作"良貝"等。(7)有时无法找到合适的简体字,可以只保留繁字的轮廓,而删去其不重要的部分。(8)采录本有的俗字,或者是订正俗字。(9)采录通行的单字,或者是将草书字的笔画改正直,以便于印刷。

比较来看,上面第(7)(8)(9)三条与钱玄同归纳出的一些条例相似,属于对已有形体的选择。而从其属性来看,第(1)条并不是文字学意义上的形体简化,而是属于词范畴的近义换用;第(2)条属于选用异体字组中的简单形体进行简化一类;第(4)(6)两条类似于用笔画简易的同音字代替。

此外,林语堂在《提倡俗字》(1933)中也提出了一种新的方法。他认为,专名可以根据需要进行缩写。比如"光華"可省作"小卄","復旦"可省作"夕门","軍委會"可省作"⼆人"等。另外,取上字之首,取下字之尾,也可以写成一个新字。比如"光華"可省作"半"、"復旦"可省作"㣉"、"軍委會"可省作"䈐"、"中華民國"可省作"卙"、"林語堂"可省作"㮞"等。从简省方式来看,此类与"字体研究会"的"合体简字"相类似。

整体而论,"新造"理念只是民国学者关于汉字简化方法的"小众"观点,虽然此类"新造"法大多能找到历史依据,但其所创制的不少简易形体在推行方面往往存在很大难度,致使该类方法未能得到广泛行用。

第四节　其时的"类推"简化法

"类推"简化法是汉字简化诸方法中非常重要的一种,虽然从汉字简易化的历史过程来看它产生得较晚,但该方法客观上促成了汉字简化"质"的飞跃,使得那些在历史上没有简易形体的汉字也有了简化的途径,并事实上提升了汉字形体简化结果的科学性与系统性。总体来看,汉字的"类推"简化法发端于20世纪前半叶,在新中国成立后开展的汉字整理和简化工作中趋于成熟。不过,目前学者们针对汉字类推简化问题的讨论大都集中于20世纪后半叶,对其在晚清民国时期发生和发展情况的重视则颇为不够,甚至可以说针对该时段汉字"类推"简化问题的考察尚处于"空白"状态。这一方面由于晚清民国时期的学者们没有系统地应用该方法简化其时社会生活中必需的汉字,另一方面由于该时期尚无针对汉字"类推"简化的专题讨论,相关成果较为零散,原始资料不易搜集。尽管如此,"类推"简化法在晚清民国时期也有相当发展,我们需要从当时文字改革、汉字简化的大背景出发,对其进行详尽梳理与深入探究。这有助于我们全面认识"类推"简化法,以便从更加科学的视角对其进行审视。

下面我们从晚清民国时期汉字"类推"简化法发生与发展的过程及事实出发,重点探究以下几个论题:"类推"简化思想的萌生,"类推"简化实践形式的增多,"类推"简化理论表述的提出,其时学者对"类推"简化法行用问题的思考等。①

一、"类推"简化思想的萌生

为了减少汉字形体繁难所造成的问题,晚清民国时期的学者们进行了多种探索,汉字"类推"简化的思想便在这一过程中逐渐萌生。1909年1月,陆费逵在《普通教育当采用俗体字》②中否定了卢戆章、蔡锡勇、王照、劳乃宣等人创制的拼音文字"简字"。陆氏认为,"简字"与"旧有文字"在形体方面差异过大,由此他主张推行汉字中本有的俗体字。陆费逵还指出,俗体字是其时最便捷且最易推行的书写形式。并归纳出了其较易推行的两点缘由:其一,该种字笔画简单,与"正体字"不一样;比如"體"作"体"、"蠶"作"蚕"、"燈"作"灯"、"萬"作"万"等。其二,除公牍及考试答卷外,一般场合都在使用俗体字,社会底层人士靠这些字去阅读小说、唱本等。由此陆费逵认为,采用俗体字对于普及教育有极大便利。

不过陆费逵此观点一经提出,随即遭到其时学者的质疑。1909年2月,沈友卿在《论采用俗体字》③中认为,虽然陆费逵用意"良苦",但实际操作时恐不可行。沈文指出,尽管陆氏提议采用的那些简单字都不是杜撰的,但并

---

① 按,该节的部分内容此前已发表,此次收入时作了修改和增补。详见孙建伟,《清末民国时期汉字"类推"简化法的演进》[J],《青海师范大学学报》(社会科学版),2021年第3期。
② 陆费逵,《普通教育当采用俗体字》[J],《教育杂志》,1909年第1期。
③ 沈友卿,《论采用俗体字》[J],《教育杂志》,1909年第2期。

不是每个繁难的汉字都有相对应的简单形体。沈友卿并就陆文所举的例子提出反驳："體"可作"体",但"醴""髓"等字用什么较为简单的形体去代替呢?"燈"可作"灯",但"凳""橙"等用什么简易字去替代呢?"萬"可作"万",但"邁""蕒"等用什么形体去替代呢?由此来看,沈友卿认为汉字中已有的简体俗字不系统,可采用的数量有限。虽然一些繁难字可以用简易的形体去替代,但更多与这些繁难字有相同构件的字,或者由这些繁难字作为部件构成的字,并没有相应的简易形体可替代,从而那些简易俗体不具有普遍采用性。对于此类问题,其时学者并未提出可行的处理办法,而不对这类字进行简省,汉字形体繁难的问题便无法从根本上得到解决。

概而言之,沈友卿反驳陆费逵的核心理据为已有的俗体字不敷用,那些由相同构件构成的字,有的简化了,有的没有简化,从而一定程度上破坏了汉字本有的体系性。由此来看,沈氏已经比较有意识地从个体字例出发,探求字形简化的系统性问题,思考含有共同构件的字该如何简化的问题,而这也正是"类推"简化法能够产生或者说有必要产生,抑或说必须要产生的根源所在。事实上,陆费逵本人也认为,要减少书写困难就需要整理汉字。1922年2月,他在《整理汉字的意见》①中指出,一方面需限定通用字的范围,另一方面需减少笔画。对于后者,陆氏认为,第一步为采用社会上已有的简笔字,第二步则是将那些笔画多的字酌量减少其笔画。不过,陆费逵并未就如何减少笔画作进一步探究。

二、"类推"简化实践形式的增多

民国时期不少人主张废弃汉字,但这种"彻底"的改变非一时可以实现,故而一些学者将汉字中的简易形体视作一种过渡,并不断探索简化汉字的方法,"类推"简化的实践形式遂由此而增多。整体来看,有的学者在总结汉字简化方法时,对个别汉字进行了"类推"简化;也有学者归纳出了一些可用于"类推"简化的构件。此外,还有学者在整理简体字表时,有意识地将那些经"类推"简化而来的字按偏旁汇聚。这为"类推"简化法的形成奠定了重要的实践基础。

(一)对个别汉字进行"类推"简化

对个别汉字实施"类推"简化,是民国时期"类推"简化实践的具体表现之一。以钱玄同、徐则敏为代表的学者,依据某些繁字的简易形体,对其他一些由这类繁字作为构字部件的字进行了"类推"简化。

---

① 陆费逵,《整理汉字的意见》[J],《国语月刊》,1922年第1期。

钱玄同在《减省汉字笔画底提议》(1920)①中归纳出了整理简体字的八种方法。其中"采旧"的有古字、俗字、草书、古书上的同音假借字、流俗的同音假借字五种;"新拟"的有同音假借字、借义字、减省笔画字三种。上面"新拟的减省笔画字"一类,钱氏举了三个例子:"厲"作"厉"、"蟲"作"蛊"、"襲"作"袭"。他还给出了"新拟"之理由:"萬"字作"万"、"蟲"字作"虫"、"龍"字作"龙",所以"厲""蟲""襲"三字可参照已有形体的简化结果,分别简省作"厉""蛊""袭"。钱玄同认为,类似于"厲""蟲""襲"等字,其笔画过于繁多,且已有汉字中没有能够用来替代的简单形体,故而可据以省改;至于那些先前已有简体的,或者曾经借用其他字形进行简化的,便无须新造。从钱氏所举的例子我们可知,其所谓"新拟的减省笔画字"中,事实上包含了经"类推"简化而成的简易形体一类,且钱玄同本人也进行了个体汉字的"类推"简化工作。

另外,徐则敏在《民众识字教育中的简字问题》(1933)②中归纳出了汉字简化的 16 种类型。他强调指出,在这些简化类型下只举了一些常见的"偏旁",人们可将这类"偏旁"再"应用到各种字上去"。为了申明其义,徐则敏还举了一组例子:因"曾"字简化作"营",则"赠"可简化作"贮","層"可简化作"层","憎"可简化作"怡","增"可简化作"增"。这里徐则敏虽然未使用"类推"简化这一表述,未将类似于"赠""層""憎""增"这种由相同部件构成的字之简化方法明确列为一种,但他所谓将"偏旁"再"应用到各种字上去",正是指"类推"简化而言。

也有学者在谈汉字简化方法时,举了一些"类推"简化的例子。郑疆斋在《教育部通令推行简字之检讨》(1935)③中,以《第一批简体字表》为依据,将汉字简化的类型归纳为十种。其中第八种为改变繁字较复杂的偏旁,用简单的形体替代;其下他举了一组经"类推"简化而成的形体:"賣"作"卖"、"讀"作"读"、"續"作"续"、"贖"作"赎"。第十类为保留简易的草书写法,他也举了一组"类推"简化的例子:"為"作"为"、"偽"作"伪"。不过,此文中郑疆斋并未对"类推"简化现象作进一步探究。

(二)归纳"类推"简化的构件

也有学者归纳出了一些可用于替代简省的构件。1922 年 8 月,《对于简笔字之我见》④一文指出,与其"革新",不如"复旧";故而主张把社会上

---

①　钱玄同,《减省汉字笔画底提议》[J],《新青年》,1920 年第 3 期。

②　徐则敏,《民众识字教育中的简字问题》[J],《民众教育季刊》,1933 年第 2 期。

③　郑疆斋,《教育部通令推行简字之检讨》[J],《秦风周报》,1935 年第 27 期。

④　《对于简笔字之我见》[J],《国语月刊》,1922 年第 7 期。

已经流行的简笔字搜集起来，用于编辑通俗书报。为此该文归纳出了搜罗简笔字的几种方法：其一，搜集社会上多数人知道的简笔字，比如"懷"作"怀"、"難"作"难"等；其二，搜集笔画简易的古字，比如"圍"作"囗"、"集"作"雦"等；第三，搜集俗字，比如"竈"作"灶"、"薑"作"姜"等。另外，该文还指出了一类简省模型，即用相同的简单形体替代共有构件。

《对于简笔字之我见》主要从《覆元椠古今杂剧三十种》里提取出了 37 个共有构件：絲、盧、馬、車、區、身、執、目、蜀、隹、貝、頁、門、聿、風、府、龍、龜、糸、燅、卒、襄、寒、無、義、酉、髟、骨、黽、麥、魚、鹵、買、革、隶、食、長。从其举例来看，凡含有构件"絲"的字，该部件都简化作"亦"，如"戀"书作"恋"、"欒"书作"栾"、"孿"书作"峦"等；凡含有构件"盧"的字，该部件都简化作"户"，如"蘆"书作"芦"、"廬"书作"庐"、"爐"书作"炉"、"驢"书作"驴"等。尽管该文未提出"类推"简化这一表述，但类似上面这种由同一构件构成的字，在简化时共有构件用相同的简易形体替代，属于典型的"类推"简化现象。

（三）按偏旁汇聚"类推"简化成果

该时期汉字的"类推"简化实践，还表现为在简体字表中按"偏旁"汇聚字形简化成果。尽管民国学者未对社会上通行的汉字进行系统的"类推"简化，但在整理繁简字表时，以曲元、杜定友为代表的学者，或有意识地将含有相同构件的经"类推"简化而成的字汇聚在一起，或整理出"简母"和"单字"。这为后世"类推"简化法的广泛应用提供了重要的实践基础。

曲元在《俗字方案》（1933）①中搜集了其时报纸、杂志上常见的俗字300 组。他除了将俗字和正字以繁简对照的形式进行展示外，还在共有构字部件下罗列出了同部件的字。比如在"夹—夾"下展示出了"侠—俠""峡—峽"这两组，在"检—檢"下展示出了"殓—殮""验—驗"两组。由此来看，虽然曲元没有使用"类推"简化这一表述，但在展示简化成果时，体现出了较为明显的"类推"简化意识。

而杜定友在《图书馆用简体字表》（1935）②中指出，为了方便图书馆编目写卡片，他编著了《简字标准字表》。该字表共计收录简体字 400 余个，再加上简体部首，总数 1 000 余字。杜定友在该字表中分出了"简母"与"单字"两类。"简母"即现在所谓构件，比如"门—門"下收录了"们""闻""闹""闭""闻""闲""闽"等 16 个含有"门"这一构件的简体字，再比如"会—會"

---

① 曲元，《俗字方案》[J]，《论语》，1933 年第 31 期。
② 杜定友，《图书馆用简体字表》[J]，《工读周刊》，1935 年第 1 期。

下收录了"烩""桧""侩""狯""绘"等 5 个简体字。杜定友在"简母"下列出了由其构成的简体字,我们可将此视作是对"类推"简化思想的具体应用,这对民国时期汉字"类推"简化法的发展有较大促动。

三、"类推"简化理论表述的提出

伴随着"类推"简化实践和简化事实的增多,钱玄同等学者在谈汉字简化问题时,逐渐提出了"类推""类推法"这两个术语。与此同时,欧阳溁等虽未使用上面两种表达,但也用其他相关表述指称"类推"简化现象,从而较为显著地推动了"类推"简化法的发展。

(一)"类推""类推法"术语的明确提出

从目前我们掌握的材料来看,钱玄同属于民国时期明确提出"类推""类推法"表述的第一人。1935 年 2 月,钱玄同在《与黎锦熙汪怡论采选简体字书》[1]中谈到了采选简体字的材料,主要有草书、行书、宋代以来的俗体字、《说文》中的古字、别体等五种。对于"俗字"类材料,钱玄同将其与"草书"进行对比,进而指出它的一个特点:偏旁太少,而且大多是改变偏旁,从而无法通过"类推"而"为新的配合"。钱氏还举了例子,比如"禮"作"礼",但"澧"不可简化作"汇"、"醴"不可简化作"酝";"難"作"难"、"歡"作"欢"、"雞"作"鸡",而"漢""灌""溪"均不可简化作"汉"。他还举例到:"羅"作"罗",而"汐"不是"濰"的简体字;"燈"作"灯",而"汀"不是"澄"的简体字;"襖"作"袄",而"沃"不是"澳"简体字。在此基础上,钱氏认为"俗体字"只能采录固有的,而不能再用"类推法"去新造。这里钱玄同在谈汉字简化问题时,首次使用了"类推""类推法"两个表述。

此外,左绍儒、沈有乾、陈光尧等在谈汉字简化问题时,也使用过"类推"这一表述,其举例和分析涉及"类推"简化的范围、特质以及类推简化字的属性等。左绍儒在《部颁简字表的介绍和问题》(1935)[2]中考察了《第一批简体字表》里的一些问题。其中之一为同部首或同偏旁的字,如果某一个列为了简体字,其他的是否可以"类推"?他还举了例子,比如《字表》中有"闰""阀"而无"闪""阁",有"留"而无"榴",有"罗"而无"萝"。这里左绍儒针对简体字表中的字形问题发出疑问:同构件的字有的简化了,有的没有简化。从其属性来看,可视作是对"类推"简化范围问题的探究。

① 钱玄同,《与黎锦熙汪怡论采选简体字书》[J],《国语周刊》,1935 年第 176 期。
② 左绍儒,《部颁简字表的介绍和问题》[J],《小学问题》,1935 年第 18 期。

　　沈有乾的《简体字价值的估计方法》(1936)①指出,在选定简体字时,不但要考虑某个形体的出现次数,更要考虑其简省的方法到底能够适用于多少字。他进一步举例指出,比如"門"的草体可应用到所有"门"部的字,从而一个简体字能否"类推"应用,也是决定其简省价值的重要因素。由此沈文认为,应用效力最高的是可作"偏旁"的简体字。这里沈有乾不但使用了"类推"这一表述,更是谈到了"类推"简化的核心特质:偏旁"类推"。

　　此外,陈光尧在《简字运动概说》(1938)②中介绍了各类"简字"的取材过程。他将其分为四步:第一步,采录简单的古字;第二步,采录简易的草字;第三步,采录"妥善"的俗字;第四步,依据上面三种方法,拼合各种简体偏旁,增添新的混合简字,以便补足前三种方法所致的简体字不足这一问题。对于第四步,陈光尧强调指出,这一做法"只是类推,并非杜撰"。此处陈光尧明确使用了"类推"这一表述,并认为经由"类推"而来的简体字非"杜撰"。

(二)与"类推"简化同性质的其他表述

　　民国学者在谈汉字简化问题时,还使用过一些与"类推"简化属同种性质的其他表述。除前面举到的《对于简笔字之我见》③中"凡从'某'之字都作'某'"外,还有钱玄同的由偏旁"配合而写成全字",欧阳溱的"凡'某'之类皆从'某'",薛鸿志的"与他部分联用而成"。

　　钱玄同在《简体字:钱玄同致王部长函、至张司长函》(1935)④中述说了他编制《第一批简体字表》的过程。钱氏认为,虽然第一批"字表"收字数量少、制表简单,但这是基本工作。他最着意的是确定"偏旁之写法",其原因在于写定偏旁之后,才能以此"配合而写成全字"。另外钱氏还指出,其所谓"偏旁"并非限于字典的部首,而是指将整字拆分为两个或三个部分,这些部分即"偏旁"。结合其《与黎锦熙汪怡论采选简体字书》中的观点,我们可知,钱玄同这里所谓"配合而写成全字",其中就有"类推"简化之意。

　　欧阳溱的《简体字考证》(1936)⑤对民国教育部颁布的《第一批简体字表》中的 324 个简体字逐个进行了考证,其中涉及可作为偏旁进行"类推"简化的文字现象时,他均使用"凡'某'之类皆从'某'"这一表述。比如"发—發"下谓"凡'發'之类皆从'发'","亚—亞"下谓"凡'亞'之类皆从

　　① 沈有乾,《简体字价值的估计方法》[J],《教与学》,1936 年第 8 期。
　　② 陈光尧,《简字运动概说》[J],《今论衡》,1938 年第 2 期。
　　③ 《对于简笔字之我见》[J],《国语月刊》,1922 年第 7 期。
　　④ 钱玄同,《简体字:钱玄同致王部长函、致张司长函》[J],《国语周刊》,1935 年第 191 期。
　　⑤ 欧阳溱,《简体字考证》[M],南昌:慈灿轩,1936 年。

'亚'"，"罗—羅"下谓"凡'羅'之类皆从'罗'"，"与—與"下谓"凡'與'之类皆从'与'"，"门—門"下谓"凡'門'之类皆从'门'"，等等。该书中欧阳溥虽未使用"类推"这一表述，但其"凡'某'之类皆从'某'"事实上代指了"类推"简化这种行为。

另外，薛鸿志在《汉字简正写法之比较》（1937）①中对《第一批简体字表》收录的简体字及相应的繁体字进行了分类和比较，归纳出了形体简化的主要类型。具体有以下几种：用省写字代替繁字；用繁字的一部分代替繁字；用行草别体代替繁字；改变繁字的一部分，"与他部分联用而成"。对于最后一类，薛鸿志举了几个例子，比如"門"简化作"门"，则"閉"可简化作"闭"、"間"可简化作"间"、"問"可简化作"问"；再比如"雚"用"又"形替代，则"權"可简化作"权"、"勸"可简化作"劝"、"觀"可简化作"观"、"歡"可简化作"欢"。这里薛鸿志虽未使用"类推"这一表述，但他事实上将"类推"简化法与汉字其他简化方法相并立，从而使得该方法"自成一派"。他还指出，此类所占比例最高。

四、"类推"简化引发的思考

在对汉字进行"类推"简化时，不可避免地要触及历代流传下来的简易形体。这类字是否仍依照简省偏旁再行省减？具有共同构件的字，是否都要进行"类推"简化？这既关系到"类推"简化法自身的成熟度和科学性，也关系到汉字记录汉语的能效度和持久性。民国时期以黎锦熙、沈有乾等为代表的学者，在其相关著述中对上述问题有所涉及。此外，卞镐田从"类推"简化这一行为本身及简化结果的应用价值出发，对"类推"简化法的合理性进行了思考。就"类推"简化法的形成和发展而言，这类讨论和思考都既有现实性又有必要性。

（一）进行"类推"简化时应予注意的问题

汉字的"类推"简化法更追求系统性，而历史上传承下来的一些俗写形体往往不符合"类推"简化的规则，如果硬按偏旁"类推"法再行省减，则容易造成同形字现象。民国学者在谈汉字简化问题时，对此类情况也有所涉及。

其一，进行"类推"简化时，如何处理好"系统性"与"约定俗成"之间的关系。谈及此问题的主要是黎锦熙、陈光尧。黎锦熙在《简体字之原则及其

---

① 薛鸿志，《汉字简正写法之比较》[J]，《师大月刊》，1937 年第 32 期。

推行办法》(1935)①中阐述甄选简体字的原则时,分析了偏旁系统简省的运行机制。其甄选原则之第二条指出,行草的笔画多是偏旁的局部省变,具有"系统"性,比如"言"旁,在字的左边作"讠",在字的下部作"𤲑"等。他将这类构件都列入了偏旁表。而第三条则较为详细地阐明了为何采录的"俗体字"不可再按照偏旁系统进行省改。比如"罷"的俗体作"罢",如果依照偏旁系统,应省改作"𦌾"。但"罢"字已甚为通行,且此类字大多承袭了宋元以来的写法,应遵循"述而不作"的原则。这里黎锦熙体现出颇为明晰的"类推"简化意识,并对偏旁"类推"的系统性与使用习惯造成的"例外"现象作了科学处理。

此外,陈光尧在《常用简字表》(1935)②一书"凡例和说明"之第八条指出,他做该书时虽遵从"系统"的方法,但又不绝对依照"系统"法去确定字的写法。他还举了例子,比如作为构字部件的"盧",在"蘆""爐""臚""鑪""顱""驢""鱸"等字中,俗体都省作"卢",这属于"系统"之内;但不能将该"系统"无限扩大,进而将"盧"字直接写作"卢",此即"例外"。此处陈光尧也探究了进行"类推"简化时的"系统性"与"例外"问题,认为一方面需遵循"系统性",另一方面又不可将其无限扩大。

其二,进行"类推"简化时,应尽力避免造成"同形"现象。1935 年 12 月,《中央日报》上刊发了短论《香港存文会对简体字表质疑》③,文中引用江亢虎、徐宝璜的观点,认为《第一批简体字表》收录的汉字体系性不强。对此该文举了几组例子,典型的两组为:"豐"改作"丰"、"艷"改作"艳",四川"酆都县"是否要改作"邦都县";"難"改作"难"、"鷄"改作"鸡"、"權"改作"权",则是用"又"分别替代了"堇""奚""藿",那么"漢""灌""溪"三字是否都要改作"汉"。如果要改,恐怕不可行;如果不改,则造成改甲而不改乙,于理似乎不通。整体来看,上二例本质上是从"类推"的思维出发,一方面关涉到"类推"简化的"系统性"问题,另一方面又暗示"类推"简化会造成"同形"现象。

另外,沈有乾、薛鸿志均以"又"形的替代为例,讨论了汉字简化中的"同形"问题。沈有乾在《简体字价值的估计方法》(1936)④中谈偏旁"类推"问题时,分析了"又"作为替代部件的情况。他指出,用"又"替代的构件比较多,从而难免造成形体冲突的情况。比如"鷄"字中的"奚"可用"又"形

---

① 　黎锦熙,《简体字之原则及其推行办法》[J],《国语周刊》,1935 年第 205 期。
② 　陈光尧,《常用简字表》[M],上海:北新书局,1936 年,第 17 页。
③ 　《香港存文会对简体字表质疑》[N],《中央日报》,1935 年 12 月 9 日。
④ 　沈有乾,《简体字价值的估计方法》[J],《教与学》,1936 年第 8 期。

替代,则"雞"字中的"奚"也可用"又"形替代,但这样便与"難"的简体"难"同形了。与此相似,薛鸿志在《汉字简正写法之比较》(1937)①中也指出,用"又"形替代的情况较为普遍。由此他认为,"又"形不能无限"引申"使用,否则"歟"字就变成了"欢",从而与"歡"的简体"欢"变得同形。这里薛鸿志虽未使用"类推"这一表述,但他事实上谈到了使用"类推"简化法的制约条件,即应避免造成"同形"现象。

（二）对"类推"简化法价值的评判

其时也有个别学者从简化结果的应用效能出发,认为用"类推"法简化汉字对社会无益处。1935 年 4 月,卞镐田的《提倡简字不如直接提倡草字——汉字改革声中的异军——简字与草字的比较》②在指出简字某些缺陷的基础上,主张推行草字。其理由有二:第一,认为简字是从楷书到草字的过渡字体;第二,认为汉字中的简字所占比例非常小,而草字则几乎完备,无须另造。他进一步指出,汉字中的简体字不过一千,其他需要通过"类推"的方法获得。由此卞镐田认为,进行"类推"简化对于社会文化没有任何益处,还破坏了汉字的体系性。

整体来看,晚清民国学者对汉字"类推"简化法的推进,以理论摸索、个别尝试为总体特征。他们尚未对"类推"简化法展开专题探究,更多是在考察汉字简化方法、整理字形简化成果或对简体字表中的一些简易形体进行讨论时,谈及汉字"类推"简化的某些问题。尽管其时大多数学者未将"类推"简化法独立出来,未将其列入所归纳的简化方案中,但一些人使用了"类推""类推法"这类表述。另外,不少学者事实上进行了个别汉字的"类推"简化,并从汉字简化成果的系统性与例外现象出发,思考了进行"类推"简化时的种种问题。比如采用"类推"法简化汉字时如何处理好"例内"与"例外"情况,如何避免造成"同形"现象,经"类推"简化而来的字是否容易推行等。这对新中国成立后系统的汉字"类推"简化工作而言,既是一种理论准备,也是一种实践积攒。

本 章 小 结

晚清民国时期,学者们归纳、提炼出的汉字简化方案有 30 多种,其中的

---

① 薛鸿志,《汉字简正写法之比较》[J],《师大月刊》,1937 年第 32 期。

② 卞镐田,《提倡简字不如直接提倡草字——汉字改革声中的异军——简字与草字的比较》[J],《文化与教育》,1935 年第 50 期。

类型几乎包含了汉字简化的所有方法。1920 年 2 月,钱玄同在《减省汉字笔画底提议》中归纳出了其时所见简体字的八种类型,此为该时期学者关于汉字简化方法问题的最早研究成果。其后之学者对于汉字简化方法的考察,大都以钱氏的框架为"蓝本",有的直接引述,有的略改表达,有的再行分类,且大都转引了钱氏所举的例子。民国时期汉字简化方法的发展与这一时段汉字简化总体问题的演进相一致,由此我们可将该时期汉字简化方法的发展进程分为四个阶段:考察社会上流行的俗体字、省笔字等的简省方法,考察"手头字"的简省方法,考察《第一批简体字表》的简省方法,总结并提炼前期相关成果。

比较来看,民国学者总结出的汉字简化方法以"述而不作"为典型特征,总体上以总结其时已经存在的简体字的类型为主,陈光尧、杭良、郭荣陛等个别学者提炼出的方法以"新造"为特征。此外,除了古人已经使用过的同音替代、选择形体简易的古体、草书楷化等方法外,民国学者在实践中又提出了"类推"简化的概念,并事实上实施了"类推"简化行为,这是其时学者对汉字简化方法的又一显著贡献。

总之,该时期学者提炼出的形体简化方法,我们可以用"类型全、例证齐"概括其特征。尽管其中的某些方法未必行得通,但其创新的精神为汉字简化提供了新思路,开辟了新视野。

第四章　晚清民国时期汉字
简化的形体成果

在白话文运动、汉字改革的大背景下,民国学者以不同的主体类型探究了汉字的简化问题,其中既有官方的推动,也有民间的力量。虽然其时有不少人认为,汉字最终将走向拼音化道路,但这种根本性质的改变并非一朝一夕可成。从而就汉字本身出发,在形体上作出某些变革,便成了一条重要的出路,由此该时期学者整理出了不少繁简字对照表。

从不同视角入手,可将该时期的字形简化成果分为不同类型。从存在方式看,有的散见于理论性论著中,典型表现为其时学者在考察简体字的生成类型时所举的例子,比如钱玄同的《减省汉字笔画底提议》、正厂的《过渡时期中的汉字》等;有的以"简体字表"的形式呈现,比如曲元在《俗字方案》中搜集了报纸、杂志等材料中常见的简化形体 300 个,刘德瑞在《讲义上正俗字之商榷》中收录了简化形体 150 个。从研制主体看,有的是以官方名义发布的,比如民国教育部颁行的《第一批简体字表》收录简体字 324 个;不过更多是以民间组织或个人的形式刊布的,比如"字体研究会"的《"合体简字"说明》中收录"合体简字"132 个,"手头字推行会"的《推行手头字缘起》收录简化形体 300 个,陈光尧的《简字九百个》中收录了简化形体 914 个。从呈现模式来看,该时期学者整理出的简化成果基本以"繁简对照"的方式进行展示,不但有简体字,亦有对应的繁体字;也有个别学者在整理简化形体时,没有列出对应的繁体字,比如杜定友在《圕编目用简字标准字表》中只列出了他选录的 400 余个简化形体。

整体来看,民国学者整理字形简化成果时大都遵从"述而不作"之原则,基本是将社会生活中或文献中已有的简化形体摘录出来,而非系统改造。需要说明的是,由于该时期简化"字表"中收录的形体成果基本涵盖了理论性著作中散见的简化形体,且我们在"简化方法"一章也已考察了相关散见的简化形体,故而这里重点以"字表"形式呈现的简化成果为讨论对象。

从名称入手,该时期汉字形体简化的相关成果可分为以下四类:"简体字"类,"俗字"类,"手头字"类,"合体简字"类。下面我们将分别考察上面的四类成果,重点涉及民国时期学者们整理字形简化成果的思路、方法、步骤及成果展示模式等,以期为当今和未来的汉字整理与规范提供借鉴。另外,《第一批简体字表》虽属于"简体字"类,但由于其独特的历史地位和学术价值,我们仍将对该字表进行专题讨论。

第一节　"简体字"类形体简化成果

晚清民国时期,除"简体字"这一表述外,与之相类的还有"简笔字""简易字""简字"等。其时学者在这些相近似的概念下,汇集了汉字形体简化的一批成果,主要涉及胡怀琛的《简易字说》、李从之的《简字的研究和推行方法的拟议》、陈光尧的《简字论集》《简字九百个》《常用简字表》、杜定友的《圕编目用简字标准字表》《图书馆用简体字表》、章荣的《简字的价值及应用之试验研究》、容庚的《简体字典》、沃连恩的《798 个汉字简化表草案》、柏寒的《有根据的简笔字》、曹伯韩的《简体字的检讨》,以及民国政府教育部颁布的《第一批简体字表》。学者们大都在谈汉字简化理论问题的同时,展示所整理出的简体字(表)。兹将其要者解析如下:

比较早期对已有简易形体进行汇聚的是胡怀琛。他在《简易字说》(1928)[1]中首先讨论了什么是简易字,简易字的创制或改造主体,简易字形成的经过,简易字的提倡者等。他认为,"简易字"指把原本存在的汉字略加改变,使其容易写、容易识。胡怀琛还提出了采选简易字的三条标准:其一,已认识"通行"汉字的人无须专门学习,一见便认识;其二,只是改变通行汉字的一部分,而非根本推翻,非改变全体;其三,不管是古字还是俗字,抑或是方言字,只要简便易行,即可采录。[2] 从上面三个标准出发,胡怀琛摘录了他认为可以采用的简易字,并按构成方法将其分为九类:删繁为简的字,化繁为简的字,加偏旁的字,改偏旁的字,借用外国字,译音字,译音兼译义字,并合字,删改并合字。[3]

虽然胡怀琛将他所分出的九类都称作"简易字",但事实上,真正属于"形体简化"的只有"删繁为简"的字和"化繁为简"的字两类。"删繁为简"

---

① 胡怀琛,《简易字说》[M],上海:商务印书馆,1928 年。

② 胡怀琛,《简易字说》[M],上海:商务印书馆,1928 年,第 1 页。

③ 胡怀琛,《简易字说》[M],上海:商务印书馆,1928 年,第 39 页。

指把原本的繁字删去一半,甚至删去一大半,使其变得简单,其中包括古字、俗字、方言字等,比如"圍"作"囗"、"豐"作"丰","付"代"腐"、"刀"代"初"等;这一类共收录"简易字"80个。"化繁为简"指更改繁字的笔画,使其变为简字,同样也包括古字、俗字等,比如"據"作"据"、"證"作"証"、"椏"作"丫"、"淵"作"囷"等;这一类共收录"简易字"201个。胡怀琛辑录的上述两类简化形体,绝大部分都是社会生活或实际文献中出现过的,每一组他都明确标注了简体的来源,比如用"俗"表示俗字,用"古"表示古字,用"方"表示方言字,用"新"表示新造的字;其中用"俗""古""方"标记的都是原本存在的字。关于标"新"的一类字,胡怀琛也有相关说明。他在《简易字说》第八章《简易字表》中指出,所谓"新造"乃指依照原有字的方法而成,虽是新造,但很容易认识,并认为这是造新字的唯一标准。①

《简易字说》中的其他七类均不属于"形体简化"的范畴。(1)加偏旁的字,指在原有字的基础上,添加一个偏旁,使其表义更为明了,属于文字分化现象;比如"狮子"之"狮"由"师"加"犬"旁而成,"蜈蚣"之"蜈"由"吴"加"虫"旁而成。(2)改偏旁的字,指原字的偏旁不能很好地体现其所记录的词义,故而需要改换偏旁,以突显其表义功能,属于分化字或异体字现象;比如"枕"改作"祗"、"弹"改作"燀"或"鐔"等。(3)借用外国字,主要指从日本字中借用而来,比如表示"人力车"义的"俥"、表示"入"义的"込"、表示"十字街"义的"辻"、表示"十瓦"义的"瓩"等。(4)译音字,比如"十二个"作"打"、"十二两"为"磅"等。(5)译音兼译义字,比如"锌""铝"等字。(6)并合字,指并两个或多个字为一个;比如"水中机"作"泵"、"蓄水池"作"氹"等。(7)删改并合字,指先删去某一偏旁,再添加其他偏旁并和而成的字;比如"放"删去"攵",再与"人"并合而为"仿";"氣"删去"米",再与"水"并合而为"汽"。显然,后面的七类与"形体简化"相去甚远,更多是反映了汉字在使用中的变化。

其后,李从之在《简字的研究和推行方法的拟议》(1930)②中整理出了80多组繁简字。该文也首先讨论了简字的一些理论问题,李从之指出,简字是其时社会上一般人惯用且较通行的省写字,是用于替代繁字的省写法,比如"體"作"体"、"萬"作"万"等。另外,李从之还以笔画数为标准,提出了判断"简字"的办法。他认为,15画以下的就是简字,15画以上没有相应"简字"的常用字,则应设法为其造一个简字;15画以下的,如果有简字,则

①　胡怀琛,《简易字说》[M],上海:商务印书馆,1928年,第43页。
②　李从之,《简字的研究和推行方法的拟议》[J],《教育与民众》,1930年第3期。

用简字,如果没有,便无须为其再造。在上面思路的指导下,李从之将他发现的一些省减偏旁或整字省减的通例,以繁简对应的模式罗列了出来,共计87组。从相关字例来看,他具有非常强的"类推"简化意识,比如"蘁""莫""奚"均用"又"替代。此外,李从之还谈到,历史语言研究所的刘复、李家瑞编著了《宋元以来俗字谱》,中山大学庄泽宣的《基本字汇》中有"形异字表"一部,他希望在此类文字表的基础上编著《基本简字字典》。

陈光尧属于简体字的创新派。《简字论集》(1931)①收录了他于1927年至1928年间完成的汉字简化的理论与实践成果,其中有"简字举例"四篇,分别为《简写〈大学〉》《简写〈琵琶行〉》《简写〈千字文〉》《简写〈平民字典〉》。以上四种,陈光尧均以繁简字对照的模式予以呈现,当中的不少简写形体为他所创制。

至1934年1月,"浙江省立严州初中附小"在《浙江教育行政周刊》上发表了《简体字的研究》②一文。其中搜集了《国语学生字典》《学生国语字典》《学生词典》《简体字调查表》中的简体字,去重之后,共计得586个简体字,并将其编订为《简体字与正体字笔画对照表》。此外,该文作者从586个简体字中随机抽取出了190个简体字,测试了简体字和对应正体字的书写速度。其实验结果显示,简体字不但比正体字容易识别,更为突出的优势是便于书写。

同样是在1934年1月,杜定友出版了《圕编目用简字标准字表》③一书。他认为,图书馆编目时由于字体不同,从而对排字、检字等产生很大影响,于是选择了400多个简字,以为图书编目所用。杜定友还拟定了编排字表的一些条例,其中与汉字简化直接相关的有两条。其一,其时社会上使用的简字数量非常多,或者是俗体,或者是草书,如果全部采纳,容易造成"简者过简,繁者过繁;草书正楷,尤不相称"的现象。基于此,他主张选择最为通行的形体,并使其繁简适中。其二,原本有的简字,由于一些原因未能采用的,则在原字基础上略加省改,以便于识别,但不能影响其"字顺"。

而陈光尧的《简字九百个》(1934)④则从《中华简字表》里摘录出了914个简字,该字表事实上是繁简字对照表。陈光尧同时给出了六条说明:其一,所选的简字中有俗字、草字、古字三种,故而总题名为"简字";其二,简字的字体有时候不太容易断定属于哪种,也有的时候同一个字既有俗书写法,

①　陈光尧,《简字论集》[C],上海:商务印书馆,1931年。
②　浙江省立严州初中附小,《简体字的研究》[J],《浙江教育行政周刊》,1934年第20期。
③　杜定友,《圕编目用简字标准字表》[M],上海:中国图书服务社,1934年。
④　陈光尧,《简字九百个》[J],《论语》,1934年第34期。

又有草字写法;其三,字表中所列的字,其笔画从 6 画到 30 画不等,6 画以下的字有的也有简体,但数量不多;其四,字表内的简字,只取一种字体;如果一个字有两个以上的简体,或者有需要加注说明的,都在字的旁边作必要解释;其五,字表中上边的为简体,下边的为原字;其六,字表中所列的简字,虽有一定的系统性,但并非绝对系统。由此陈光尧认为,但凡碰到同一个部件构成的不同字,在简化时需"因字施宜"。比如"澤""擇""繹""譯""鐸""驛"等字,因为"睪"有"日""尺"两种不同的简写法,而其草字又写作"**睪**"形,从而上面的六个字便有三种不同的替代方式。由上来看,陈光尧此文选录的简字呈现出如下特征:字体不一;同构件的字在简化时,选择替代部件的规律性往往不强。

之后,章荣在《简字的价值及应用之试验研究》(1935)①中也搜集了240 多个简体字。他指出,不少简字在宋元时便已流行,但明清宿儒对此大加阻挠,致使简字未进一步发展;而近世人事日繁,社会对简字的需求变得更加强烈。他还指出,此文所谈的简字即简体字,普通所说的简字指俗字,或称破体字;俗字中的一些字比对应的正字还要繁,这类俗字不能列入其所谓的简体字。概而言之,章荣所谈的简字意为某字笔画组织简单;但凡同字同义、笔画较简单的就是简字,而不论其是正字还是非正字,比如"屍—尸""氣—气""從—从"中的后者。该文中,章荣还提出了选定简字的四条标准:选择最常见的,已经当作正字看待的不采录,不比正字简单或比正字简单得不多的不采录,不通行的简字不采录。依据上述标准,他挑选出了 248个简字,以繁简字对照的模式进行了展示。

到了 1935 年 8 月 21 日,民国政府教育部颁布了《第一批简体字表》②,与之一同发布的还有部令第一一四〇〇号文件、字表说明、推行办法、选编经过。《第一批简体字表》共计收录简体字 324 个,以繁简字对照的模式进行了展示。另外,济南的天主教会出版社也翻印了《第一批简体字表》,为每个字加注了罗马字母拼音,并添加了英文翻译。③

其后,1935 年 12 月《工读周刊》上刊发了杜定友的《图书馆用简体字表》④。杜定友指出,为方便图书馆编目写卡片,他编著了《简字标准字表》,该表所列的简体字共计 400 余字,加上简体部首,总数 1 000 余字。杜定友认为,已公布的《第一批简体字表》按韵编排,检索时不甚方便。于是他重新

①　章荣,《简字的价值及应用之试验研究》[J],《中华教育界》,1935 年第 1 期。

②　民国教育部,《第一批简体字表》[N],《中央日报》,1935 年 8 月 21 日。

③　《简体字》[M],济南:天主教会出版社。

④　杜定友,《图书馆用简体字表》[J],《工读周刊》,1935 年第 1 期。

进行了排列,分为"简母"与"单字"两类。"简母"即现在所谓构件,比如"間"字简化作"问",则其他由"門"作构件的字均需将"門"旁简化作"门"。"简母"和"单字"均按照"形位法"分别排列,以方便检索。附录中还列出了《简母表》和《单字表》,其中《简母表》收录简体字 235 个,《单字表》收录繁简字 116 组。从其实际操作来看,《简母表》带有非常明显的"类推简化"思想。

1936 年,字形简化的代表性成果有陈光尧的《常用简字表》、容庚的《简体字典》。其年 6 月,陈光尧的《常用简字表》①在上海北新书局出版。该书的内容主要有《常用简字表序》《简字运动宣言》《简字研究报告》《简字选举例》《汉字改革会简章》《国语会审核文》等。此外,书末附有繁简字对照表,其中收录"通用字表"原文 3 418 个,"简体字表"简字 3 150 个。之所以两表的数量不一致,在于"原文"中的一些字笔画较少,没有更简的形体。至 12月,容庚的《简体字典》②由哈佛燕京学社出版,该字典收录的简体字大都是简笔字和连笔字。容氏此书以《平民字典》所收 4 440 字为准,所取简字大多数源自草书。事实上,在《颂斋吉金图录》《金文续编》等论著中,容庚已使用简体字行文,而《简体字典》更是简体字的典范著作。禤健聪在《〈简体字典〉和容庚的汉字简化研究》③中指出,《简体字典》倡导偏旁类推简化方法,大量采用连笔、省笔的手段,对所收的简体字进行了"简化设计"。

1940 年至 1948 年间,学者们在讨论汉字简化相关理论问题时,也整理出了一些简体字(表)。沃连恩的《798 个汉字简化表草案》(1940)④收录了798 组繁简字,所收字均按部首排列。沃连恩对该字表的一些情况进行了说明:每组中上面的是以前通行的,今后拟定的简化形体为下面的字,印刷、书写时均可使用,而书写时还可按照《汉字偏旁手写简化表》写得更简单一些;每组中上面的字,除翻印古籍外,一律废而不用。柏寒在《有根据的简笔字》(1943)⑤中亦收录了一些简体字。该文认为,汉字也分印刷体和手写体,楷书、宋体字是印刷体,行书、草书、简笔字是手写体。就手写体的几种类型而言,草书笔画很不分明,最不适用;行书在书写时很好,但在印刷时笔画显得不是很明确,最适用的是简笔字。他进而认为,印刷体也可以采用简笔字,如此一来,学习和应用上都很快捷。柏寒同时指出,简笔字在推行方

①　陈光尧,《常用简字表》[M],上海:北新书局,1936 年。
②　容庚,《简体字典》[M],哈佛燕京学社,1936 年。
③　禤健聪,《〈简体字典〉和容庚的汉字简化研究》[J],《中国文字学报》,2017 年。
④　沃连恩,《798 个汉字简化表草案》[J],《中国牙科月刊》,1940 年第 1 期。
⑤　柏寒,《有根据的简笔字》[J],《国文杂志》,1943 年第 4—5 期。

面存在客观障碍,即人们传统上认为简笔字是俗体。因此为了改变这种传统偏见,就需要首先去提倡古雅的简笔字。事实上,从文字学视角来看,有不少简笔字比通行的正体字更为古雅。该文中柏寒共搜集了 38 个有根据的"古雅"简笔字,比如"後—后""無—无""與—与""採—采""孵—乎"中的后者。

此外,曹伯韩在《简体字的检讨》(1946)①中也搜集了 120 多个简体字。曹伯韩指出,他此文所谓的"简体字",指比楷书汉字笔画简省一些的汉字;认为此类形体是宋元以来的产物,多在民间通行,用于账簿、药方、当票、小说唱本等载体之上,被认为是"不登大雅之堂"的一种写法。文中还转引了钱玄同《减省现行汉字的笔画案》中列出的八种方法,并逐条进行了分析。曹伯韩也讨论了简体字的推行问题。他指出,一开始推行时,可以尽量采用古体字,以便打破"简体字不能登大雅之堂"的陈旧观念。由此他从《说文解字》中挑选出了一些形体简单的古体字 215 个,与相应的"正体字"排列在一起,并且每条均有相应的解释。

由上可知,除民国政府发布的《第一批简体字表》外,其时学者事实上整理出了不少繁简字对照表。尽管这些字表各有其形成背景、整理原则及目标应用场景,但其共同效用是有力推进了汉字简化的实践工作,为更大规模、更为系统的汉字简化工作提供了一些可参考的简易形体。

第二节　"俗字"类形体简化成果

虽然"俗字"与"简体字"是从不同视角看待汉字现象,但二者又有不少交集。由此其时一些学者从"俗字"视角汇集了汉字形体简化的一些成果,以刘复、李家瑞的《宋元以来俗字谱》、曲元的《俗字方案》、刘德瑞的《讲义上正俗字之商榷》、徐则敏的《550 俗字表》等为代表。

首先要提到的是刘复、李家瑞编著的《宋元以来俗字谱》(1930)②。该书重点搜集了《古列女传》《全相三国志平话》等十二种书中的俗字 1 604 组,6 240 个③,借此可观八九百年来俗字的演进和变化过程。该俗字谱本为研究俗字而作,然而它客观上推动了汉字的简化工作,也成为后世多种简体

---

① 曹伯韩,《简体字的检讨》[J],《桂林师范学院丛刊》,1946 年创刊号。
② 刘复、李家瑞,《宋元以来俗字谱》[M],北京:中央研究院历史语言研究所,1930 年。
③ 中国大百科全书编辑部,《中国大百科全书·语言文字》[M],北京:中国大百科全书出版社,1988 年,第 374 页。

字表收字的重要蓝本。

之后，曲元的《俗字方案》(1933)①搜集了报纸、杂志上常见的俗字300个。不过若按实际繁简关系计算，共有386组。曲元以繁简字对照的模式将其搜集的俗字进行了展示，比如"勞—劳""獻—献""麗—丽"等。该文中曲元认为300个俗字不够用，于是他提出了两个可助于"补救"的办法：其一，应提倡俗字，创造俗字；其二，向小市民搜集俗字，并认为他们是俗字最广泛的使用者。

此外，刘德瑞的《讲义上正俗字之商榷》(1934)②搜集了繁简字150组。该文首先考察了写讲义的人使用俗体字的原因。一方面，一般学校里专门写讲义的人只是粗通文意，对于字的正俗写法不能很好地辨别。另一方面，即便是学识优良的人，对于字的正俗未经过细心辨正，或者有时候一个字存在多个形体，究竟哪个是古体，哪个是俗体，哪个是简写，哪个是正写，也不一定能够明确判定出来。以上两种情况常造成讲义上出现俗体字。在这一背景下，刘德瑞将日常通用的俗写字搜集起来，连同正字按组排列，制成正俗字表，共计收录繁简字150组。

颇具代表性的是徐则敏的《550俗字表》(1934)③。徐则敏认为，俗字合乎汉字演化的趋简进程。其理由如下：其一，俗字结构简单；其二，俗字只改变了汉字形体的一部分，使得前后可以衔接；其三，俗字处处可行；其四，已识汉字的人，无须单独学习，一见便识；其五，比起学习楷字，未识汉字的人更容易学习俗字。徐则敏还提出了研制俗字的方法：第一步，填写俗字，让俗字用得最娴熟的大学生在2 400个常用字中填写他们所用的俗体。第二步，调查手抄本中的俗字，比如油印讲义、听讲笔记、日常信札等。第三步，调查字典中收录的俗字，主要包括《学生字典》《中华大字典》。第四步，从草字中搜集俗字，重点依据石竖庵的《草字汇》。第五步，调查古今各家汇集的俗字书，主要有龙光甸的《字学举隅》、夏曰璂的《字系》、徐原古的《字学辨释》、刘复的《宋元以来俗字谱》、胡怀琛的《简易字说》。利用上面的方法，徐则敏共搜集到俗体简字2 500个，并将其命名为《常用简字研究》。他进而将2 500个简体字分为俗字、草字、简单字三组。俗字一类有叠体、半体、缺体、音体、古体五类，草字一类有并笔、减笔、完形、变形四类，简单字一类指原字的结构简单，无须再造简体。该文中，徐则敏最终选录了550个应

---

① 曲元，《俗字方案》[J]，《论语》，1933年第31期。
② 刘德瑞，《讲义上正俗字之商榷》[J]，《小学问题》，1934年第7期。
③ 徐则敏，《550俗字表》[J]，《论语》，1934年第43—45期。

用较普遍的俗字,列为繁简字对照表。其选取原则如下:一、书写笔画比较简便者;二、结构比较简单者;三、结构比较通行者;四、形声的联合比较容易者;五、形义的联合比较容易者;六、结构比较整齐者。

综合来看,上述学者整理出的"俗字"类繁简字表与前述"简体字"类繁简字表在性质上较为一致,更多是采用了不同的名称,同样为后来汉字的系统性简化提供了可参用的方法及简体字例。

第三节　"手头字"类形体简化成果

晚清民国时期,人们日常生活中有不少"便当"字,虽然大家手头上都这样写,但书本上却不这样印,从而造成要认识两种字形的问题。为了解决上面的矛盾,民国二十三年(1934)八九月间,一些热心汉字改革的人,比如吴稚晖、蔡元培、辛树帜等组成了"手头字推行会",拟将人们生活中常用的"手头字"搜集到一起,并在印刷品中加以推广。① 1935年3月1日,该协会在《生活教育》杂志第2卷第1期上发表了《推行手头字缘起》②一文,介绍了推行"手头字"的缘由,并附有《手头字第一期字汇》,收录"手头字"300个。正如郭挹清《手头字概论》所言,在拼音文字尚未通行之前,采用"手头字"的确比"方块字"要便当,所以其时提倡汉字改革的人并没有绝对地反对"手头字"。③ 再加上这一时期民国教育部有关于简体字的讨论,并且决定颁行简体字,从而"手头字推行会"的工作便开展得较为顺利。

不过由于种种原因,"手头字"最终未能在印刷物中推行开来。尽管如此,"手头字推行会"的成立和《推行手头字缘起》《手头字第一期字汇》的发布,事实上引发了其时学者对于"手头字"及相关问题的广泛讨论。综合来看,当时的讨论表现出三方面特征:一是成果丰富。各类研究文献达40余篇(部),其中以郭挹清1936年12月出版的《手头字概论》④为代表。二是讨论频繁。比如1935年2月15日,张新夫在《社教通讯》创刊号上发表了《民众读物应采用手头字的建议》;2月24日,《申报》上刊发了新闻《手头字之提倡》⑤;2月25日,陈子展在《读书生活》第1卷第8期上发表了《关于手

---

① 陈子展,《关于手头字》[J],《读书生活》,1935年第8期。
② 《推行手头字缘起》[J],《生活教育》,1935年第1期。
③ 郭挹清,《手头字概论》[M],上海:天马书店,1936年,第18页。
④ 郭挹清,《手头字概论》[M],上海:天马书店,1936年。
⑤ 《手头字之提倡》[N],《申报》,1935年2月24日。

头字》①;3 月 1 日,馥泉在《现代》第 6 卷第 2 期上发表了《手头字运动》②;3 月 10 日,吕思勉在《光华大学半月刊》第 3 卷第 6 期上发表了《反对推行手头字提倡制定草书》③;8 月 20 日、22 日、25 日,《觉今日报·文艺地带》上分别刊发了绥靖的《为手头字运动辩护》④、李岑的《关于手头字》⑤、绥靖的《再说手头字》⑥,等等。三是论题众多。主要涉及什么是"手头字",它与"简体字""简笔字""破体字"等的关系是什么;"手头字"的形成原因、形成过程、采录原则和结构类型;"手头字"该如何推行,推行时应注意什么问题;"手头字"的文字属性是什么,时人对这些形体持何种态度等。

不过就现有研究而论,当今学者对 1935 年前后兴起的"手头字"运动之考察,基本以介绍《推行手头字缘起》为范式。比如谢世涯的《新中日简体字研究》(1989)⑦、王均主编的《当代中国的文字改革》(1995)⑧、苏培成的《二十世纪的现代汉字研究》(2001)⑨、杨润陆的《现代汉字学通论》(2000)⑩、高更生的《现行汉字规范问题》(2002)⑪、李宇明的《汉字规范》(2004)⑫等。如前所论,该时期除《推行手头字缘起》一文外,其时学者对于"手头字"问题的讨论颇为激烈,成果十分丰富。我们非常有必要全面发掘相关资料,以进一步认识"手头字"及"手头字"运动,进而对当今的汉字整理与规范、字形规范成果的推行等有所助益。⑬

一、"手头字"的实指与定称

该时期学者大都认为,"手头字"是人们日常生活中使用的"便当"字,以张新夫、馥泉、耳耶、杨晋雄等为代表。张新夫在《民众读物应采用手头字的建议》⑭中指出,"手头字"是人们日常手头上写的"便当"字,与"简字"相

① 陈子展,《关于手头字》[J],《读书生活》,1935 年第 8 期。

② 馥泉,《手头字运动》[J],《现代》,1935 年第 2 期。

③ 吕思勉,《反对推行手头字提倡制定草书》[J],《光华大学半月刊》,1935 年第 6 期。

④ 绥靖,《为手头字运动辩护》[N],《觉今日报·文艺地带》,1935 年 8 月 20 日。

⑤ 李岑,《关于手头字》[N],《觉今日报·文艺地带》,1935 年 8 月 22 日。

⑥ 绥靖,《再说手头字》[N],《觉今日报·文艺地带》,1935 年 8 月 25 日。

⑦ 谢世涯,《新中日简体字研究》[M],北京:语文出版社,1989 年,第 162—163 页。

⑧ 王均,《当代中国的文字改革》[M],北京:当代中国出版社,1995 年,第 41—42 页。

⑨ 苏培成,《二十世纪的现代汉字研究》[M],太原:书海出版社,2001 年,第 192—193 页。

⑩ 杨润陆,《现代汉字学通论》[M],北京:长城出版社,2000 年,第 78 页。

⑪ 高更生,《现行汉字规范问题》[M],北京:商务印书馆,2002 年,第 163 页。

⑫ 李宇明,《汉字规范》[M],武汉:华中师范大学出版社,2004 年,第 58 页。

⑬ 按,此部分主要考察"手头字"的字形成果,与第二章第三节重点讨论"手头字"的命名及与其他术语间的异同有显著区别。

⑭ 张新夫,《民众读物应采用手头字的建议》[J],《社教通讯》,1935 年创刊号。

近,但比"简字"更"自然"且"通行"。馥泉在《手头字运动》①中亦认为,"手头字"指大家日常都这样写的"便当"的字。耳耶在《新社会》第 8 卷第 6 期上发表了《方块字·别字·手头字》②一文,认可了"手头字推行会"提出的推行"手头字"的办法,并认为"手头字"指大众手头,甚至知识分子手头也经常写的"省笔字"。醉竹在《手头字质疑》③中指出,"手头字"包括一般社会上随便写的俗体,市侩的杜撰体,草字的变体。同样,史枚在《关于手头字》④中认为,"手头字"是人们日常使用的方块字,但不是一般书本上印的体式,而是手头上日常所写的体式,比如"萬—万""寶—宝"中的后者,并认为它们比书本上印的形体简便易写得多。另外,杨晋雄在《青年界》第 9 卷第 3 期上发表了《新术语浅释:手头字、简体字、学生运动、英镑集团、通货、塞拉西、艾登》⑤,也对"手头字"这一概念进行了考察。杨晋雄认为,"手头字"是大众手头上流行的字体,是 1934 年大众语论战的结果,进而发展到了文字的改革,最终提出了推行"手头字"。

何以将日常生活中使用的"便当"字称作"手头字"? 郭挹清在《手头字概论》中指出,该名称是"手头字推行会"决定的,并认为该名称很恰当。其理由是在《说文》一派的"古体字"尚未被废除之前,需要给这种民众常用的字体确定一个名称,以区别于古体字。⑥ 另外,童振华在《中国文字的演变》中认为,钱玄同等人提倡"简笔字"或"简体字",其主旨是简省笔画,而"手头字"运动之所以将他们拟推行的字体定名为"手头字",主要在于这种字是民众手头上书写的字体。⑦ 结合上面的各种观点来看,"手头字"这一称谓更多是揭示了该类字的使用领域,其中的绝大部分属于简体字范畴。

二、"手头字"的产生、采录原则及生成模式

为什么会有"手头字",它是如何产生的;要在全社会推行"手头字",应该选择哪些形体,选录的原则是什么;"手头字"的生成类型有哪些。这是民国学者对于"手头字"的又一关注视角。

① 馥泉,《手头字运动》[J],《现代》,1935 年第 2 期。
② 耳耶,《方块字·别字·手头字》[J],《新社会》,1935 年第 6 期。
③ 醉竹,《手头字质疑》[J],《青岛画报》,1935 年第 13 期。
④ 史枚,《关于手头字》[J],《礼拜六》,1935 年第 609 期。
⑤ 杨晋雄,《新术语浅释:手头字、简体字、学生运动、英镑集团、通货、塞拉西、艾登》[J],《青年界》,1936 年第 3 期。
⑥ 郭挹清,《手头字概论》[M],上海:天马书店,1936 年,第 3 页。
⑦ 童振华,《中国文字的演变》[M],上海:生活书店,1937 年,第 148—151 页。

（一）"手头字"的产生

"手头字"的产生与"手头字"概念的提出，一方面同汉字趋简的总体特征有关，另一方面也同该时期人们对汉字形体求简的迫切需要有关。民国时期，学者们对于"手头字"产生问题的讨论，主要涉及该类字的产生原因、形成过程以及人们提倡"手头字"的原因等。

学者们大都认为，"手头字"产生的直接原因是汉字难写、难认。馥泉在《手头字运动》①中指出，汉字的声音难"读"出来，意义难"认"出来，形体难"写"出来，"手头字"正由此而生。郭挹清在《手头字概论》中也考察了"手头字"形成的原因。他指出，"手头字"是大众的产物；社会上需要这样一种比"老式字"更为便当的字，该种字既要写起来便当，还要在认识时、记忆时都便当。②

"手头字"的形成过程。史枚在《关于手头字》③中指出，"手头字"是无数次地被手工业者和小商人等写的活着的文字，在他们的唱本、鼓词、账册、单据等载体中活了下来，有千百年的历史。对于该问题，郭挹清在《手头字概论》中也进行了讨论。他认为，原本的汉字颇为难写，故而产生了"手头字"；此类字并不是同一时期创制的，一开始是这个人创制一个，那个人创制一个，这个人这样写，那个人那样写；久而久之，那些写得最多、写起来最便当的形体便被固定了下来。另外郭挹清指出，"手头字"并不是民国时期才有的，而是有一千多年的历史了。唐人的手写经、宋人的雕版书里，已见到不少其时被称作"手头字"的形体，只是一些写法后世不再通行。由此他认为，"手头字"至迟在唐宋时期便有了。也有学者认为，在隶书时代已经有了"手头字"，对此郭挹清认为也比较有道理。④

晚清民国时期人们提倡"手头字"的缘由。杰在《为什么要提倡手头字》⑤中指出，提倡"手头字"的原因主要是为了节省时间。他同时指出，为了减少文盲，故而一方面需要简省汉字的笔画，一方面需要提倡注音字母。另外，郭挹清在《手头字概论》中也考察了时人倡用"手头字"的原因：其一，"手头字"笔画少，容易写，写起来顺手。其二，"手头字"容易记忆。其三，"手头字"中有不少同音借字，比如"臺"作"台"、"鴛鴦"作"夗央"等；这意

①　馥泉，《手头字运动》[J]，《现代》，1935 年第 2 期。
②　郭挹清，《手头字概论》[M]，上海：天马书店，1936 年，第 3 页。
③　史枚，《关于手头字》[J]，《礼拜六》，1935 年第 609 期。
④　郭挹清，《手头字概论》[M]，上海：天马书店，1936 年，第 2 页。
⑤　杰，《为什么要提倡手头字》[J]，《新民》，1935 年第 76 期。

味着"手头字"不再偏重衍形,而是倾向于衍音。①

另外,学者们还讨论了"手头字"未能获得"正统"地位的原因。郭挹清在《手头字概论》中指出,宋、明、清版的书中常可见到"手头字",《字汇》《康熙字典》里也有收录,但它们并没有夺得《说文》派古体字的正统地位,直到民国时期才兴起了"手头字"运动,其根本原因在于"科举制度"。直至"科举"被废止,文字改革运动才得以发起,"正体字"的地位才发生动摇。不过郭挹清还认为,"手头字"不会因受阻而停止发展。虽然"手头字"不是"正统"字,且常常被文人学士斥为"异端",但它在不断发展。人事越繁,"手头字"便越有生命力。比如"鹹魚"写作"咸鱼"、"薑半夏"写作"姜半夏"、"寧波"写作"宁波"等,事实上便利了人们的日常生活,展现出了该类汉字的优势。②

(二)"手头字"的采录原则

由于"手头字"是不同时期、不同人不断创制出来的,从而不同方域或个体在使用这类字时,往往有其地域或个人偏好。显然,要想将"手头字"搜集起来加以推广,就需要按一定的标准进行甄选。从而确定"手头字"的选录原则,自然成了其时学者探究的重点之一。

有的学者从较为宏观的视角,提出采录"手头字"的一些方法或应注意的问题。高雪汀的《普及新闻教育与汉字改造》③认为,整理"手头字"时应从底层社会的用字习惯出发,搜集排比,统一认定。郭挹清在《手头字概论》中指出了采录"手头字"时需避免的一些情况:在一定范围内要尽力避免造成同形字现象;一个"手头字"可以替代两个以上原字的,尽力先替代用法最多的那个,或是最难的那个;尽量先改造原字复杂的部分;使用频次较低的字,大多只在原字形上略加改变即可。④

也有学者提出了一些具体的操作方法。黄祖英在《对于手头字的疑问》⑤中,以举例的方式展示了他对于采录"手头字"的五条建议:其一,多采用简明的古体字作为"手头字";其二,为防止真草混淆,不该以草书作为"手头字";其三,不要轻易采用不合于"六书"的文字作为"手头字";其四,原本已经简便的文字,无须再省改;其五,形声字中属于声的符号,可以多改简一些。

---

① 郭挹清,《手头字概论》[M],上海:天马书店,1936 年,第 26—28 页。
② 郭挹清,《手头字概论》[M],上海:天马书店,1936 年,第 15—17 页。
③ 高雪汀,《普及新闻教育与汉字改造》[J],《报学季刊》,1935 年第 3 期。
④ 郭挹清,《手头字概论》[M],上海:天马书店,1936 年,第 48—51 页。
⑤ 黄祖英,《对于手头字的疑问》[J],《江苏省小学教师半月刊》,1935 年第 20 期。

（三）"手头字"的生成模式

或是已有的"手头字"不敷用，或是需要再加以规范和统一，在这一思路下，民国学者也考察了"手头字"的生成模式。有的从理论上进行了分析。郭挹清在《手头字概论》中认为，"手头字"的构成跟"六书"相类似，并不是事先确定好了原则人们才去创制。他同时指出，"手头字"的创制，有的采用了"六书"之法，有的采用了小篆改造大篆、隶书改造小篆、行书改造隶书的方法。

也有不少学者从偏实践的层面归纳了"手头字"的具体生成模式，较早期进行此类工作的是坚壁。他在《关于手头字》①中，将"手头字"从构成上分为了八种，此处择其要点予以展示。第一，将多笔画的字删去一些笔画，保留其轮廓，略得形似。比如"壽"作"寿"、"命"作"令"等。第二，采用本有的章草字体。比如"稱"作"称"、"會"作"会"等。第三，将笔画多的字只写其一部分。比如"聲"作"声"、"寶"作"宝"等。第四，将笔画多的字的一部分用笔画少的形体替代。比如"劉"作"刘"、"邊"作"边"等。第五，采用古体。比如"處"作"处"、"從"作"从"等。第六，将声符改换为简单的形体。比如"遷"作"迁"、"燈"作"灯"等。第七，另造一个简单的形体。比如"嚮"作"响"、"竈"作"灶"等。第八，假借他字。比如"薑"借"姜"、"驚"借"京"等。

其他尚有胡行之、史枚、陈耐烦等。胡行之在《关于手头字》②中将"手头字"的形成类型归纳为了七种：来源于古体，来源于书法字帖，来源于草书，来源于谐声，来源于假借，取一部分以代全体，取一边以代全体。史枚在《关于手头字》③中考察了《手头字第一期字汇》"化繁为简"的手段，归纳出了三种主要的类型：其一，当两个字读音相同时，用写法简单的形体替代写法繁复的字；如用"几"代"幾"、用"从"代"從"等。其二，当两个字有相同构件时，用简单的符号替代繁复的构件；如将"遠""園"分别写作"远""园"。其三，不规则的简写，该种所占比例非常大。此外，陈耐烦在《中国文字的过去现在和将来》中，将"手头字"的形成方法归纳为了八种：特制的，由草书变成的，用整字的一部分代替整字，与"醫"作"医"、"瀍"作"法"相类的，采用古体简化，利用假借字简化，将形声字声的部分简化，简化整体的一部分等。④

---

① 坚壁，《关于手头字》[J]，《江苏省小学教师半月刊》，1935 年第 14 期。
② 胡行之，《关于手头字》[J]，《现代》，1935 年第 4 期。
③ 史枚，《关于手头字》[J]，《礼拜六》，1935 年第 609 期。
④ 陈耐烦，《中国文字的过去现在和将来》[M]，上海：世界书局，1941 年，第 90 页。

综合观之,民国时期学者们在考察"手头字"的生成类型时,基本以钱玄同《减省现行汉字的笔画案》中归纳出的八种类型为框架,或增或改。其中分类最细、结构最完整的属郭挹清,他在《手头字概论》中将具体改造方法分为了五大类 16 小类,较为全面地展示出了"手头字"的生成模式。

三、"手头字"的形体成果及推行

作为民国时期众多"繁简字对照表"中的一种,同时作为"手头字"运动的形体成果之代表,《手头字第一期字汇》收录的 300 组繁简字也引起了其时学者的激烈讨论,既涉及具体的形体问题,也涉及这类字的推行问题。

(一) 对"手头字"形体成果的讨论

针对"手头字"的形体成果,有的学者就《手头字第一期字汇》中的某些字形发出疑问。胡行之在《关于手头字》①中考察了第一期"手头字"中的六组字形问题。其核心观点如下:其一,第一期字汇中"義"字作"义",进而认为所有从"義"的字,比如"儀""議"字,应该分别作"仪""议";其二,认为"兩"字商界多作"双",似可更改,如此更通俗;其三,认为"塊"字书作"云"更为便当;其四,认为"賢"字作"戾"不如作"贠"好,后者视觉上更熟悉;其五,认为"譯"作"识"不如作"译"通俗,因为"擇"多书作"择"、"籜"多书作"箨",如此可以保持形体的规律性;其六,认为"親"字书作"亲",虽然取了一边以代全体,但不习见。另外,《汉口舆论汇刊》第 17 期上刊发了《简字运动》②一文,认为简字和"手头字"是庸俗市侩之流所用,并举了"白板"作"丿反"、"野鸭"作"也甲"的例子进行说明。

或者认为,那些不"习见"的"手头字"应暂缓推行。曹懋唐的《对于反对推行手头字提倡制定草书问题之商榷》③颇为赞同吕思勉《反对推行手头字提倡制定草书》中的一个观点,即认为第一期"手头字"中的形体并不都是习见的。比如改"銀"为"艮"、改"讓"为"让"等。他认为这类字有斟酌的余地,应暂缓推行。

也有学者主张,需在第一期字汇的基础上予以增补。张新夫在《民众读物应采用手头字的建议》④中指出,应该在第一期字汇的基础上,继续搜集新的"手头字",以作为第二期的备选材料。同样,胡行之在《关于手头字》⑤

---

① 胡行之,《关于手头字》[J],《现代》,1935 年第 4 期。
② 《简字运动》[J],《汉口舆论汇刊》,1935 年第 17 期。
③ 曹懋唐,《对于反对推行手头字提倡制定草书问题之商榷》[J],《江苏教育》,1935 年第 7 期。
④ 张新夫,《民众读物应采用手头字的建议》[J],《社教通讯》,1935 年创刊号。
⑤ 胡行之,《关于手头字》[J],《现代》,1935 年第 4 期。

中亦指出,除了各地通行的以外,可以按照他拟出的七条规则继续搜集整理出第二批、第三批字汇;该文中胡行之还列出了他新搜集的 80 组"手头字"。

(二)对"手头字"推行问题的讨论

民国学者针对"手头字"推行问题的讨论,主要涉及三个主题:其一,"手头字"应否推行;其二,推行"手头字"时,在什么范围内、以什么样的方式和步骤进行;其三,"手头字"缘何最终未能推行。

1."手头字"应否推行

对于应否推行"手头字"这一问题,学者们主要从汉字发展的规律、"手头字"的功能、文字符号的价值等视角进行了讨论。一些学者认为不应推行"手头字",以吕思勉的《反对推行手头字提倡制定草书》①为代表。此外,醉竹的《手头字质疑》②、杨晋豪的《从手头字到世界语》③也反对推行"手头字",不过他们所持的理由与吕思勉相似,故略而不论。另一些学者则极力赞成推行"手头字",以曹懋唐的《对于反对推行手头字提倡制定草书问题之商榷》④、胡行之的《关于手头字》⑤为代表。

吕思勉主张推行"草体",他认为这种方法既便利了书写又不增加认识的困难。在此基础上,他从六个方面谈了赞成推行"草书"的理由,其中有三处明确反对推行"手头字",而曹懋唐则对吕思勉的观点进行了反驳,强烈赞成推行"手头字"。首先,吕思勉认为"手头字"虽然一定程度上减少了一些汉字的笔画,但仍属"真书",在减少书写难度方面效果有限;而推行这些字的时候,旧有的字也不能废弃,从而事实上增加了学习者的负担。对此曹懋唐认为,吕思勉的观点似乎有道理,但事实却不然;原因在于要推行"手头字",自然应废除旧有的字,不过要分阶段逐渐废除。其次,吕思勉认为文字书写繁难在于"作真而不作草",并认为后者对汉字书写难易度的影响比前者还大;进而指出,"手头字"虽然笔画略少,但仍属"真书",至多能消除书写繁难问题的一半。曹懋唐则认为,吕思勉的这一结论是站在已识字者的立场上讲的,对于不识字的人或初学识字的人而言,他们一定会觉得真书比草书更容易书写;曹懋唐进而认为,如果要从真书中求简,必然得求之于"手头字"。第三,吕思勉认为推行"手头字"时,新字既行,而旧字又不能废,推

① 吕思勉,《反对推行手头字提倡制定草书》[J],《光华大学半月刊》,1935 年第 6 期。
② 醉竹,《手头字质疑》[J],《青岛画报》,1935 年第 13 期。
③ 杨晋豪,《从手头字到世界语》[J],《青年界》,1935 年第 2 期。
④ 曹懋唐,《对于反对推行手头字提倡制定草书问题之商榷》[J],《江苏教育》,1935 年第 7 期。
⑤ 胡行之,《关于手头字》[J],《现代》,1935 年第 4 期。

行多少"手头字",人们认识的单字就会增加多少。对于上面的问题,曹懋唐亦进行了反驳。他指出,"手头字"并非"别立一体",而是大众常用的、常写的字;人们既然可以用"手头字"印刷新书,自然也可以用它去翻印古书;文字只是记录语言的一种符号,哪种符号便利,便可以用哪种。

有的学者从汉字发展的规律和趋势入手,认为应该推行"手头字"。胡行之在《关于手头字》①中认为,"手头字"的推行是必然趋势。其理由有三:其一,在汉字暂时不能改为拉丁字之前,推行"简体字"或"手头字",是实行教育的必然选择。其二,随着人事日繁,推行"手头字"乃势所必然。其三,"手头字"在各行各业早已流行,其时只是"因势利导"。也有的学者从"手头字"的效能视角出发,认为它能够有效解决汉字难写的问题,进而认为应该推行"手头字"。1935 年 12 月,《民教通讯》第 1 卷第 2 期上发表了《关于民众识字教育的两个新倡导:铸造注音汉字铜模、提倡手头字》②。文章认为汉字难识难写的障碍不除去,短期教育必然难以获得实效。如果铸成注音汉字铜模,则汉字旁边一律有注音,如此便解决了难识的问题;"手头字"推行后,汉字笔画变得简单,如此汉字难识、难写的问题可得到一定程度的解决。

比较来看,尽管"手头字"有其自身的些许问题,但其时学者大都主张或赞成推行"手头字",因为它对于简省汉字的笔画、提升民众的文化水平等,有直接帮助,且符合汉字形体趋简的大势。

2."手头字"的推行范围、推行方式和推行步骤

"手头字"该在什么范围、什么领域内推行,这是"手头字"推行问题的关键之一。1935 年 2 月 15 日,张新夫在《民众读物应采用手头字的建议》③中指出,民众读物也应该采用"手头字",认为在汉字的"繁难"问题上,"繁"的问题已经得到了部分解决,因为有专家选出了 1 000 多个字作为学习的对象,而"难"的问题则非常严重。针对"手头字"的推行,张新夫提出了四条主张,其中有三条与推行范围直接相关。其一,自编的油印民众读物,一律采用"手头字";其二,自编的铅印民众读物,尽量让印刷所用"手头字"铅字排印;其三,订购民众读物时,尽量选那些用"手头字"排印的。另外,1935 年 5 月 15 日,平在《"大众语"跟"手头字"》④中谈了他对"手头字"推行范

①　胡行之,《关于手头字》[J],《现代》,1935 年第 4 期。

②　《关于民众识字教育的两个新倡导:铸造注音汉字铜模、提倡手头字》[J],《民教通讯》,1935 年第 2 期。

③　张新夫,《民众读物应采用手头字的建议》[J],《社教通讯》,1935 年创刊号。

④　平,《"大众语"跟"手头字"》[J],《清华周刊》,1935 年第 1 期。

围的看法：一切杂志和报纸都能用"手头字"排印，写稿子的人和报馆的通讯员都用简体字书写。

也有学者探究了"手头字"的推行方式和推行程序。陈在《关于推行手头字》①中认为，一方面教育部门要强制推行，文化界联合推进，书报杂志也必须用"手头字"；另一方面不但要分期施行，而且前一两期的字汇要尽量在已有的铅字中去寻找。他还举例指出，现有铅字存在不少两种或两种以上的形体，如"趕—赶""纔—才""卻—却""墳—坟"等。

3. "手头字"缘何未能推行

尽管"手头字"运动很有气势，但他们整理出的"手头字"最终却未能推行。对于其中原因，陈在《关于推行手头字》②中结合《手头字第一期字汇》进行了考察。文章指出，第一期字汇的 300 多字公布已有半年了，但连会员都未能全部采用，而且有的连一个字都没采用。陈认为其中最大的问题是印刷问题，推行"手头字"对于印刷而言利润甚微，故而效果非常一般。

综上来看，民国学者对于"手头字"的推行范围、策略、方法等的讨论，具有一定的先进性。不过，对于"手头字"未能推行之缘由的分析尚不够深入。陈的看法可视作未能推行的理由之一，而更深层次的原因则是"手头字"相对还是一个新生事物，要想在全社会推行，需要更全面的统筹，需要更激烈的思想变革，需要一个较长的接受过程。此外，其时整理出的"手头字"数量有限，不能满足社会用字需求，进而造成了推行动力不足。

四、"手头字"的文字属性及历史观

民国学者还从其时学术视野和话语背景出发，探究了"手头字"的文字属性和历史观。具体包含下面两类问题："手头字"究竟是怎样的一类字，它与一般意义上的汉字是什么关系；"手头字"是一个过渡物还是会持久存在，是否具有先进性，是否符合时代的发展。

（一）"手头字"的文字属性

这里所谓"手头字"的文字属性，主要指这类字是原本就有的，还是新创制的；是对汉字的局部变革，还是根本性质的改变。坚壁在《关于手头字》③中的观点非常具有代表性。他指出，"手头字"是大众语运动中的一项，不是推翻汉字，不是创制新字，只是把以前用于民间账册、契约文书中的"便当

---

① 陈，《关于推行手头字》[J]，《青年文化》，1935 年第 3 期。
② 陈，《关于推行手头字》[J]，《青年文化》，1935 年第 3 期。
③ 坚壁，《关于手头字》[J]，《江苏省小学教师半月刊》，1935 年第 14 期。

字"加以认可。与坚壁的观点相似，郭挹清在《手头字概论》①中指出，虽然
"手头字"这一名称是新拟的，但根本上它是"旧有的"，仍然是"方块字"，只
是对"方块字"进行了"改良"，而非"革命"。郭挹清同时指出，在形成方面，
"手头字"并未能逃脱"指事""会意""形声""假借"等"六书"方法的制约。
今天来看，坚壁、郭挹清的此类认识颇具先进性。

（二）"手头字"的历史观

这里所谓"手头字"的历史观，主要指这类文字在汉字发展中处于什么
阶段，有什么地位；与大众语运动、汉字简化有什么关系；其未来走向是
什么。

一些学者认为，"手头字"在当时具有先进性，是合于时代发展的一种字
体。高雪汀在《普及新闻教育与汉字改造》②中认为，"手头字"运动最适合
于汉字发展、演变、简化的历史规律，是其时汉字改革运动中最有成功可能
的一种。平在《"大众语"跟"手头字"》③中指出，"手头字"运动是大众语运
动的一环，是汉字简化的一种具体方法，也是打破汉字尊严的"先锋"，它为
汉字拉丁化做了准备。另外，史枚在《关于手头字》④中也考察了"手头字"
的进步性。他认为方块字的形体是沿着一条由繁复而至简便的路线发展
的，一般都是先在社会上流行起来，再由统治者加以认可，"手头字"同样使
得汉字在形体上变得简单。

一些学者从其时的学术背景出发，讨论了"手头字"的一些所谓"局限"
或"不足"。史枚在《谈谈手头字》⑤中认为，破坏"方块字"的"根本改革"是
"中文拉丁化"，而非"手头字"运动；认为"手头字"客观上并不能消除"言文
不一"的现象。在《关于手头字》⑥中史枚还认为，"手头字"虽有取代"方块
字"的趋势，但它又具有不彻底性和局限性，动摇"方块字"的思想并不完全
源于"手头字"。另外，胡绳在《略论手头字》⑦中指出，"手头字"只是对汉
字进行"改良"，这种改变没有触及汉字的任何本质；并认为"手头字"对于
原本不认识汉字的人而言毫无用处，甚至丝毫不能减省他们学习汉字的时
间。胡绳进而指出，提倡"手头字"或"别字"，只是延长了汉字的生命力。

也有一些学者认为，"手头字"只是一个过渡物，拉丁化新文字终将取代

---

① 郭挹清，《手头字概论》[M]，上海：天马书店，1936 年，第 1 页。
② 高雪汀，《普及新闻教育与汉字改造》[J]，《报学季刊》，1935 年第 3 期。
③ 平，《"大众语"跟"手头字"》[J]，《清华周刊》，1935 年第 1 期。
④ 史枚，《关于手头字》[J]，《礼拜六》，1935 年第 609 期。
⑤ 史枚，《谈谈手头字》[J]，《读书生活》，1935 年第 2 期。
⑥ 史枚，《关于手头字》[J]，《礼拜六》，1935 年第 609 期。
⑦ 胡绳，《略论手头字》[J]，《新文字》，1935 年第 3 期。

"手头字"。耳耶在《方块字·别字·手头字》①中指出,"手头字"是方块字尚存在时期的一个替代物,方块字废弃后,"手头字"也将不复存在。史枚在《关于手头字》②中讨论了"手头字"与拉丁化新文字的关系,他认为拉丁化新文字是拼音文字,该种文字主张言文一致,且简易合理,远远超过了"手头字",进而认为拉丁化新文字终将替代汉字。在《谈谈手头字》③中史枚再次指出,"手头字"的唯一目的是书写简便,而非实现"言文统一",能够实现"言文统一"的只有"中文拉丁化"。他同时认为,在拉丁化运动中,"手头字"运动渐渐成了其障碍。此外,胡绳的《略论手头字》④引用了乔木在《芒种》第 7 期上的观点认为,"手头字"和"别字"已经把方块字的命运安排好了,即尽快"让位"给拼音。胡绳还指出,对于占百分之七十至八十的文盲来说,应该让他们意识到拼音文字的拉丁化写法,而不是采取任何别的妥协办法。与上面几位的观点相似,潘广镕的《简笔字与手头字》⑤重点针对《推行手头字缘起》、林语堂的《提倡俗字》等文章而作。潘广镕反对提倡"简笔字""手头字",他认为"六书字"能否被打倒是一个问题,但它必须被打倒则是不成问题的;进而认为,用拉丁字母和拼音制度是改革汉字的唯一前途,"简笔字""手头字"在理论和实践上都不足以提倡。

作为民国时期汉字简化潮流中的重要力量,"手头字"确有其使用价值和推行之必要。1935 年 3 月 20 日,丰子恺在《太白》半月刊第 2 卷第 1 期上发表了《我与手头字》⑥,记述了他在生活中使用"手头字"的情况。其一,在染坊里用"手头字"记账,比如"三藍"写作"三廿"、"二釐"写作"二厘"等;其二,他的姓氏"豐"用"手头字"写作"丰",不但笔画少了很多,且容易告诉他人说的是哪个字。显然,学者们之所以赋予这类字以"手头字"的名称,根本地在于该类字是人们手头上常写的字,但书本上却不这样印刷,即"手头字"这一名称可以很好地将其与其它类型的汉字相区别。不过就"手头字"这一概念本身而言,它更多是揭示了该类字的使用领域,而非展示其内在特征。

从"手头字推行会"的《手头字第一期字汇》和胡行之在《关于手头字》中新搜集的 80 组形体成果来看,"手头字"中的绝大部分属于简体字的类型,即"手头字"比对应正体字的形体要简易。另外,"手头字"的生成模式

---

① 耳耶,《方块字·别字·手头字》[J],《新社会》,1935 年第 6 期。
② 史枚,《关于手头字》[J],《礼拜六》,1935 年第 609 期。
③ 史枚,《谈谈手头字》[J],《读书生活》,1935 年第 2 期。
④ 胡绳,《略论手头字》[J],《新文字》,1935 年第 3 期。
⑤ 潘广镕,《简笔字与手头字》[J],《文苑》,1935 年第 1 期。
⑥ 丰子恺,《我与手头字》[J],《太白》,1935 年第 1 期。

亦与我们今天所说的"简化字"的生成类型较为相似。由此可知,"手头字"本质上是汉字简化的一种结果。就产生时间而论,"手头字"并不是民国时期才有的,在郭挹清看来,至迟在唐时便已出现了,且历代不断有新的形体生成。"手头字"产生的直接动因是汉字难写、难认,于是便催生出了笔画少、写起来顺手、容易记忆的一种便当形体。不过,一开始"手头字"并没有夺得传统汉字的正统地位,直到民国时期才兴起了"手头字"运动。从文字属性论之,虽然"手头字"这一名称是新拟的,但"手头字"本身却是"旧有的",是对汉字"改良"的结果。

第四节　"合体简字"类形体简化成果

在白话文运动、文字改革的大背景下,民国学者从字形、字音、字量等角度入手,对汉字展开了多项改革。就字形问题而论,"主流"做法是在一定范围内,对所涉字的形体加以简化,以实现易写、易识、易记的目标,此类以民国教育部颁布的《第一批简体字表》为代表。此外,也有不少"非主流"做法。其中之一是从用字记词的视角,把书写一个"词"的几个形体合写成一个字,这类以"字体研究会"的《"合体简字"说明》为代表;比如将"互助"二字合写作"**劧**",将"抵抗"二字合写作"**撬**"等。虽然民国学者提倡"合体简字"的出发点或最终诉求不尽相同,比如有的单纯追求形体简便,有的将此视作汉字走向拼音化的一种"过渡"。但作为形体简化的一种特殊表现,这类字在某些程度上简省了一些词的书写形式,便利了识读,是汉字简化潮流中的一个分支。诚如容庚所言,"合体简字"类文字现象是汉字简化"新事业"中的"一端"。① 王力在《汉字改革》中亦指出,表面来看该类文字现象笔画繁多,但事实上比原来的两个字要简易不少。②

不过,当今学者针对民国时期"合体简字"类现象的探究却甚少。所见成果主要有两类:一类为反对继续创制或推行"复音字",代表性的有季羡林的《随意创造复音字的风气必须停止》(1952)③、曹先擢的《复音字值得提倡吗?》(1987)④、李炜的《复音字行不通》(1994)⑤等;另一类为考察"圕"

---

① 杜定友,《"圕"新字之商榷》(第二次)[J],《图书馆学季刊》,1929 年第 4 期。
② 王力,《汉字改革》[M],长沙:商务印书馆,1940 年,第 66 页。
③ 季羡林,《随意创造复音字的风气必须停止》[J],《中国语文》,1952 年第 10 期。
④ 曹先擢,《复音字值得提倡吗?》[J],《语文建设》,1987 年第 6 期。
⑤ 李炜,《复音字行不通》[J],《语文建设》,1994 年第 7 期。

字的行用情况,重点有钟宁的《"圕"似应改作"圎"》(1987)[①]、王敬的《说"圕"》(2018)[②]、苏全有的《"圕"字的发明与使用史探析》(2019)[③]等。由上来看,我们非常有必要系统考察"合体简字"类文字现象在民国时期的发展,辨析其概念所指,揭示其生成动因,探明其形体成果,归纳其构形类型,阐明其创制标准。同时,在摸清其时学者对该类文字现象态度的基础上对其作出客观而理性的评价。这有助于我们更加全面且深入地认识该时期的汉字简化工作,也可进一步促进对汉字简化与繁化等问题的认识。

一、"合体简字"及其成因

进行汉字改革,既要考虑汉字自身的特点,也要考虑汉语的特点,"合体简字"即是上面二种因素合力之结果。此部分我们重点考察以下两个问题:民国学者对"合体简字"类文字现象的命名及其所指,他们创制或提倡此类形体的缘由。

(一)"合体简字"类现象的名称及所指

除"合体简字"这一表述外,民国时期用于指称此类现象的术语还有"复合字""合体汉字""复音字""合拼字""缩词""词的字"等。这里我们选用"合体简字"这一表述指代此类现象,主要出于两方面考虑:一是该表述体现出其在结构组合方面的特征,二是该表述揭示了其在形体繁简方面的特征。从命名特征入手,我们可将上面数种名称分为三类:偏重从汉字字形视角进行的命名,偏重从字的音段数量视角进行的命名,偏重从汉语词视角进行的命名。

1. 偏重字形视角的命名

偏重从汉字字形出发而命名的主要有"合体简字""复合字""合体汉字"三个。1936 年,署名为"字体研究会"的《"合体简字"说明》[④]一文在《国立北平研究院院务汇报》上发表。该文指出,一个词却用两个或两个以上的汉字分写,这也应该是汉字改革的要点之一;并认为将两个字的词合写成一个形体,亦是汉字简化的一种方法,比如将"汽油"书作"𨱋"、将"讨论"书作"𧪠"等。与此相类,1947 年心泉在《新语文》上发表了《复合字》[⑤]一文。他指出,"复合字"又被称作"合体汉字",是汉字改良方案中偏重于

---

① 钟宁,《"圕"似应改作"圎"》[J],《图书馆杂志》,1987 年第 4 期。

② 王敬,《说"圕"》[J],《图书馆界》,2018 年第 3 期。

③ 苏全有,《"圕"字的发明与使用史探析》[J],《大学图书馆学报》,2019 年第 4 期。

④ 字体研究会,《"合体简字"说明》[J],《国立北平研究院院务汇报》,1936 年第 2 期。

⑤ 心泉,《复合字》[J],《新语文》,1947 年第 1 期。

书写简省的一种,是"词类合写"的结果,比如"上海"书作"海"、"楼下"书作"斦"、"伴侣"书作"侣"等。从实际所指论之,上面三种表述均突出将两个或两个以上的字形加以缩减、合为一个新字这一特征。

2. 偏重字音视角的命名

偏重从字音视角命名的相关术语主要是"复音字"。民国时期,有多位学者用"复音字"这一表述指称"合体简字"类文字现象,比如邓渭华、王力、余敬言等,但其具体所指却不尽相同。此外,馥泉在《手头字运动》(1935)①中将"圗"类字称作"合拼字",不过他只是举了两个例子,并未对此展开讨论。

邓渭华在《汉字改革的途径》(1937)②中分析并总结了汉字改革的八种方法,其中第五种为"复音字"。具体指将两个或两个以上音节的词之书写形式缩为一个形体,比如将"博物馆"写作"圗"、"母亲(親)"写作"毋"或"躲"、"恢复"写作"煨"、"物理学"写作"孷"等。邓氏还将其认可的"复音字"分为了"会意式""复古式""偏旁拼合式"三类。

其后,王力在《汉字改革》(1940)③中讨论汉字改革方案时,也谈到了"复音字"。他指出,"复音字"是将两个或两个以上的音符合成一个字,而合成后的形体还读两个或两个以上的"音段"。换言之,王力所谓的"复音字",指把书写复音词的几个字合写成一个单字。但他强调指出,这类"复音字"必须是标音的。比如"牺牲"写作"姓"、"玫瑰"写作"辖",并认为这样有助于消除同音字多的问题。比较来看,虽然邓渭华、王力都用"复音字"指称"合体简字"类现象,但其间又存在范围广狭之差别。王力明确指出,他所说的"复音字"是"标音"的,从而与邓渭华的"偏旁拼合式"一类所指相同。

另外,1947年余敬言在《简化中国文字刍议》④中以语言、文字不同为背景,从名词、动词、介词等词类入手,提出了与"合体简字"相类似的汉字改造方法。他主张在字上加一些标记符号,从而既增加字的含义,也增加其读音,进而由单音字变为"复音字"。比如在"代名词"或具体名词的右上角加"丿",把词由单数变为复数,用"你"代指"你们",用"他"代指"他们"等。比较来看,余敬言的"复音字"与邓渭华的"复古式"一类相似。

___

① 馥泉,《手头字运动》[J],《现代》,1935年第2期。
② 邓渭华,《汉字改革的途径》[J],《新中华》,1937年第6期。
③ 王力,《汉字改革》[M],长沙:商务印书馆,1940年,第65—67页。
④ 余敬言,《简化中国文字刍议》[J],《教学研究季刊》,1947年第2期。

3. 偏重词视角的命名

偏重从汉语词出发命名的相关术语主要有"缩词""词的字"两个。1934 年,陈光尧在《简字九百个》①里,于"简字表"后的"附录"《缩词举例》中谈到了"缩词";比如"中國"书作"囬"、"琵琶"书作"皀"、"林语堂"书作"栓"等。陈光尧指出,"缩词"的方法为于右任所创,且于右任嘱托他要"扩大"研究该方法。另外,1935 年焉知在《手头字以外》②中提出了"词的字"一说;认为"词的字"指将书写某个词的几个字混合起来,改造成一个新字。比如他将"小学"改造为"孯"、"教师"改造为"粭"、"杂志"改造为"燕"、"江苏"改造为"蕬"等。显然,此处陈光尧的"缩词"、焉知所谓"词的字",都指为双音节或多音节的词造一个合体的字。

虽然上面我们将该时期"合体简字"类术语从概念名称入手,分为了偏重字形、偏重字音和偏重词三类,但其共同特征均是对字形进行简省,以实现词的表达。换言之,即用尽可能简单的一个书写形式记录一个双音节或多音节的词。

(二)"合体简字"的生成动因

总体来看,民国学者倡导"合体简字"主要出于两种目的:或追求字形之简便、书写之快捷,或将其视作汉字从方块形到拼音文字的过渡。

倡导"合体简字"的学者大都认为,该类文字现象在一定程度上能够减省书写的繁琐。焉知在《手头字以外》③中指出,进行"词的字"这种改造后,以前要写几个字的,现在只需要写一个字,对于识字、印刷等都有诸多便利。"字体研究会"的《"合体简字"说明》④认为,将"一串字的词"改为"一个单字的词",是汉字简化的一种方法。邓渭华在《汉字改革的途径》⑤中指出,"复音字"书写时节省时间,认读也比较快捷。余敬言在《简化中国文字刍议》⑥中指出,为达到书写便利之目的,汉字在使用中自然会出现"万""牺""刘"等简体字,不过即便把《康熙字典》里的字都简化了,汉字"繁"的弊病依旧存在。故而他提出了"复音字",认为在增加含义的同时又能简化书写形式。另外,也有学者在创制个别"合体简字"时,指出其目的是追求书写之简便。这类以杜定友的《圕》⑦为代表,同类的尚有章新民的《圕

---

① 陈光尧,《简字九百个》[J],《论语》,1934 年第 34 期。
② 焉知,《手头字以外》[J],《江苏省小学教师半月刊》,1935 年第 20 期。
③ 焉知,《手头字以外》[J],《江苏省小学教师半月刊》,1935 年第 20 期。
④ 字体研究会,《"合体简字"说明》[J],《国立北平研究院院务汇报》,1936 年第 2 期。
⑤ 邓渭华,《汉字改革的途径》[J],《新中华》,1937 年第 6 期。
⑥ 余敬言,《简化中国文字刍议》[J],《教学研究季刊》,1947 年第 2 期。
⑦ 杜定友,《圕》[J],《图书馆学季刊》,1927 年第 1 期。

輖圈间的关系》①、袁在辰的《介绍一个新字"囬"》②、张知道的《一个新字"囜"的释义》③等。

而以邓渭华、王力等为代表的学者认为，单个的方块字同汉语以双音节词为主的特征不太适应，要使汉字走向拼音化，先得实现词的"连写"，故而他们将此类形体视作二者之过渡。邓渭华在《汉字改革的途径》④中指出，古代一个汉字通常只有一个音节，但到了现代，大多数词往往包含两个及以上的音节；因此他主张将"单音字"改为"复音字"，并认为"复音字"是从汉字到拼音文字的一种过渡。王力在《汉字改革》⑤也中指出，"复音字"是传统汉字通往拼音文字的"桥梁"，但又不至于跟传统汉字相去甚远；认为它省却了汉字中原有的义符，因而形体上会较为简单，易于被大众所接受。显然，邓渭华、王力二人倡导"复音字"说是以汉字走向拼音化为背景，是为汉字拼音化而服务。

二、"合体简字"字形成果、结构类型及创制原则

民国时期"合体简字"现象的发展，还表现为其时学者或汇聚该类汉字的形体成果，或归纳其构形类型，或提炼其创制标准。这些偏重实践的行为，一方面加深了我们对此类文字现象的认识，另一方面也为汉字的构形研究提供了更多形体资料。

（一）"合体简字"的字形成果

该时期"合体简字"类现象的字形成果主要有两种呈现方式：字表呈现，个例展示。以字表模式进行呈现的主要有杜定友、陈光尧、"字体研究会"等。1932 年，杜定友在《"圕"新字之商榷》（第三次）⑥中，辑录了 25 个复音字，比如"银元"作"鈋"、"中外"作"帪"、"先生"作"莚"等。1934 年，陈光尧在《简字九百个》⑦之"附录"中，列出了"囬（中国）""皀（琵琶）""逳（遗嘱）""佛（仿佛）""柽（林语堂）"等共计 18 个"合体字"。1936 年，"字体研究会"在《"合体简字"说明》⑧中，提取出了容易合在一起书写的"合体字"共计 120 个，这称得上该时期"合体简字"类形体成果的集大成。

---

① 章新民，《圕輖圈间的关系》[J]，《图书馆学季刊》，1936 年第 4 期。
② 袁在辰，《介绍一个新字"囬"》[J]，《申报每周增刊》，1937 年第 22 期。
③ 张知道，《一个新字"囜"的释义》[J]，《抗建》，1939 年第 10 期。
④ 邓渭华，《汉字改革的途径》[J]，《新中华》，1937 年第 6 期。
⑤ 王力，《汉字改革》[M]，长沙：商务印书馆，1940 年，第 65—67 页。
⑥ 杜定友，《"圕"新字之商榷》（第三次）[J]，《图书馆学季刊》，1932 年第 2 期。
⑦ 陈光尧，《简字九百个》[J]，《论语》，1934 年第 34 期。
⑧ 字体研究会，《"合体简字"说明》[J]，《国立北平研究院院务汇报》，1936 年第 2 期。

　　也有学者从汉字简化思潮的大背景出发,创制或介绍个别"合体简字",典型代表有杜定友、章新民、汤因、冯柳堂、袁在辰、张知道、馥泉等。1927年,杜定友发表了《圕》①一文,介绍了他创制的用于代指"图书馆"三字的"圕",该文还摘录了朱香晚、李小缘、胡朴安、陈伯达、戴志骞针对该字的评论。1929年,他发表了《"圕"新字之商榷》(第二次)②,摘录了容庚、陈援庵、景兰墅、朱家骅、容肇祖、马太玄、宋乐颜、胡怀琛、宋景祁等九人的见解。1932年,杜氏又发表了《"圕"新字之商榷》(第三次)③,摘录了王鲁门、胡怀琛的看法。在上面三篇文章中,杜定友与上述学者就"圕"字的价值、构形、音读、行用等问题进行了较为细致的讨论。

　　1936年,章新民在《图书馆学季刊》上发表了一篇翻译文章《圕𤰚𡇼间的关系》④,此文即罗伯茨(Henry D. Roberts)著的《图书馆博物馆美术馆间的关系》。对于"𡇼(美术馆)"的构形问题,章氏于1937年在《"美术馆"三字缩写体的商榷》⑤中进行了说明。他指出,最初翻译时受"圕"字的启发,仓促间用"𡇼"代替"美术馆",以便与"𤰚(博物馆)""圕"相配合。后来,他又主张将"𡇼"改作"奀(美术馆)"。紧随其后,汤因在《我对于圕𤰚𡇼三字的商榷》⑥中,围绕"𡇼""𤰚"同章新民进行了讨论。汤文指出,"𡇼""奀"和"𤰚""𤰚"均是受"圕"字的影响而成,但从字形本身很难看出跟"馆"有什么直接关系。汤因进一步认为,如果将"𡇼"当作"国术"二字,将"奀"当作"审美"二字,将"博物"二字拼合成"𤰚",其形义关系似更为协调。

　　1939年,冯柳堂在《记载款项上面应用一什么字》⑦中指出,"记载款项"上用的字应满足三个要件:字体结构简单,书写便捷,不能占用太多空间。由此他认为,"国币"二字没有满足上面的任何一个条件,作为"记载款项"的标记并不妥当,并提议用"钞""币"或"布"替代"国币"。作为对冯文的回应,袁在辰于《介绍一个新字"囻"》⑧中主张用"囻"代替"国币"二字。对于"囻"的来源,袁文认为是受"圕"的影响而成。随后,冯柳堂又在《为"囻"字答客问》⑨中指出,他在考虑用"钞""币"或"布"时,亦想过用"囻"

① 杜定友,《圕》[J],《图书馆学季刊》,1927年第1期。
② 杜定友,《"圕"新字之商榷》(第二次)[J],《图书馆学季刊》,1929年第4期。
③ 杜定友,《"圕"新字之商榷》(第三次)[J],《图书馆学季刊》,1932年第2期。
④ 章新民,《圕𤰚𡇼间的关系》[J],《图书馆学季刊》,1936年第4期。
⑤ 章新民,《"美术馆"三字缩写体的商榷》[J],《图书馆学季刊》,1937年第1期。
⑥ 汤因,《我对于圕𤰚𡇼三字的商榷》[J],《图书馆学季刊》,1937年第2期。
⑦ 冯柳堂,《记载款项上面应用一什么字》[J],《申报每周增刊》,1937年第20期。
⑧ 袁在辰,《介绍一个新字"囻"》[J],《申报每周增刊》,1937年第22期。
⑨ 冯柳堂,《为"囻"字答客问》[J],《申报每周增刊》,1937年第23期。

字。但他同时表达出对于“⿴口巾”字的两点顾虑：其一，“巾”是否可以代表“幣”；其二，“⿴口巾”字为方块形，无法一笔写成，应否改造为圆转形。

同年，张知道在《抗建》上发表了《一个新字“⿴口众”的释义》①。文章指出，当时但凡写“圕”字，“无不知”其代表“图书馆”；不过，他并不认可胡怀琛创制的“⿴口物（博物馆）”字。张文指出，“⿴口物”字的形义关系不太明晰，可能会被误认为是指代“动物园”；并认为“⿴口物”的形体跟“博物馆”的意义似近而实远，致使未能普及。结合“圕”“⿴口物”等先例，张知道拟为“民众教育馆”创制一个“合体简字”。他初始构拟的形体为“⿴口教”或“囻”，不过张氏认为，上面两个形体虽然不繁杂，但在表意方面不够清晰，容易混淆。嗣后，张知道又为“民众教育馆”创制了“⿴口众”字。事实上，早在1934年的一次教育行政会议上，他便提出过“⿴口众”字，不过当时未能引起广泛注意。张知道还解析了“⿴口众”字与“民众教育馆”之形义关系：“囗”代表“民众教育馆”的场所，“衆”的俗写体“众”代表“民众”；设立“民众教育馆”之目的是教育民众，故而“众”形还取“三人行必有我师”之义。

此外，马紫云于1929年发表了《介绍一个近世的“圕”新字》②，馥泉于1935年在《手头字运动》③中举了将“论语”二字合写作“⿰言⿱人吾”的例子。整体来看，其时学者整理或创制的“合体简字”之数量并不多，且他们对一些形体的构造彼此间存在较多争议，这也从另一视角说明该类形体的社会实用性并不强。

（二）“合体简字”的构形类型

“合体简字”类现象在民国时期的发展，还表现为其时学者对此类文字构形类型的归纳，主要有“字体研究会”、邓渭华、余敬言、王力等。其基本模式可以用邓渭华的三类去概括，即会意式、复古式、声符拼合式。

比较早期归纳出“合体简字”类现象构形类型的是“字体研究会”，其在《“合体简字”说明》中从纯构形的视角，将所收120个字的间架结构分为了四种：第一，两字平列式；比如“晨报”作“”、“互助”作“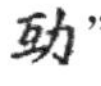”、“介绍”作“”等。第二，两字相叠式；比如“飞机”作“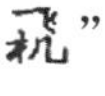”、“汽球”作“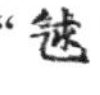”、“观众”作“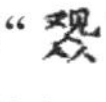”、“商品”作“”等。第三，两字偏旁相连式；比如“伴侣”作“”、“他们”作“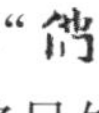”、“抵抗”作“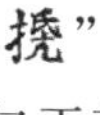”等。第四，两字包围式，即取其中一个形体的外框，将另外一个字完全包于其内；比如“国学”作“⿴口学”、“国民”作“囻”、

① 张知道，《一个新字“⿴口众”的释义》[J]，《抗建》，1939年第10期。
② 马紫云，《介绍一个近世的“圕”新字》[J]，《公安旬报》，1929年第9期。
③ 馥泉，《手头字运动》[J]，《现代》，1935年第2期。

"国货"作"圆"等。

之后邓渭华在《汉字改革的途径》①中，又从形义组合视角将"复音字"分为三类："会意式"的复音字，比如"图书馆"写作"圕"、"博物馆"写作"圗"等；"复古式"的复音字，比如"母亲"写作"毎"、"政治"写作"敊"等；"偏旁拼合式"的复音字，指取每个字的声符部分，比如"母親"写作"躲"、"恢复"写作"煲"等。

从其实指而论，邓渭华的第一类、第三类可涵盖"字体研究会"四类中的大部分，即主要采用"会意"或"偏旁拼合"的方法而成；邓渭华的第二类与余敬言在《简化中国文字刍议》②中提倡的"复音字"的结构较为一致，即在某个字上增加饰笔或替代符号；而王力《汉字改革》③中提倡的"复音字"，其结构则与邓渭华的第三类相一致，即将记录某个词的两个字之声符合为一个新字。由此观之，邓渭华所分的三类基本上涵盖了其时"合体简字"类现象的构形类型。

（三）"合体简字"的创制原则

这里所谓"创制原则"，主要指新造"合体简字"时，各类结构体的形义关系如何处理，音读如何确定，数量如何掌控，是否有先后顺序等。"字体研究会"在《"合体简字"说明》中，针对由"两个字的词"组成"一个字形"的做法提出了四条原则：其一，不改变合体字原本的读音；其二，每个词都有其独立的价值和意义；其三，新组成的形体，须避免与已有的字相混同；其四，新组成的形体要符合"笔画简单，易识、易学、易记"的标准。从其属性看，这里的四条原则涉及音读问题、字形问题、形体的表义问题等几个方面。

另外，邓渭华、王力还讨论了创制此类形体时字形数量控制、音节数量认定等问题。在《汉字改革的途径》④一文中，邓渭华从"合体简字"的结构类型出发，认为"会意式"的复音字不能造太多，因为一些字的"意"不容易"会"出来；"复古式"的复音字多限于带"词尾"的名词，或者是类似的词尾；"偏旁拼合式"的复音字可以多用，但应该以拼合双音为原则。对于三合音、四合音的词，邓渭华建议将其视作双音的组合，认为若将这类都拼合在一起，反而使得笔画太多、字形臃肿。王力亦持类似观点，他在《汉字改革》⑤中谈了"复音字"的改写步骤，主张一开始以双音词为限，先不涉及三音节、

---

① 邓渭华，《汉字改革的途径》[J]，《新中华》，1937 年第 6 期。

② 余敬言，《简化中国文字刍议》[J]，《教学研究季刊》，1947 年第 2 期。

③ 王力，《汉字改革》[M]，长沙：商务印书馆，1940 年，第 65—67 页。

④ 邓渭华，《汉字改革的途径》[J]，《新中华》，1937 年第 6 期。

⑤ 王力，《汉字改革》[M]，长沙：商务印书馆，1940 年，第 65—67 页。

四音节的词。他同时认为,"可说"汉语中本没有三音节、四音节的词,它们都是由双音节词再组合而成,比如"图书馆"可写作"驫馆"、"物理学"可写作"𤳆孝"等。

学者们针对"合体简字"类现象创制标准问题的讨论,进一步明确了该类汉字的形、音、义特征。他们通过对各类形体数量的控制,对双音节词、三音节词、四音节词创制关系的变通处理,进一步规范了此种"简化"方法,使得该类形体在繁简字形过渡时期能够发挥某些表达功能。

三、对"合体简字"的态度

与单个形体的简化相比,民国时期"合体简字"类文字未能大量创制,亦未能广泛行用。对于其原因,其时学者已有所揭示。他们大都认为此种方法所能简化的汉字数量有限,此类形体并不能替代普通汉字,只是为已识字的人提供了某些便利,进而主张将它们与一般的汉字夹杂使用。

具体来看,邓渭华在《汉字改革的途径》①中指出,"复音字"事实上是为已识字的人而设置的,故而应尽量保持汉字的偏旁,且不主张用"复音字"替代普通汉字。心泉在《复合字》②中认为,"复合字"确有一定的生存能力,比如"招财进宝""黄金万两"等都有合写形体,但它是对汉字的局部改造,而非"根本"改革;在汉字没有正式走到"拼音化"道路上时,采用"复合字"这种简省方法,是"应该"的,也是"必要"的,但要在一定范围内进行。心泉同时指出,将所有汉字都改为复合字是不现实的,因为汉语中的词连缀时较为自由,且数目众多,全部复合化之后,汉字改良的意义便荡然无存了。此外,王力在《汉字改革》③中认为,"圕"类字是不具有标音功能的"复音字",偶尔用一两个可以,但不能据此方法造成整套汉字。

从民国时期文字改革、汉字简化的背景而论,邓渭华、心泉等对于"合体简字"类文字现象的看法较具先进性。虽然书法作品中常可见到"恭喜发财""一帆风顺""开门见喜""学好孔孟"等的合写体,但"合体简字"依然是汉字简化潮流中的"支流",而非简化的典型现象。故而心泉在《复合字》中指出,只能将常用的、已定型的一部分改造为"复合字",夹杂在普通汉字中使用,这样一定程度上可便利汉字的书写,但不应不加限制地应用。④

从当下汉字的使用事实及发展趋势进一步论之,"合体简字"类文字现

---

① 邓渭华,《汉字改革的途径》[J],《新中华》,1937 年第 6 期。
② 心泉,《复合字》[J],《新语文》,1947 年第 1 期。
③ 王力,《汉字改革》[M],长沙:商务印书馆,1940 年,第 65—67 页。
④ 心泉,《复合字》[J],《新语文》,1947 年第 1 期。

象不能大量创制,也不会广泛行用,这从民国学者对"圕""圙""寈""牣"
"㰷""囙""圗""囜"等个例字形的争论中亦可窥得一二。此类形体在一定
程度上破坏了汉字与汉语本有的形义联系,且事实上字形较为繁杂。换言
之,它们既违背了文字符号的表达律,也偏离了文字符号的简易律。具体表
现如下:

其一,"合体简字"的创造与识别需以既有的汉字为前提,既然已经有了
记录某词的字,再创造"合体"新字,某种意义上即属于创造冗余字符。其
二,汉字数量庞大,汉语词更是不计其数,不可能为每一个词都创造出类似
的"合体简字",从而该种办法不具有现实可行性。其三,事实上"合体简
字"不仅不能真正起到简化汉字的目的,还衍生出了其他问题。关于前者,
心泉等民国学者已经注意到了;关于后者,典型表现为"合体简字"类文字使
得一定空间布局内的笔画密集度过高,字号小的情况下难以辨识。其四,
"合体简字"所反映的构形模式较为单一,远不及普通汉字构形丰富;而多样
化的构形模式既是汉字记录数量庞大的汉语词的现实需要,也是汉字字符
间相互区别的客观要求。

要之,正如季羡林在《随意创造复音字的风气必须停止》中所言,虽然
"复音字"有一些"小小的作用",但它们破坏了汉字的结构和规律,造成了
很大的混乱。[①] 故而曹先擢在《复音字值得提倡吗?》中明确表示,印刷领域
和社会用字领域不应提倡"复音字"。[②] 由上进一步言之,这也应该是未来
我们对待"合体简字"类文字现象的基本态度。

第五节 《第一批简体字表》

1935 年 8 月 21 日,民国政府教育部时任部长王世杰签署并颁行了《第
一批简体字表》[③],共计收录简体字 324 个。与此表一同发布的还有《字表》
内容说明、九条实施办法、选编之简要经过。不过该字表发布后不到一年,
便被勒令收回。1936 年 1 月 23 日,第六次"政治委员会"宣告《字表》"停止
推行"。对于其未来,"委员会"给出了"再定办法"这样一个决议。[④] 作为
我国历史上第一个由官方正式发布的"简体字表",《字表》在汉字整理与规

---

① 季羡林,《随意创造复音字的风气必须停止》[J],《中国语文》,1952 年第 10 期。
② 曹先擢,《复音字值得提倡吗?》[J],《语文建设》,1987 年第 6 期。
③ 《第一批简体字表》[N],《中央日报》,1935 年 8 月 21 日。
④ 《简体字暂停推行》[J],《教育与民众》,1936 年第 5 期。

范的理论及实践层面,都具有里程碑式的意义。

当今学者针对《字表》的研究主要有以下一些成果:谢世涯《新中日简体字研究》之《〈第一批简体字表〉的公布与取消》①,苏培成《二十世纪的现代汉字研究》之《〈第一批简体字表〉的公布与取消》②,高更生《现行汉字规范问题》之《〈第一批简体字表〉的公布与废止》③,陈双新《〈第一批简体字表〉研究——附论大众汉字能力与语言文字工作者的责任》④等。不过由于研究思路、研究重点、所据材料等因素的影响,《字表》的理论和实践价值并未得到充分发掘,我们很有必要对该字表进行更为深入且系统的考察。⑤

一、《字表》的编订、发布与收回

此部分我们将从《字表》选编的背景、选编原则及经过、《字表》推行办法、勒令收回等几个方面展开考察。

(一)《字表》选编的背景

从历史发展来看,任何一个新事物的出现,都有其历史和现实条件,或者说都具有其存在的历史必然性;尽管某些新事物出现后常会被暂时性埋没,但这并不能否认该事物出现的历史必然性,只能说明条件还不是很成熟,或其自身还存在某些需要改进的不足。《字表》同样遵循这样的历史发展规律。

19 世纪末 20 世纪初,中国处在一个历史大变革时代。不少人认为汉字笨拙繁难,延迟了教育发展,进而阻碍了中国的进步。在这种背景下,汉字改革成为富民强国的一种手段,不断有人提出改良汉字的思想。1908 年吴稚晖在《评前行君之"中国新语凡例"》⑥中提出汉字改良的具体方法:一为限定字数,认为凡较僻的字,皆弃而不用;二为手写之字皆用草书。1909 年陆费逵发表《普通教育当采用俗体字》⑦一文,认为其时最便利且最易行用

①　谢世涯,《新中日简体字研究》[M],北京:语文出版社,1989 年,第 168—178 页。

②　苏培成,《二十世纪的现代汉字研究》[M],太原:书海出版社,2001 年,第 195—200 页。

③　高更生,《现行汉字规范问题》[M],北京:商务印书馆,2002 年,第 165—168 页。

④　陈双新,《〈第一批简体字表〉研究——附论大众汉字能力与语言文字工作者的责任》[A],《语言文字应用研究论文集Ⅲ》[C],2014 年,第 250—259 页。

⑤　按,该节的部分内容此前已发表,此次收入时作了修改和增补。详见孙建伟,《二十世纪前半叶学界对简体字的辩证认知》[N],《中国社会科学报》,2021 年 2 月 9 日;孙建伟,《〈第一批简体字表〉研究》[A],李运富主编,《汉字与汉字教育国际研讨会论文集》[C],北京:中华书局,2013 年,第 157—165 页。

⑥　吴稚晖,《评前行君之"中国新语凡例"》[J],《新世纪》,1908 年第 4 期。

⑦　陆费逵,《普通教育当采用俗体字》[J],《教育杂志》,1909 年第 1 期。

的是俗体字。1918 年钱玄同在《中国今后之文字问题》①中提出废除汉字的主张,但同时又赞成吴稚晖的汉字改良法。之后,1921 年陆费逵发表《整理汉字的意见》②,提出限定字数和减少笔画。随后钱玄同提出《减省现行汉字的笔画案》③,提案获得通过,并成立了"汉字省体委员会"。如苏培成所言,"这标志着汉字简化已由学者的提倡变为政府要考虑解决的问题"④。不过"汉字省体委员会"并未开展实质性工作。至 1934 年,钱玄同又提出了《搜采固有而较适用的简体字案》⑤。与此同时,1935 年《太白》半月刊主编陈望道联合上海的文字改革工作者组织"手头字推行会",发起了推行"手头字"的运动。《手头字之提倡》《推行手头字缘起》《手头字第一期字汇》的发表,"正式揭开了推行手头字运动的序幕"⑥。在"手头字"运动等的推动下,1935 年 8 月民国政府公布了《字表》。

整体来看,《字表》的选编一方面着眼于汉字发展演变的历史,认为"简体文字,无论在文人学士,在一般民众间,均有深固之基础,广大之用途,已为显明之事实"⑦。另一方面也充分考虑了当时的社会现实,"近年以来,政府与社会,虽渴望普及义务教育及民众教育,而效果仍未大著,其中原因固多,而字体繁复,亦为重大原因之一。于是谈教育普及者,多主择最通行之简体字,应用于教育,以资补救而利进行"⑧。由此可知,《字表》的选编是历史与现实所决定的,是汉字发展总趋势的必然结果。

(二)《字表》选字原则及选编经过

《字表》选字的基本原则有如下三条:其一,依述而不作之原则;其二,社会上比较通行之简体字,最先采用;其三,原字笔画甚简者,不再求简。在上面三个原则的基础上,又进一步规定了一些细则。第一,《字表》所列的简体字,多采用宋元至今习用的俗体,古字与草书亦选录之;因草书不便于刊刻,所以采录得较少。第二,对于同音假借而成的简体字,《字表》在选择时非常严谨,"必通用已久,又甚普遍,决不至于疑误者"才采用;那些偶尔在某一地方使用的字,如北京以"代"为"带"、苏浙以"叶"为"葉"等,均不采用。第三,以下三类字也不收录:账簿药方中专作记号用的,如"初"作"刀"、

---

① 钱玄同,《中国今后之文字问题》[J],《新青年》,1918 年第 4 期。
② 陆费逵,《整理汉字的意见》[J],《国语周刊》,1921 年第 1 期。
③ 钱玄同,《减省现行汉字的笔画案》[J],《国语周刊》,1922 年第 7 期。
④ 苏培成,《二十世纪的现代汉字研究》[M],太原:书海出版社,2001 年,第 188 页。
⑤ 钱玄同,《搜采固有而较适用的简体字案》[J],《国语周刊》,1934 年第 123 期。
⑥ 张书岩等,《简化字溯源》[M],北京:语文出版社,1997 年,第 13 页。
⑦ 《第一批简体字表》[N],《中央日报》,1935 年 8 月 21 日。
⑧ 《第一批简体字表》[N],《中央日报》,1935 年 8 月 21 日。

"分"作"卜";一体数用者,如"广"代"慶""廣"、"卩"代"爺""部";尚未通行的简体字,如"漢"作"汉"、"僅"作"仅"等。第四,偏旁如"言、鳥、馬、糸、辶、走"等,本可以作简体,但这样改动牵连的字太多,故暂不改易。第五,《字表》中的七音韵母,只是称说时用,注音时不采用。从今日来看,《字表》选字的原则是较为严谨的:既遵从历史,又照顾现实;既不生造,又具便捷性。

确定编选简体字的基本原则为问题的一个方面,问题的另一个方面为选编工作以何种步骤实施,是一次全都选出,还是多次逐步选出;是由个人来完成此项工作,还是集思广益,集众力而为之。对于这些问题,《字表》在《第一批简体字选编经过》①等文献中有相关说明。兹解析如下:

第一,确定选取简体字的指导思想:分步进行。虽已决定采用简体字,以便增进教育之效率,不过这项工作所含内容甚广,应该选择其中最为通用者公布之。"唯简体字谱,非可仓促选成。因决定先行分批编定简体字表,将来再根据各批简体字表,汇集成谱,较易集事"。

第二,拟定推行简体字的办法。其一,由"教育部"聘专家,选定《简体字表》公布,依照述而不作的原则,但选取对象只限定在已经出现的字形中,若没有出现过,则不新造。其二,经"教育部"公布的《简体字表》,仍应商定分期增订的办法,以便采纳各方意见,逐渐扩充简体字的数量。其三,简体字强制使用的范围,暂时限定为民众学校课本、民众读物及小学课本。

第三,《字表》的选出。简体字的选取大致分为三步。首先委托前"国语筹备委员会"搜辑初稿。1935 年 6 月中旬,初稿始拟定,共有 2 400 多字,此为"第一次草案"。之后由黎锦熙、汪怡、赵元任、潘尊行、张炯、钟灵秀、吴研因、顾良杰等逐字审查。开会后颇有增删,计得 2 300 多字;认为其中"最适当且便于铸铜模者"计有 1 200 多字,这便是"第二次草案"。而后就第二草案再一次复核,将可采用的字圈出,交给"社会教育司"详加研究,在征求钱玄同、黎锦熙、汪怡等人的意见后,又召集人员重新整理,即《第一批简体字表》;共收录简体字 324 个,按照 17 韵编排。

第四,《字表》选编的后续工作。因《字表》所收的字较少,而很多字又确实应该收录,故而决定"继续选择审查,一俟简体字之推行,已达相当程度,社会之一般观感,已渐泯去旧日'正体字'之成见,当再斟酌情形,陆续公布,以期完成此项艰巨工作"。

由上可知,《字表》的选取过程是较为科学的。一方面,强调逐步进行,

---

① 《第一批简体字选编经过》[J],《国语周刊》,1935 年第 212 期。

先选出最合适的字形,等民众接受了之后,再逐步扩大范围。因为拟定《字表》的最终目的是社会使用,如果民众反对,则难以通行。同时,又不限于《字表》所收字,其原因在于简体字的推广是持续性的行为。另一方面,《字表》经过了多次审核,审核者既有语言文字大家,又有其他部门人员;大家各抒己见,求同存异,从而保证了《字表》的科学性。

(三)《字表》的推行及撤回

民国政府教育部在发布《字表》的同时,还规定了《字表》的具体实施办法,共有九条实施细则,两个附表。其中九条实施细则中的前八条属于同一类型,均是规定了简体字的推行领域;第九条"本办法自公布日施行"规定了《字表》的推行时间。两个附表则具体演示了如何在小学教材中处理《字表》上的字。总体上讲,上述推行措施是比较合理的,不过正如顾良杰所言,"现更有少数自命载道之士,尊正体字为正统,视简体字之采用为旁支、为闰位"①。故而当时有不少人反对简体字的推行,其中既有个人,如何键、徐宝璜、戴季陶,又有团体,如香港存文会、太原存文会等。在这样的情况下,1936 年 2 月 5 日,民国政府教育部奉行政院命令,训令"简体字应暂缓推行"。于是在"尚须重加考虑""应暂缓推行"等措辞下,《字表》被收回了。

《字表》虽被收回,但简体字的推行已呈现出不可逆转之势。谢世涯在《新中日简体字研究》中引用洪炎秋的观点认为,"当时的文化人和出版界深知此事的重要性,曾参酌他们联合发表过的四百多字的手头字,订制铜模,铸造铅字,广用于当时的报刊上,不因压力而退缩"②。在今天来看,其时《字表》的发布具有非常积极的意义,虽然"短命",但开启了汉字简化的新篇章。

二、民国学者对《字表》的讨论

一方面,《字表》作为一个新生事物,发布后难免会遭到时人的质疑和反对;另一方面,汉字的简化由来已久,简体字本身有其合理性和必要性,故而其时学者亦为之辩驳。就我们目前掌握的材料来看,民国时期针对《字表》的专题研究文献有 60 余篇。仅 1935 年 12 月,就有 18 篇之多。比如 12 月 1 日,《论语》第 77 期刊发《湖南省主席何键反对推行简体字原文》;12 月 9 日,《中央日报》刊发《香港存文会对简体字表质疑》;12 月 14 日,《天津益世报》发表社论《简体字势在必行》;12 月 15 日,葛定华在《华北日报》上发表

---

① 顾良杰,《吾人对于简体字表应有的认识》[J],《教育杂志》,1935 年第 11 期。
② 谢世涯,《新中日简体字研究》[M],北京:语文出版社,1989 年,第 179 页。

《简体字应否强制推行》,等等。再比如欧阳溱撰《简体字考证》(1936)①一书,对《字表》中的 324 个简体字逐一进行了考证,追溯其出处,以使人们明白简体字是有根据、有理由、有价值的文字。

总体来看,民国学者关于《字表》本身及相关问题的讨论,并没有得到后世学者的足够重视,而全面发掘并厘析其时学者对《字表》的考察,有助于我们更加客观且深入地认识《字表》。基于以上事实,我们将系统梳理这类成果,总结相关理论观点和实践经验。整体言之,民国学者针对《字表》的讨论主要涉及以下论题:《字表》本身的问题,比如所收简体字合理与否,推行方法科学与否等;与《字表》及所收简体字直接相关的问题,比如汉字简化及简体字的历史观,简体字与识字教育、工作效能的关系,简体字与文化传承、学术发展的关系等。

(一)《字表》的收字问题

《字表》的研制历经多次讨论和修订,"初稿"选录了 2 400 多字,经黎锦熙、汪怡、赵元任等组成的"审查会"审订后保留了 2 300 多字,认为适宜铸造铜模的有 1 200 多字,到正式发布时第一批只选录了 324 个字。尽管《字表》研制者颇为谨慎,不过从所收字量来看,其中的字数确实无法满足当时社会生活用字记词之需要。由此引发了其时学者针对《字表》收字原则、收字数量、所收字的系统性、是否遵循"六书"规则、如何进一步完善等问题的讨论。

1.《字表》的收字原则、收字数量

对于《字表》应该收录哪类字的问题,有的学者从宏观上提出了一些方向性主张,有的则就某些具体问题进行了讨论。对该问题考察最为细致的是周淦,他在《简体字问题》(1935)②中,从四个方面谈了对《字表》收字原则的看法。其核心观点如下:其一,不能让已经识字的人反而不识字。为了避免出现此种问题,他主张选择社会上已较为通行的简体字作为推行对象,流通性不强的不在选录之列。他同时指出,不一定让所有汉字都变成简体字。其二,要确实把那些笔画繁多的字简化为笔画少的字。周淦认为,如果笔画相差不多,则其减省书写繁难的效果也不会太大。其三,为了写起来便当,不应收录过多的草书字。其四,字体不应由少数人制定,而要看大多数人的使用情况。另外,也有学者认为,选择收录对象时要特别重视"偏旁"。此外,沈有乾的《简体字价值的估计方法》(1936)③指出,在选定简体

---

① 欧阳溱,《简体字考证》[M],南昌:慈灿轩,1936 年。
② 周淦,《简体字问题》[J],《教与学》,1935 年第 3 期。
③ 沈有乾,《简体字价值的估计方法》[J],《教与学》,1936 年第 8 期。

字时,不但要考虑一个形体的出现次数,更要考虑其简省的方法到底能够适用于多少字。他进而指出,简体字应用效力最强的是"偏旁"。

对于《字表》该收录多少简体字的问题,学者们也结合收字原则进行了讨论。总体来看,其时学者大都认为《字表》收字太少,建议扩大搜采范围,增加收字数量。周毓英在《怎样推行简体字》(1935)①中针对收字问题,提出了两个标准:其一,彻底的简体字,即常用的字都该简化;其二,便利国民生活的简体字。在此基础上周毓英指出,《字表》中的简体字不够彻底,且与日常生活相脱离。他还认为,不管是第一批的 324 个字,还是后续的第二批、第三批,都远远不够民众使用。另外,遏在《教部公布简体字表》(1936)②中亦持类似观点。他指出,不少非常习见的简体字不见于《字表》,并希望能继续全面搜采。

2.《字表》所收字的形体问题

《字表》收录的 324 个简体字中,有一些字同未收录的繁体字有共同的偏旁,其结果是由相同构件构成的字,有的简化了,有的没简化。此外,同一个简化偏旁,可能代表了几个不同的繁体构件,从而一定程度上影响了表义的清晰度。与此同时,形体简化还会造成"同形"现象。《字表》发布后,民国学者针对此类问题也展开了讨论。

(1)认为《字表》系统性差,不符合"六书"规则

从相关成果来看,其时学者大都认为,《字表》收录的简体字存在系统性不强、破坏了"六书"规则等情况。代表性论著有郑疆斋的《教育部通令推行简字之检讨》(1935)③、吴心恒的《论简体字》(1935)④、左绍儒的《部颁简字表的介绍和问题》(1935)⑤、刊发在《中央日报》上的《香港存文会对简体字表质疑》⑥、葛定华的《简体字应否强制推行》(1935)⑦、胡有猷的《论教部所颁布之简体字》(1936)⑧、黄鸣皋的《论推行简体字之利弊》(1936)⑨等。具体如下:

A.《字表》简体字的系统性差

有的学者从偏理论的视角指出《字表》缺乏系统性。郑疆斋在《教育部

①　周毓英,《怎样推行简体字》[J],《文化生活》,1935 年第 2 期。
②　遏,《教部公布简体字表》[J],《文化与社会》,1936 年第 5 期。
③　郑疆斋,《教育部通令推行简字之检讨》[J],《秦风周报》,1935 年第 27 期。
④　吴心恒,《论简体字》[J],《新亚细亚》,1935 年第 4 期。
⑤　左绍儒,《部颁简字表的介绍和问题》[J],《小学问题》,1935 年第 18 期。
⑥　《香港存文会对简体字表质疑》[N],《中央日报》,1935 年 12 月 9 日。
⑦　葛定华,《简体字应否强制推行》[N],《华北日报》,1935 年 12 月 15 日。
⑧　胡有猷,《论教部所颁布之简体字》[J],《国光杂志》,1936 年第 14 期。
⑨　黄鸣皋,《论推行简体字之利弊》[J],《高工学生》,1936 年。

通令推行简字之检讨》中认为,《字表》收录的一些俗体字无法纳入"字母"和"六书"之中,如果流行开来,势必会造成书体混乱。葛定华在《简体字应否强制推行》中指出,汉字原本非常成系统,"教育部"若颁行所有的 2 300 多个简体字,则不少汉字形音义的内在联系会被隐没,从而增加学习困难。

以左绍儒、吴心恒、黄鸣皋为代表的学者则主要采用举例的方式,指出《字表》规则性欠缺的一些具体表现。从其所指来看,学者们举的例子可概括为如下两类现象。其一,《字表》中可作偏旁的一些形体在进行"类推"简化时缺乏系统性。左绍儒在《部颁简字表的介绍和问题》中,针对《字表》同部首或同偏旁的字发出疑问:其中只有一个或几个列为简体字,比如"门"部,仅收录了"闻""阀",没有收录"闪""阁",其他的字是否可以"类推"?还是要等到第二批公布?

其二,《字表》在用简单偏旁替代繁杂偏旁时,标准不甚明确。郑疆斋在《教育部通令推行简字之检讨》中指出,构件"又",在"凤"字中代替"鳥",在"鸡"字中代替"奚";构件"云",在"凮"字中代替"虫",在"坛"字中代替"亶"。由此他认为,《字表》用偏旁替代时缺乏规律性。吴心恒的《论简体字》认为,用"头"代"頭"、用"实"代"實",这里是用"头"替代了"頭"和"貫"。那么单独写"貫"时,是写本字呢? 还是写"头"呢? 黄鸣皋在《论推行简体字之利弊》中指出,繁体字数量很多,而简体字的替代部件却比较少;比如用"又"分别替代"權""漢"的右边部分,替代"疊"中的"田"。他认为这种做法既无固定道理,又无明显规则,只是增加纷乱而已。

B.《字表》中的一些形体破坏了"六书"规则

以郑疆斋、黄鸣皋为代表的学者认为,《字表》中的一些简体字不符合"六书"规则。在《教育部通令推行简字之检讨》中,郑疆斋举出了一些他认为与"六书"法则相悖的例子。比如"戀"本是从"絲"得声,但简体"恋"中的"亦"则散失了标音功能;再比如"區"本"从品在匚中"会意,但简体"区"中的"又"形无所取。郑疆斋还指出,一些简体字截断了文字形体变迁的连贯性特征。比如"賢"书作"覔",他认为这是"变乱常行"。而黄鸣皋的《论推行简体字之利弊》从汉字发展演变的视角,结合"六书"理论认为,汉字一字有一义,无无义之字,亦无无字之义。由此黄鸣皋指出,与其本字相比,简体字形体奇特、字义不显,跟汉字的造字规律相违背。

C.《字表》中的简体字会造成"同形"现象

整理简体字时对同形字现象考虑不周,这是其时学者认为《字表》在收字方面的又一不足。吴心恒在《论简体字》中考察了"萬—万"这组字。他认为虽然"万"作为"萬"的简体字通行已久,但如果小学生只知道"万"字,则《百家姓》中的"万俟",会被认为是"姓萬名俟"。《香港存文会对简体字表质疑》一文考察了"丰"作为替代偏旁时的情况:"豐"字改为"丰","艷"字改作"艳",四川"酆都县"是否要改作"邦都县"? 如果要改,恐与"邦国"之"邦"同形;如果不改,则造成改甲而不改乙,于理似乎不通。另外,左绍儒在《部颁简字表的介绍和问题》中也发出类似疑问:简体字与其他"正体字"的形体相同时,该如何处理? 比如"價"简化作"价",便与表示"善"义的"价"同形了。

D.《字表》中的一些字形带有"封建"色彩

也有学者认为,《字表》中的一些形体带有"封建"色彩。吴心恒在《论简体字》中指出,"国"字容易被人理解为"国中有王",与时代思想不符。与吴心恒相似,左绍儒在《部颁简字表的介绍和问题》中也认为,"国"字带有明显的"封建"色彩。他还发出疑问,其时已经没有"皇帝"了,是否继续沿用违背时代思想的"国"字?

(2) 认为《字表》无须完全遵照"六书"规则

与上面的看法不同,以周涤钦为代表的学者认为,《字表》是顺应时代的产物,"六书"乃古人之规则。"生于今世",可"不必泥古",故而不应该再完全遵照"六书"。

周涤钦在《小学教材与简体字》(1935)中,对于认为简体字不符合"六书"规则的看法提出了反驳。他认为,古人造字不只限于象形、指事、会意,且古人也有简省笔画的行为,并举了甲骨文中"𤋮"省作"屮"、《说文》中"禮"省作"礼"的例子为证。周涤钦还从理论上进行了分析,认为语言用声音表达思想情感,文字又是这种声音的符号;如此只要有一些简易的符号,大家都认为某字能代表某音即可。他还指出,汉字从篆文到隶书,再到楷书、行书,前人在追求字形简便时,并没有被古体所拘束;而且字音也历经演变失去了注音的作用,则象形字、指事字、会意字、形声字都成了历史名词。由此周涤钦进一步认为,所谓象形、表意,"完全"是不必要的。此外,他还转引了钱玄同在"国语统一筹备会"第四次会议上的观点以申述自己的看法:"应该谋现在的适用不适用,不必管古人的精意不精意。"①

(3) 对进一步完善《字表》收字的建议

其时学者在指出问题的同时,也给出了一些解决建议。郑疆斋的《教育部通令推行简字之检讨》在历述汉字字体随时代变迁的基础上指出,如果简体字在形体上简易,又不违背汉字结构上的一贯条例,则其功效非常明显。

---

① 周涤钦,《小学教材与简体字》[J],《江苏广播双周刊》,1935 年第 8 期。

胡有猷在《论教部所颁布之简体字》中,从汉字发展演变的视角,结合"六书"理论认为,部颁简体字有很多俗体,它们多"漫无准则"。对于行用的简体字,他主张选择古体中的简易者,并建议聘请"小学家"将此类简体选出来,不掺杂俗体。胡有猷认为,如此既具备简便性特征,又符合造字之源流。

此外,1935 年 12 月 14 日《天津益世报》上刊发了社论《简体字势在必行》①,对时人所提《字表》的一些形体"问题"作了辩驳。其一,有人认为简体字中的一些形体不明,比如"豐"作"丰"、"艷"作"艳"等。该文认为,这主要在于人们暂时不习惯,习惯后自然不会觉得有问题。其二,有人认为简体字太俗,不合造字原意,比如"權"作"权"、"鷄"作"鸡"、"漢"作"汉"、"爐"作"炉"等。该文从汉字历史演变的视角认为,"生于今世",可"不必泥古"。

(二)《字表》的推行问题

《字表》及其推行办法发布后,不少杂志都转发了相关推行细则。就1935 年来看,9 月 16 日,《中国文化建设协会山西分会月刊》转发了《简体字推行办法》②;10 月 1 日,《教育短波》上发表短评《考试答案用简体字》③,转引了《字表》推行办法之第七条,即自 1936 年 7 月起,各校考试答案一律用简体字;12 月 1 日,《教育短波》上又发表短评《推行部颁简体字办法:明年七月起新编小学课本不用部颁简体字者不审定》④。除刊布推行条例外,一些学者就《字表》应否推行发出疑问,另一些学者则针对《字表》推行的具体条例建言献策,也有学者就推行简体字时如何处理好与繁体字之关系发出思考。

1. 对《字表》及简体字应否推行的讨论

对于简体字是否应该推行这一问题,一些学者未明言,但他们事实上提出了判别标准。葛定华在《简体字应否强制推行》(1935)⑤中认为,关键要看推行简体字后的效用如何。与葛定华相似,黎正甫在《简体字之推行与阻力》(1936)⑥中指出,如果简体字真有促进教育的功效,应当果断推行。艾伟亦持类似观点,他在《从汉字心理研究上讨论简体字》(1936)⑦中认为,如

①　《简体字势在必行》[N],《天津益世报》,1935 年 12 月 14 日。
②　《简体字推行办法》[J],《中国文化建设协会山西分会月刊》,1935 年第 9 期。
③　《考试答案用简体字》[J],《教育短波》,1935 年第 40 期。
④　《推行部颁简体字办法:明年七月起新编小学课本不用部颁简体字者不审定》[J],《教育短波》,1935 年第 46 期。
⑤　葛定华,《简体字应否强制推行》[N],《华北日报》,1935 年 12 月 15 日。
⑥　黎正甫,《简体字之推行与阻力》[J],《公教学校》,1936 年第 5 期。
⑦　艾伟,《从汉字心理研究上讨论简体字》[J],《教与学》,1936 年第 12 期。

果简体字的行用果真有科学依据,且所选汉字又合乎科学原理,则即使部令不正式颁行简体字,它也会行用。葛定华、黎正甫、艾伟三人的观点比较具有先进性,即使在今天来看,这也是一个很公允的判别标准。

有不少学者明确认为,简体字已经有了民众基础,从而推行简体字是顺应历史的行为。1936 年 2 月,《大众生活》上刊发了《停止推行简体字》①一文。该文不赞同民国教育部停止推行简体字的做法,认为在没有更好的办法之前,停止推行简体字是"开倒车"的行为。蔡芝芳的《希望赓续推行简体字》(1936)②同样针对停止推行简体字一事而作。蔡芝芳认为,简体字在普通民众中间已广泛使用,无须特意推行。只是一般刊物不能普遍采用简体字,原因在于政府没有给予简体字以合法的地位。她同时指出,虽然《字表》被撤回了,但这并不意味着简体字就不会行用。此外,艾伟在《从汉字心理研究上讨论简体字》中亦指出,虽然其时部令废止推行简体字,但它仍然会继续行用。

也有个别人反对推行简体字。1935 年 12 月,《论语》第 77 期上刊发了《湖南省主席何键反对推行简体字原文》③。该文认为,义务教育和民众教育未能普及,其根本原因并非在于未推行简体字。并进一步指出其反对简体字的理由:学子有二重识字之苦,对书商和寒士有害处,有害于国民经济,毁灭国粹,不关教育大体。1935 年 12 月 9 日发表在《中央日报》上的《香港存文会对简体字表质疑》④也持类似观点。该文认为,若推行简体字,则儿童无法读经,故而主张立即停止推行简体字。不过,很快就有人对上面两篇文章中的观点进行了反驳,比如 1935 年 12 月 14 日《天津益世报》上刊发的《简体字势在必行》、1936 年 1 月发表在《中国社会》第 2 卷第 3 期上的《简体字的反对论》、1936 年 2 月《公教学校》第 2 卷第 5 期上发表的黎正甫的《简体字之推行与阻力》等。

2. 对《字表》推行办法的讨论

彼时学者还围绕《字表》的推行范围、推行策略等展开了讨论。他们大都认为,《字表》设定的推行范围太过狭窄;认为要想推行简体字,就要先创造简体字的使用"环境"。1935 年 9 月,《社会新闻》上刊发的《全国"通行"简体字》⑤一文认为,简体字只在各省市教育行政机关及部分学校和出版机

---

① 《停止推行简体字》[J],《大众生活》,1936 年第 12 期。
② 蔡芝芳,《希望赓续推行简体字》[J],《进修半月刊》,1936 年第 10 期。
③ 星,《湖南省主席何键反对推行简体字原文》[J],《论语》,1935 年第 77 期。
④ 《香港存文会对简体字表质疑》[N],《中央日报》,1935 年 12 月 9 日。
⑤ S.W.,《全国"通行"简体字》[J],《社会新闻》,1935 年第 8 期。

构推行,显得很"软弱"。文章还指出,课本上的文字固然重要,但与日常生活直接发生关系的文字则更为重要。比如说,学生在课堂上学习的是简体字,而日常生活中看到的是正体字,从而造成"所学非所用""学了不好用"等问题。持类似观点的还有周毓英,1935 年 10 月,他在《怎样推行简体字》①中指出,文字的功用一方面是获得知识,另一方面是便利生活。但从"教育部"规定的推行范围来看,更多是停留在"获得知识"的层面,而日常生活领域却很少涉及。并认为学习简体字的人大多不是为了获取更多知识,而是为了实际应用。其结果却是学校学的简体字,社会上应用的都是正体字,所学非所用。周毓英还认为,国家日常应用的文字,不论什么场合,都应该使用简体字,这样民众在学习简体字时才有动力。与上相似,1935 年 12 月,吴鼎在《推行简体字问题》②中指出,要推行简体字,首先要创造简体字的使用环境,要让简体字获得社会的认可;即社会先使用,再叫民众去学。他同时指出,创造简体字的使用环境与社会首先使用,本是一件事的两个方面。

　　另有学者提出了一些具体的推行措施或办法。顾良杰在《吾人对于简体字表应有的认识》(1935)③中谈了对于今后推行简体字的建议:铸简体字注音铜模,各种"字典"或"字汇"中编入简体字,公私文书上通用简体字,新闻报纸上通用简体字,今后新出的书均使用简体字。严宣的《怎样推行简体字》(1936)④也提出了一些办法:破除非写正体字不可的思想,应该认识到文字由繁而简演变的规律;教授简体字时,选择那些日常生活中最常用的而非不常用的字;教师自己应该多写简体字,在学校里创造简体字的学习和书写环境;让学习者明白,简体字在结构上具有系统性;推行奖励制,鼓励学生多写简体字;在国家层面提倡,小学课本、民众读物、布告等统一用简体字书写。

　　3. 对《字表》推行时是否保留繁体字的讨论

　　因为《字表》同时列出了简体字及对应的繁体字,则推行简体字时,要不要继续推行繁体字,这是关于《字表》推行问题的又一争论。1935 年 11 月,左绍儒在《部颁简字表的介绍和问题》⑤中指出,采用简体字后,正体字是否还有存在的必要,从《字表》推行规则之第二条看,似要予以保留。如果继续

---

① 　周毓英,《怎样推行简体字》[J],《文化生活》,1935 年第 2 期。
② 　吴鼎,《推行简体字问题》[J],《安徽教育辅导旬刊》,1935 年第 23 期。
③ 　顾良杰,《吾人对于简体字表应有的认识》[J],《教育杂志》,1935 年第 11 期。
④ 　严宣,《怎样推行简体字》[J],《乡村改造》,1936 年第 29—30 期。
⑤ 　左绍儒,《部颁简字表的介绍和问题》[J],《小学问题》,1935 年第 18 期。

保留,势必会造成学生"二重识字"的困难,反而增加了学习负担。如果只列出来,不予教授,则其价值又是什么? 不过,黎正甫在《简体字之推行与阻力》(1936)①中认为,在一开始推行简体字时,确实存在简体字与正体字相对照的问题,但如果简体字完全推行开之后,这种问题便会自然消除,从而不成为问题。

　　总体来看,其时多数学者认为,不应将简体字和繁体字同时教学。吴心恒在《论简体字》(1935)②中指出,要推行简体字,就要彻底废弃正楷字,而不是二者兼有,那样反而徒增学习者之苦。徐德春也持此种观点,他在《推行简体字的我见》(1936)③中认为,要推行简体字,就应该废弃正体字,而不是去争执孰难孰易;认为各类读物的用字在没有彻底改革之前,推行简体字的确会存在困难,故而主张新刊时一律采用简体字,旧刊翻印时也应采用简体字,否则管理部门不予发行。另外,艾伟的《从汉字心理研究上讨论简体字》(1936)④从汉字心理学视角认为,"简字表"适合一切大众和小学读物采用,不宜繁简二体同时并用,认为那样违反了学习心理。

(三)《字表》及简体字的合理性

　　由于《字表》在当时冲击了很多人对汉字形体的固有认识,从而使人展开了对其合理性的讨论;要想让人们接受甚至信服,就要追寻其历史脉络,挖掘其现实依据,对其不合理性给予科学分析和充分解释。综合来看,民国时期大部分学者认为,简体字是汉字发展演变的自然结果,具有必然性、科学性和合理性。

1. 认为简体字符合汉字演变的历史进程

　　尽管对《字表》的收字、推行等有不同意见,但大部分学者对简体字予以认可,认为它是汉字发展的必然趋势。此类观点集中在《华北日报》上刊发的《关于简体字之推行》⑤、周淦的《简体字问题》⑥、顾良杰的《吾人对于简体字表应有的认识》⑦、张定华的《简体字与行政效率》⑧、《天津益世报》上刊发的《简体字势在必行》⑨、鲁儒林的《论采用部颁简体字的必要》⑩、黎正

---

①　黎正甫,《简体字之推行与阻力》[J],《公教学校》,1936 年第 5 期。

②　吴心恒,《论简体字》[J],《新亚细亚》,1935 年第 4 期。

③　徐德春,《推行简体字的我见》[J],《进修半月刊》,1936 年第 10 期。

④　艾伟,《从汉字心理研究上讨论简体字》[J],《教与学》,1936 年第 12 期。

⑤　《关于简体字之推行》[N],《华北日报》,1935 年 8 月 25 日。

⑥　周淦,《简体字问题》[J],《教与学》,1935 年第 3 期。

⑦　顾良杰,《吾人对于简体字表应有的认识》[J],《教育杂志》,1935 年第 11 期。

⑧　张定华,《简体字与行政效率》[J],《行政效率》,1935 年第 5 期。

⑨　《简体字势在必行》[N],《天津益世报》,1935 年 12 月 14 日。

⑩　鲁儒林,《论采用部颁简体字的必要》[J],《一师半月刊》,1935 年第 39 期。

甫的《简体字之推行与阻力》①、张文正的《由汉字史观论到简体字的推行》②等文章中。具体来看,学者们的论证方法可归纳为如下四种:

其一,通过梳理汉字发展的历史,阐明简体字出现的自然性。《字表》发布后,江亢虎等人组织"存文会"反对简体字。1935 年 12 月 14 日,《天津益世报》上发表了社论《简体字势在必行》,对"存文会"的观点进行了批驳。文章考察了汉字简化的历史,认为"教育部"审订简体字,可称作"正字符号化"或"符号普遍化"。该文进一步指出,简体字的审订乃是依据历史的原则,是合乎时代性的,并非是"动摇国本,摧残文化"。张文正在《由汉字史观论到简体字的推行》中亦梳理了汉字产生前后的情况及其发展演变的历史,并分析了这一过程中汉字趋简的事实,考察了汉字简省的历程,比如宋元人抄书时已用"约定俗成"的简字。由此张文正认为,推行简体字是非常顺势的。

其二,在分析世界文字发展普遍规律的基础上,揭示简体字产生之必然性,以顾良杰、鲁儒林、黎正甫等为代表。顾良杰的《吾人对于简体字表应有的认识》、鲁儒林的《论采用部颁简体字的必要》均认为,简体字有必然推行的趋势,其理由是从文字学的普遍规律看,世界上所有文字都遵循由繁难而简易的演进规律。黎正甫在《简体字之推行与阻力》中指出,世界各国的文字基本都是"由繁而简"变化,足见简笔字适合普通民众的需求,同时也符合文字发展演变的自然趋势。黎正甫还转引了英国人爱德华·克劳德(Edward Clodd)的观点,把文字的发展分为助记忆时期、图画时期、标意时期、标音时期四个阶段,并将此作为他认可简体字的重要依据。

其三,从文字的功能视角出发,论证简体字行用之科学性。张定华在《简体字与行政效率》中指出,在封建社会,文字往往是上层社会的专属,从而文字的简化与改革常常由君主的提倡和士大夫的习用而实现。到了近世,文字为各阶层所普遍使用,而字体繁复严重影响了效能,从而自底层开始了改革简化,简体字广为使用。《关于简体字之推行》也认为,文字是传达思想、获取知识的工具,要想推动文明进步,就需要改良工具,而推行简体字正是为了满足这种需要。鲁儒林在《论采用部颁简体字的必要》中亦指出,汉字不是拼音文字,要认识其形状,读出其声音,是很困难的。而采用简体字,则是完成这种艰难工作的"利器"。

其四,将《字表》与同时期的其他简体字表进行类比,证明简体字存在的

---

① 黎正甫,《简体字之推行与阻力》[J],《公教学校》,1936 年第 5 期。

② 张文正,《由汉字史观论到简体字的推行》[J],《细流》,1936 年第 7 期。

合理性。张定华在《简体字与行政效率》中指出,自 1916 年提倡简体字以来,得到了不少学者的呼应,也有不少人整理出了简体字字集。除了部颁的《字表》外,还有刘复的《宋元以来俗字谱》、胡怀琛的《简易字说》、徐则敏的《常用简字研究》等。张定华还认为,"教育部"的行为只是将社会上流行的简体字给予认可,让其登上"大雅之堂"。另外,周淦的《简体字问题》①指出,《字表》在整理简体字时,使用的恢复古体字、采用草书字、采用俗字、创造新字等方法,历史上也都有先例。

2. 主张直接走"拼音化"道路

与上面的基调不同,一些学者认为,简体字没有逃脱"方块字"的牢笼,主张直接走"拼音化"道路。之光的《简体字在文字运动中的地位》(1935)②指出,简体字只是写起来简便,读音和记忆上与繁体字是一样的;并且简体字是有限的,无法将所有汉字都简省为两三笔,进而认为汉字早就应该改为拼音文字。张永年在《由六书的条例推论汉字的演变》(1935)③中考察了"六书"的形成和发展,认为汉字也是按照由表形向表意、由表意向表音的顺序发展的。由此他进一步认为简体字的价值有限,进行汉字革命,改用拼音文字,是"绝对必然"的趋势。何封亦持类似观点,他在《停止简体字和"另筹办法"》(1936)④中认为,汉字通过"区区"方块字去表达声音和意义,除了依靠笔画的组构和多寡外,别无他法。他进一步指出,不把有限的"方块"拉成无限的"长条",而妄想减少笔画,是不可能的。对于汉字之未来,何封认为"拉丁化"有迅速普及教育的倾向。

对于上述观点,莎旋在《歧路上的简字》(1935)⑤一文中进行了反驳:有人认为简字的出现动摇了汉字的根本,继而可过渡到拼音文字,这个提法是站不住脚的,原因在于汉字的繁难度越小,其生命力反而越强。不过莎旋又认为,如果简字只是形体上简化,有可能走到"进无可进"的地步。

(四) 简体字与识字教育、工作效能的关系

简字体与繁体字的核心区别在于笔画多寡,相对"新生"的简体字能否替代具有久远历史的繁体字,根本上取决于简体字的实际效用。在识字教育中,简体字是否比繁体字容易学习;在社会生活中,简体字是否比繁体字能提升工作效能。这是民国学者围绕《字表》展开的又一讨论。

① 周淦,《简体字问题》[J],《教与学》,1935 年第 3 期。
② 之光,《简体字在文字运动中的地位》[J],《新文字半月刊》,1935 年第 3—4 期。
③ 张永年,《由六书的条例推论汉字的演变》[J],《青年文化》,1935 年第 6 期。
④ 何封,《停止简体字和"另筹办法"》[J],《生活知识》,1936 年第 9 期。
⑤ 莎旋,《歧路上的简字》[J],《新社会》,1935 年第 3 期。

1. 简体字与识字教育

1935 年 12 月,康本昌在《犁影》上发表短论《用简体字的好处》①。文章指出,其时学生已经开始抄写、使用部颁的简体字,并认为简体字容易书写、省时。但并非所有人都认为简体字在识字教育方面优于繁体字,由此引发了其时学者对该问题的多角度探讨。

(1)认为简体字容易认写,有助于识字教育

总体来看,持此类看法的学者较多。就研究方法而论,他们或是从理论层面阐述,或是从实例入手论证,或是进行实验对比。

其一,侧重从理论上阐明简体字在识字教育中的价值。徐则敏在《谈简字:简字运动的现状和关于简字种种的说明》(1935)②中认为,简字在适应社会需要方面有很大价值,能够满足社会底层人士的用字需求;采用简字,书写上更省力,应用上更便当;有些简字是人们在无意间学会的,并没有耗费人们很多时间;简字能够解决汉字难学难记的问题,从而促进了教育普及。与此相类,雷震的《简体字在识字运动上之意义》(1935)③认为,要想促进教育,就需要从识字入手。识字教育需要充分利用注音符号和简体字,前者主要关系到读和认的问题,后者重点关系到写的问题。另外,周涤钦在《小学教材与简体字》(1935)④中建议,新编国语教材的标准字体应尽量采用简体字。其理由为当时很多小学儿童家庭贫困,升学机会不多,要在短时间内学会日常应用的文字,国语教材的用字便显得极为重要。

其二,分析字例,说明简体字对识字教育的价值。王怡亲的《介绍简体字》(1935)⑤一文,在分析"蠶"与"蚕"、"艷"与"艳"、"麗"与"丽"等 14 组例子的基础上,认为繁体字书写不如简体字便利,并认为中国文盲多的原因之一即文字过于繁难。

其三,设计实验,以测算简体字在识字教育中的实际效能。沈有乾在《简体字价值的估计方法》(1936)⑥中,计算了《字表》中简体字的应用效力指数。数据显示:每百字可节省笔画 137 笔,即每个字平均可节省 1 笔多;如果按每个字平均 13 画或 14 画计算,《字表》约可节省十分之一的时间,其节省是较为可观的。借助实验进行考察的还有杨骏如、曹芷清等。杨骏如

①　康本昌,《用简体字的好处》[J],《犁影》,1935 年第 16 期。
②　徐则敏,《谈简字:简字运动的现状和关于简字种种的说明》[J],《江苏省小学教师半月刊》,1935 年第 24 期。
③　雷震,《简体字在识字运动上之意义》[J],《广播周报》,1935 年第 56 期。
④　周涤钦,《小学教材与简体字》[J],《江苏广播双周刊》,1935 年第 8 期。
⑤　王怡亲,《介绍简体字》[J],《常识画报:高级儿童》,1935 年第 19 期。
⑥　沈有乾,《简体字价值的估计方法》[J],《教与学》,1936 年第 8 期。

先后发表了《简体字在国语教学上效率的实验》①、《估定简体字学习效率的比较实验报告》②两篇文章。在后一篇文章中,杨骏如对章荣的《简字的价值及应用之试验研究》、周学章的《繁简字体在学习效率上的实验》中的实验方法、实验过程、实验结果等进行了简要述评,并认为在认识、抄写、默写等方面,简体字都较繁体字有明显优势,采用简体字可有效减轻儿童的学习负担。由此杨骏如指出,简体字是其时效率最高的汉字,并建议国文科、算术、常识课等,尽量采用简体字教学,主张短期教育、民众教育、强迫识字类教育等都采用简体字。

(2)认为简体字对识字教育帮助有限

也有学者在指出简体字某些问题的基础上认为,简体字对识字教育的帮助有限,进而反对或不提倡教授。

或者认为简体字造成了"二重识字"的问题。懋炎在《论简体字》(1935)③中认为,简体字在减少书写繁难方面效果有限,且造成了"两重生字"的问题。他同时认为,在学习难易度方面,很难说简体字比繁体字容易多少。另外,1935 年 11 月,《国光杂志》上刊发了《对于教育部推行简体字表之意见》④一文,亦认为推行简体字使学子有"二重识字"之苦,且有害于书商和寒士。

或者认为简体字系统性差,不便记忆。之光的《简体字在文字运动中的地位》(1935)⑤认为,简体字的正面效应是便利了书写,而其反面效应则是破坏了汉字的体系性。与之光相似,靖尘在《论教育部推行简体字》(1935)⑥中认为,简体字"漫无标准",系统性差。他进而指出,认识正体字往往可以通过"类推"认识更多字,而识简体字常常导致认识一字而忘记他字。

另外,也有学者从实验统计视角认为,简体字在识字方面并不比繁体字有优势。在《简体字应否强制推行》(1935)⑦中,葛定华通过实际测试指出,初学时笔画少的字确实容易学习,但超过 100 字之后,笔画繁简对于识字速

---

① 杨骏如,《简体字在国语教学上效率的实验》[J],《江苏省小学教师半月刊》,1936 年第 13 期。

② 杨骏如、曹芷清,《估定简体字学习效率的比较实验报告》[J],《实验研究月刊》,1936 年第 8 期。

③ 懋炎,《论简体字》[J],《清华周刊》,1935 年第 11 期。

④ 《对于教育部推行简体字表之意见》[J],《国光杂志》,1935 年第 11 期。

⑤ 之光,《简体字在文字运动中的地位》[J],《新文字半月刊》,1935 年第 3—4 期。

⑥ 靖尘,《论教育部推行简体字》[J],《国光杂志》,1935 年第 11 期。

⑦ 葛定华,《简体字应否强制推行》[N],《华北日报》,1935 年 12 月 15 日。

率便没有了直接影响。另外,他认为"简体字利于平民教育"这种提法未免武断,就《字表》中的 324 字而言,在通行的平民识字课本中不过半数,从而其对于平民识字运动的贡献需要重新评价。同时,他认为已公布的简体字大部分由整体省减而来,从识字过程来看,已识正体者学习简体非常容易,而未识正体者学习简体则较为费力。进行实验研究的还有周学章,他在《繁简字体在学习效率上的实验》(1936)[1]中指出:繁体字比简体字在短时和长时记忆方面都有优势,繁体字在默写方面的正确率也比简体字高。由此周学章认为,繁体字在认识、存留、回忆三方面都比简体字有优势。不过,周学章的此类结论并没有得到其时学者的普遍认可。杨骏如、曹芷清的《估定简体字学习效率的比较实验报告》认为,周学章在实验方法、材料、结论等方面都存在问题,有进一步实验之必要。

2. 简体字与工作效能

《字表》发布后,为了提高工作效能,社会上一些部门便积极推行。比如1935 年 11 月,《河南政治》上刊发告示《一月来之财政:通令各县征收处采用简体字以促进工作效率》(1935)[2],令各县征收处采用简体字,以促进工作效率。另外,以张定华、方治等为代表的学者,对简体字与工作效能的关系问题进行了专题探究。张定华在《简体字与行政效率》(1935)[3]中先考察了古代文字创制、改革与政治之关系,又考察了历代字体变革与行政效能提升的关系,进而认为,用简体字处理文书,可以提高行政效能。方治在《推行简体字与新闻事业》(1936)[4]中指出,推行简体字,利于促进新闻事业发展,是中国文化史上的一大进步。整体来看,其时大多数学者认为,推行简体字有利于提升工作效能。

(五) 简体字与文化传承、学术发展的关系

汉字作为一种文化现象,同时又是中华文化、中华学术的重要载体。由繁体字改为简体字,书写形式发生了变化,其对文化传承、学术发展是否有影响,是正面影响还是负面影响? 对此,民国学者也从《字表》出发进行了讨论。

1. 简体字破坏了中华文化的传承

有学者认为,将繁体字改为简体字,会破坏中华文化传承,影响学术发

---

① 周学章、李爱德,《繁简字体在学习效率上的实验》[J],《教育杂志》,1936 年第 1 期。

② 《一月来之财政:通令各县征收处采用简体字以促进工作效率》[J],《河南政治》,1935 年第 11 期。

③ 张定华,《简体字与行政效率》[J],《行政效率》,1935 年第 5 期。

④ 方治,《推行简体字与新闻事业》[J],《报展》,1936 年纪念刊。

展。柯愈德在《我对于所谓简体字之意见》(1935)①中认为,推行简体字后,容易造成历史文化无法继承的问题。他同时认为,中国的语言文字已通行了数千年,这是历代不易于被外族所同化的原因所在。并举了当时波兰人努力恢复波兰语文、捷克人努力保存波斯米亚语文的例子,进一步阐明其反对简体字的主张。

也有人认为推行简体字后,会将中国文化分为"简体字的文化"和"正体字的文化"两段。发表在《国光杂志》第 11 期上的《对于教育部推行简体字表之意见》(1935)②即持此观点。该文还认为,如此会使汉字失去真义,属于"自毁国粹"。与之相类,署名为"星"的《湖南省主席何键反对推行简体字原文》(1935)③从"教育部"所颁简体字的推行范围出发,认为《字表》的推行事实上造成了"简体字文化"和"正体字文化"两种现象。

2. 简体字同样可以传承文化、发展学术

与上面的看法相反,更多学者认为,简体字与繁体字一样,都可以传承中华文化,都有利于发展学术。概括来看,那些认为简体字会影响文化传承、学术发展的人,所持的理由主要有:担心只认识简体字无法读古书,认为简体字会消灭正体字,简体字与中国文化相背,简体字散失了书法艺术性,等等。对于这类"问题",顾良杰的《吾人对于简体字表应有的认识》(1935)④、鲁儒林的《论采用部颁简体字的必要》(1935)⑤、黎正甫的《简体字之推行与阻力》(1936)⑥以及发表在《中国社会》上的《简体字的反对论》⑦等文章作了回应和辩驳。

"担心推行简体字后,不识繁体字的后辈学生无法阅读古书。"对此,顾良杰在《吾人对于简体字表应有的认识》中认为,学生本身可分为两类,即不再深造者与再深造者。按照《字表》的推行办法,愿意深造者完全可以通过繁简对照表去学习正体字,读古书显然不受影响。此外,黎正甫在《简体字之推行与阻力》中也指出,学生有不同的喜好和不同的能力级别,有兴趣或是能力高的,自然会去学习正体字。《简体字的反对论》认为,推行简体字后,同样会有人认识旧字,就如同现在依然有人认识篆书、隶书一样;而简体字大量通行的时候,完全可以用简体字去翻印古籍,同样也能解决问题。

---

① 柯愈德,《我对于所谓简体字之意见》[J],《中华周刊》,1935 年第 530 期。
② 《对于教育部推行简体字表之意见》[J],《国光杂志》,1935 年第 11 期。
③ 星,《湖南省主席何键反对推行简体字原文》[J],《论语》,1935 年第 77 期。
④ 顾良杰,《吾人对于简体字表应有的认识》[J],《教育杂志》,1935 年第 11 期。
⑤ 鲁儒林,《论采用部颁简体字的必要》[J],《一师半月刊》,1935 年第 39 期。
⑥ 黎正甫,《简体字之推行与阻力》[J],《公教学校》,1936 年第 5 期。
⑦ 《简体字的反对论》[J],《中国社会》,1936 年第 3 期。

"担心推行简体字会消灭正体字,或认为简体字不好看,散失了书法艺术。"顾良杰的《吾人对于简体字表应有的认识》认为,从简体字的推行方案来看,简体字和正体字可并行不悖。《简体字的反对论》认为,除开简体字外,人们照样可以用真、草、篆、隶等写书法,以寻求汉字之美。至于认为简体字会影响文化传承和学术发展的论调,《简体字的反对论》则指出,文字本质上是符号,符号的改变与文化本身无关;如果非说其有关,那么文字是用来促进文化的。鲁儒林在《论采用部颁简体字的必要》中认为,要发展学术,必须要改革中国文字,而简体字的推行,则是一个重要的发端。

另外,也有一些人将正体字视作"正统",而将简体字视作"旁支"。对此,顾良杰的《吾人对于简体字表应有的认识》、黎正甫的《简体字之推行与阻力》等认为,提出这种观点的人思想古旧,毫无理由。

要之,民国学者探究《字表》和简体字问题时采用的方法、切入的视角、秉持的观点等,都给当下和未来的语言文字规范以重要的启示和引导。

三、《字表》与现行规范字的比较

将《字表》字形与现行规范字进行比较,我们能更加深入地认识《字表》所收字的科学性及合理性。这里所说的现行规范字,主要指《简化字总表》《通用规范汉字表》等国家语言文字工作部门发布的字表中的字。

我们对比后发现,《字表》收录的字有三组与现行规范字不对应,即"儘—侭""噹—啴""闚—闱"。《简化字总表》收录了"儘""噹",未收录"闚"字;其中"儘""噹"二字在《简化字总表》《汉语大字典》中均分别简化作"尽""当"。《通用规范汉字表》中,"儘""噹"二字的简化字形与《简化字总表》相同。这样一来,可以跟现行规范字进行一对一比较的实际上只有321个字。

总体来看,《字表》与现行规范字的异同关系有两种情况:一,完全相同;二,有差异。与现行规范字相比,有差异的一类字可进一步分为两种情况:其一,笔画层面的细微差异;其二,结构或部件层面的显著差异。下面我们就这些情况分别讨论之。

第一类,与现行规范字完全相同。《字表》收录的字,与现行规范字完全相同的有209个,占到所收字总数的64.5%。具体如下:

罢、阀、杀、压、价、虾、袜、挂、画、罗、啰、逻、箩、过、个、蛰、这、热、协、乐、学、执、师、狮、时、实、势、辞、尔、迩、医、仪、蚁、义、异、闭、弥、籴、拟、离、礼、厉、励、机、启、气、弃、戏、碍、摆、迈、台、抬、柏、盖、斋、筛、晒、才、伧、狯、桧、怀、帅、类、为、伪、对、归、柜、会、烩、虽、岁、无、独、炉、庐、沪、烛、嘱、属、数、钦、与、誉、屡、举、惧、趋、宝、祷、涛、闹、劳、号、枣、灶、庙、条、巢、矫、乔、侨、桥、头、娄、楼、皱、昼、俦、筹、寿、邹、犹、刘、旧、办、蛮、胆、担、摊、滩、瘫、坛、坨、难、赶、毡、战、蚕、岩、艳、边、变、点、联、怜、恋、间、坚、艰、迁、闲、弯、万、断、乱、欢、还、环、园、远、权、劝、选、门、们、闷、坟、恳、陈、阴、隐、宾、滨、殡、闽、临、尽、烬、亲、衅、闻、问、闱、孙、韵、逊、帮、当、党、挡、尝、丧、阳、痒、粮、庄、床、双、丰、凤、灯、称、声、圣、应、营、蝇、听、灵、东、冻、众、虫、荣、从、穷。

从上面的数据可知,《字表》中近乎三分之二的字在今天被视作规范字,这说明《字表》的编选是比较科学的,其价值需要得到肯定。

第二类,与现行规范字有差异。《字表》中的字同现行规范字有差异的共有 112 例,占《字表》收字总数的 34.5%。这些差异可进一步分为下面两类。①

（一）与现行规范字相比,存在点画层面的细微差异。这类差异多是由于书写所致,共有 9 例。比如"**发**—发""**拨**—拨""**窃**—窃""**惩**—惩"等。

（二）与现行规范字相比,存在结构或部件层面的显著差异。这类字在《字表》中所占比例较高,共有 103 例。该种差异又可分为两类：

1.《字表》中的字比现行规范字要简。现行规范字未作进一步简化,即在规范字表范围内,不存在简繁对应关系。这类字共有 13 例。比如"答—荅""覆—覂""儒—仒""卒—卆""貌—皃"等。

2.《字表》中的字比现行规范字要繁。现行规范字与《字表》中的字均有繁简对应体,但其在简化方法等方面存在差异。其一,简化方法不同；其二,简化方法相同,但或选用的替代形体不同,或没有进一步类推简化,或替代形体不同且没有进一步类推简化。

（1）简化方法不同。这类共有 21 例。比如"**劃**—划""戠—职""处—处""鬥—斗""**钱**—钱"等。汉字在其发展过程中,有多种简化方法,不同的简化方法常会造成写法不同的简体字,从而进行简体字整理时便存在多种选择的可能性。

（2）简化方法相同,但有的是所选用的替代形体不同,有的是没有进一步类推简化,还有的是替代形体不同且未进一步类推简化。

A. 所选用的替代形体不同。共有 40 例。比如杂—杂；亚—亚,哑—哑、恶—恶；国—国,帼—帼；齐—齐,挤—挤、剂—剂、济—济、侪—侪等。

----

① 就这里的分类而言,还可以从简化的程度来分,但该角度实际操作起来标准不好掌握,故暂且如此为之。

B. 未进一步类推简化。共 22 例。比如锣—锣、鉄—铁、鍾—钟；覚—
觉、搅—搅、覧—览、覌—观；質—质、賛—赞、勛—勋、賍—赃等。

C. 所选用的替代形体不同，同时也没有进一步类推简化。共 7 例：
譲—读、賟—赎、續—续、駆—驱、謳—讴、練—练、**賬**—账。

从上面对《字表》所收简体字与当今规范字形的比较来看，二者有同亦
有异。其同主要有以下两个方面的原因。首先，两者都坚持从文字使用主
体角度出发，选取或整理字形时，注重形体的易识、易记、易写等特点。《字
表》所收的简体字大都是历代文献中出现过的字，现行规范字在选定时，核
心成分也是历代文献中出现过的字。其次，两者都是由专家学者先提出草
案，之后征求各方面意见，经过多次审定后由官方发布。

其间存在差异之缘由，首先体现在整理原则上。《字表》坚持"述而不
作"的原则，选择了其时社会上较为通行的简体字；而现行规范字则"述中有
作"，除基本采用社会上通行已久的简体字外，还利用偏旁类推法简化了一
批字。这种类推处理，一方面扩大了简体字的范围，同时又保持了汉字的系
统性，比如"馿—驴""驕—骄""葯—药""綉—绣"等。其次，《字表》更多虑
及民众使用的简便，而现行规范字在考虑民众使用简便性的同时，也考虑了
文字符号的区别度，故而存在像"荅—苔""覆—覄""儒—伩"这样的差异。
第三，《字表》在选取字形时，如果碰到草书体，常常保留草书体的写法；而现
行规范字则将其全都楷化，从而维护了现行楷字的统一性，比如"**长**—长"
"**怅**—张""**场**—场""**肠**—肠"等。

四、《字表》的历史地位及启示

作为历史上第一个由官方发布的"简体字表"，《字表》在我国语言文字
史上具有里程碑意义。而就《字表》本身而言，其研制原则、研制过程、推行
实施等都给当下的语言文字规范工作以相当启发。

（一）《字表》的历史功绩

虽然《字表》发布半年后就被收回了，但它仍具有重要的历史价值和现
实意义。具体表现如下：

其一，《字表》在对此前汉字简化成果进行清理的同时又拉开了其后汉
字简化的大幕。虽然第一批发布的只有 324 个字，但第一草案收录的简体
字有 2 300 多个，第二草案收录的也有 1 200 多个。又因《字表》是以"述而
不作"的原则选择了社会上比较通行的简体字，从而这些字无论在文人学士
还是一般民众中间，都有广泛基础。这种整理工作为其后的汉字简化提供
了许多参考字形。

其二,《字表》的发布及推行客观上为汉字的系统性简化扫除了不少障碍。《字表》一方面为后世简化字的顺利推行奠定了一定"思想"基础,另一方面也为之后的汉字简化提供了一定"物质"保障。《字表》发布后,不少出版物都逐渐采用简体字,从而使用简体字这一历史大势越发显现了出来。

其三,《字表》研制环节为其后的汉字整理及规范提供了一定实践参考。《字表》的研制总体上遵照循序渐进的原则分批进行,具体研制步骤为《字表》的科学性提供了一定程序保障。另外,《字表》所附的"说明"一方面交代了《字表》选字的具体原则,另一方面也易于让世人了解《字表》处理某些容易引起争议现象之原因,从而使得《字表》的推行更加顺畅。比如对于偏旁"言、鸟、马、糸、辶、走"等不作进一步简化所给的说明。语言文字是社会的产物,让民众易于接受的其中一种做法便是尽可能详细地解释某些容易引起误解的问题。《字表》在这方面做得比较到位,对当下的语言文字规范工作而言,具有借鉴意义。

（二）《字表》的历史局限

作为第一次相对系统的简体字整理,《字表》也显示出诸多不足。具体如下:

首先,《字表》以"述而不作"为收字的基本原则,其重要意图是将社会大众对简体字的负面情绪降到最低,以使《字表》易于被接受和推行。但由于其时已有的简体字多是经单个简化而成,在前述整理思路下,容易造成《字表》所收字在形体结构上出现严重不规律的情况。而如果大量新造"成系统"的简体字,在接受和推行上亦会有各种困难。对于此种现象,民国学者将其提炼为:是"坚守"传统,还是"谋现在的适用不适用,不必管古人的精意不精意"①。从理论层面来看,这类问题本质上乃是如何看待及处理"约定俗成"与"系统类推"的关系问题,是语言文字规范工作中的一个经典论题。显然,《字表》未能很好地处理这一矛盾体。

其次,由于《字表》只收录了 324 个字,远远无法满足当时社会生活之需要,再加上推行时更多限于学校教学,而实际生活领域却较少涉及,从而事实上造成了"所学非所用""此学彼不用"的结果。这也是《字表》被"停止"推行的重要原因所在。由此可知,满足特定社会之用字需求是衡量"规范字集"收字数量、推行范围的重要标准。

再次,从汉字发展的历史看待简体字,通过追本溯源以考察其存在的合理性,通过文字演变的普遍规律看待汉字简化、看待汉字规范,是一种客观

---

① 钱玄同,《减省现行汉字的笔画案》[J],《国语月刊》,1922 年第 7 期。

而严谨的态度。论及简体字究竟是否值得推行,关键看其实际价值。采用系统的实验、精确的测算、客观的数据,以确定其推行价值,是一种科学的研究方法。简体字能否传承中华文化,不能仅从简体字本身分析,需要跳出汉字,考察文字符号与语言符号的关系问题。《字表》发布后,教育部门未能及时对这类疑问作出很好的回应,这也是《字表》被废止的原因之一。

本 章 小 结

目前我们搜集到晚清民国时期汉字简化的形体成果 22 种,这些成果在汉字简化史上具有重要的资料价值和理论意义。它既是这一时期学者们对字形简化实践的全面总结,也是新中国成立后汉字系统性简化工作的重要依据。总体来看,该时期学者们在整理字形简化成果时,表现出以下四个方面的特征:

其一,从多个角度搜集汉字简化的形体成果,主要涉及"简体字"类、"俗字"类、"手头字"类、"合体简字"类四种。由此可知,其时学者对汉字简化这一主题有不同的看法,不过他们的共同目标是追求字形简化,以便使汉字更好地发挥其社会职能。其二,整理字形简化成果时,大多学者遵循"述而不作"的原则,他们往往会归纳出一些整理规则。比如胡怀琛在《简易字说》中拟出了采选简易字的三条标准;杜定友在《圕编目用简字标准字表》中拟出了编排字表的条例,其中与汉字简化相关的有两条;章荣在《简字的价值及应用之试验研究》中提出了选定简字的四条标准,等等。这样的做法较具科学性,因为有了相对统一的规则后,便可按照规则去辑录简化形体,从而保证了一定范围内形体上的系统性。其三,字形简化成果基本以"繁简对照"的模式呈现。此种展示模式对于简化成果的推行较为有利,因为一开始推行简体字时,人们需要跟相应的繁体字进行比照。其四,逐渐萌生了"类推"简化的思想,并事实上进行了一些"类推"简化实践。比如胡怀琛在《简易字说》中谈"新造"简体字问题时举的例子:"廣"的简体作"广",新造的"扩""矿"分别是"擴""礦"的简体;"蠭"的简体作"蜂","蝱"的简体作"虻",从而"蟊"可新拟作"虸"。从操作过程来看,这里胡怀琛虽然没有明确提出"类推"简化这一概念,但事实上有了"类推"简化的行为。又比如杜定友《图书馆用简体字表》中的《简母表》,在母字下附了作为构字部件用的单字,更是展现出非常明显的"类推简化"思想。

总之,晚清民国学者搜集的字形简化成果,辑录字形时的思路、方法、步骤,以及简化形体的展示模式等,都为后世的汉字简化工作打下了重要基础。

第五章 晚清民国时期汉字 简化的推行力量

晚清民国时期的汉字简化工作具有"承前启后"的历史意义。一方面，其时学者对汉字中固有的简易形体进行了搜集和整理，探究了遵循汉字趋简的自然规律与进行人为简化相结合的必要性及可行性。另一方面，该时期的汉字简化运动又为 20 世纪 50 年代开展的系统简化工作，在理论和实践层面都打下了一定基础。整体来看，晚清民国时期的汉字简化运动，是多种力量共同作用的结果；其中既有民间力量，也有政府行为，亦与外国文字及其改革有显著关系。就具体推行力量而论，该时段汉字简化运动的发展与钱玄同、黎锦熙二人紧密相关，他们既是思想的引导者，也是实践的推动者。①

第一节 汉字简化的推力类型

19 世纪末 20 世纪初，中国处在一个历史变革时期，其时国家积贫积弱，仁人志士不断探索革新的途径和方法。其中一种观点认为，汉字形体繁难、数量众多，阻碍了社会的发展，故而有学者将目光聚焦到了汉字改革上。吴稚晖的《评前行君之"中国新语凡例"》（1908）②、陆费逵的《普通教育当采用俗体字》（1909）③、钱玄同的《中国今后之文字问题》（1918）④等均由此而成。综合来看，其时的汉字简化工作是在内部需求与外部因素的综合作用

---

① 按，该章的部分内容此前已发表，此次收入时作了修改和增补。详见孙建伟，《钱玄同对汉字简化的理论阐述及实践推进》[J]，《宁夏大学学报》（人文社会科学版），2021 年第 3 期；孙建伟，《黎锦熙汉字简化的理论与实践》[J]，《汉字汉语研究》，2021 年第 4 期。

② 吴稚晖，《评前行君之"中国新语凡例"》[J]，《新世纪》，1908 年第 4 期。

③ 陆费逵，《普通教育当采用俗体字》[J]，《教育杂志》，1909 年第 1 期。

④ 钱玄同，《中国今后之文字问题》[J]，《新青年》，1918 年第 4 期。

下逐步推进的。其推力重点包括以下三种：民间力量，政府行为，外国文字及其改革的影响。

一、民间力量促进汉字简化

晚清民国时期汉字简化的重要推力之一是民间力量，他们先于政府行为而存在，且持续时间更为长久，为民国政府的短暂性汉字简化行为及新中国成立后的系统性汉字简化工作在理论和实践层面都打下了一定基础。整体来看，其时学者对于汉字简化发展的推动集中表现在两个方面：或者从理论层面赞成、支持汉字简化、采用简体字，或者从实践层面进行汉字简化工作、整理简体字表、推广简体字。上面两种行为都是在或认可，或质疑，或反对"用拼音文字替代汉字"的背景下进行的。该时期民间力量对汉字简化的推动可归纳为"方向确立—理论构建—理论与实践并行—理论总结"这样的发展轨迹。

晚清民国时期，对汉字进行简化这一指导方向是学者们在不断摸索中逐步确立的。早在 1891 年，康有为便在《新学伪经考》卷三下《〈汉书·艺文志〉辨伪》中指出："凡文字之先必繁，其变也必简，故篆繁而隶简，楷真繁而行草简。人事趋于巧便，此天智之自然也。"[①]这里康有为从汉字形体发展的总体特征出发，指出"由繁到简"的总趋势，为该时期关于汉字形体发展演变的代表性观点之一。不过在对汉字本身进行改简之前，其时学者尝试了采用拼音"简字"的方法。1892 年至 1913 年间，其时学者创造了 28 套"简字"拼音字母系统，但这种用骤然而成的拼音符号替代汉字、记录和表达汉语的做法，其失败是在预料之中的。随着"简字"创制工作的不断推进，其时学者也针对"简字"应否推行、如何推行、其优缺点等问题，展开了较为细致的探求与剖析。典型的如 1909 年都鸿藻的《简字利弊说》(1—2)[②]、1910年《宪志日刊》上刊发的《论简字与汉字汉语之关系因及其利害》(1—6)[③]等，这类讨论为汉字形体简化思想及简化行为的产生作了进一步铺垫。

由于拼音"简字"先天不足，故而在"简字"之风大盛的同时，吴稚晖、陆费逵等人即对"简字"法提出质疑，进而主张从汉字本身进行改良。典型成果有吴稚晖的《评前行君之"中国新语凡例"》(1908)[④]、陆费逵的《普通教

---

① 康有为，《新学伪经考》[M]，北京：三联书店，1998 年，第 108 页。
② 都鸿藻，《简字利弊说》(1—2)[J]，《浙江教育官报》，1909 年第 8—9 期。
③ 《论简字与汉字汉语之关系因及其利害》(1—6)[N]，《宪志日刊》，1910 年 11 月 10—16日。
④ 吴稚晖，《评前行君之"中国新语凡例"》[J]，《新世纪》，1908 年第 4 期。

育当采用俗体字》(1909)①及《答沈君友卿论采用俗字》(1909)②、李思纯的《汉字与今后的中国文字》(1920)③等。对于拼音"简字",他们都认为应该持审慎态度;对于汉字之改造,他们或者认为可以对字形进行简化,或者认为可以采用社会上已经存在的简易形体。

虽然其时主流思想认为汉字终将被废除,需以拼音文字替代之,但这种根本性质的变革非朝夕间可以完成。故而以陆费逵、胡怀琛、杜子劲、贾尹耕④、陈光尧等为代表的学者逐渐将视线聚焦到汉字形体本身,他们在摸索中进一步明确了"简化字形"这一改革方向,并初步构建了汉字简化的理论框架。

1920 年,钱玄同在《减省汉字笔画底提议》⑤中拟出了搜集固有形体的八种方法。至 1922 年,他又在《汉字革命》⑥中对沈学、卢戆章、蔡锡勇、劳乃宣、王照等人的观点进行了批驳,认为在汉字改为拼音字母的"筹备"期内,对于汉字的补救办法有:写"破体字",写"白字"。同年,钱氏在《减省现行汉字的笔画案》⑦中转录了他此前归纳出的八种方法。自钱玄同归纳出搜采减省汉字形体的八条规则之后,其时学者大都提出了类似的整理办法,相关成果集中收录在《国语月刊·汉字改革号》⑧中。

与钱氏相似,陆费逵在《整理汉字的意见》(1922)中提出了"限定通俗字的范围,减少笔画"的思路。胡适在《〈国学月刊·汉字改革号〉卷头言:用历史的眼光说明简笔字的价值》⑨中主张采用"破体字"。此外,卢自然的《汉字改革的我见》(1923)⑩、陈光尧的《中国文字趋简的历史观》(1927)⑪、《国语罗马字与简字》(1929)⑫及《介绍简易字说》(1931)⑬、杨端六的《改革汉字的一个提议》(1928)⑭、陈登皞的《中国文字改革的具体方针》(1928)⑮、

①　陆费逵,《普通教育当采用俗体字》[J],《教育杂志》,1909 年第 1 期。

②　陆费逵,《答沈君友卿论采用俗字》[J],《教育杂志》,1909 年第 3 期。

③　李思纯,《汉字与今后的中国文字》[J],《少年中国》,1920 年第 12 期。

④　按,贾尹耕即罗常培。罗常培,字莘田,号恬庵,笔名贾尹耕。

⑤　钱玄同,《减省汉字笔画底提议》[J],《新青年》,1920 年第 3 期。

⑥　钱玄同,《汉字革命》[J],《国语月刊》,1922 年第 7 期。

⑦　钱玄同,《减省现行汉字的笔画案》[J],《国语月刊》,1922 年第 7 期。

⑧　《国语月刊·汉字改革号》[C],1922 年第 7 期。

⑨　胡适,《〈国学月刊·汉字改革号〉卷头言:用历史的眼光说明简笔字的价值》[J],《国语月刊》,1922 年第 7 期。

⑩　卢自然,《汉字改革的我见》[J],《国语月刊》,1923 年第 12 期。

⑪　陈光尧,《中国文字趋简的历史观》[N],《民国日报·觉悟》,1927 年 10 月 10 日。

⑫　陈光尧,《国语罗马字与简字》[J],《河南教育》,1929 年第 18 期。

⑬　陈光尧,《介绍简易字说》[J],《教育与民众》,1931 年第 1 期。

⑭　杨端六,《改革汉字的一个提议》[J],《现代评论》,1928 年第 194 期。

⑮　陈登皞,《中国文字改革的具体方针》[N],《京报副刊》,1928 年 9 月 10—11 日。

薇芬的《中国文字改革的管见》(1928)①、吴健民的《谈谈文字的改革》(1928)②、李从之的《简字的研究和推行方法的拟议》(1930)③、贾尹耕的《注音符号公布前之简字运动(1—8)》(1932)④等,对汉字的改革理念、改革思路、简化方案、简化步骤等进行了阶段性总结讨论。

　　随着理论探究的逐步深入,其时学者对汉字简化的推进由"理论构建"发展到了"理论与实践并行"的阶段。他们在推动汉字简化相关理论问题进一步深入的同时,或整理出简体字表,或汇聚某些时段汉字简化的相关成果。

　　自1927年陈光尧的尝试性改简始,民国学者整理出的各类"简体字表"有近20种,基本以"繁简对照"的模式进行展示。从名称来看,主要有"简体字""俗字""手头字""合体简字"四类。1927年,陈光尧在《简字举例:以简字改写〈大学〉经文全章》⑤中主张将笔画数多的字先改简,并用"简字"改写了《大学》经文。这是目前可见的民国时期通篇用简体字进行书写的最早文献,该时段其他"简体字表"则多采用"繁简对照"的模式进行展示。

　　1928年,胡怀琛在《简易字说》⑥中将他认为可以采纳的简易字汇分为了九类:删繁为简的字,化繁为简的字,加偏旁的字,改偏旁的字,借用外国字,译音字,译音兼译义字,并合字,删改并合字。每类他都列了整理出的简易字,其中"删繁为简"类收录"简易字"80个,"化繁为简"类收录"简易字"201个。1930年,刘复、李家瑞编著的《宋元以来俗字谱》⑦搜集了《古列女传》《全相三国志平话》等12种书中的简易俗字1 604组,6 240个⑧。1932年,杜定友在《"圕"新字之商榷》(第三次)⑨中辑录了25个复音字。1933年,曲元在《俗字方案》⑩中搜集了报纸、杂志上常见的简易俗字300个。⑪

① 薇芬,《中国文字改革的管见》[N],《京报副刊》,1928年9月13—14日。
② 吴健民,《谈谈文字的改革》[N],《京报副刊》,1928年11月24日。
③ 李从之,《简字的研究和推行方法的拟议》[J],《教育与民众》,1930年第3期。
④ 贾尹耕,《注音符号公布前之简字运动(1—8)》[J],《国语周刊》,1932年第44—48期、第53—55期。
⑤ 陈光尧,《简字举例:以简字改写〈大学〉经文全章》[J],《语丝》,1927年第140期。
⑥ 胡怀琛,《简易字说》[M],上海:商务印书馆,1928年。
⑦ 刘复、李家瑞,《宋元以来俗字谱》[M],北京:中央研究院历史语言研究所,1930年。
⑧ 中国大百科全书编辑部,《中国大百科全书·语言文字》[M],北京:中国大百科全书出版社,1988年,第374页。
⑨ 杜定友,《"圕"新字之商榷》(第三次)[J],《图书馆学季刊》,1932年第2期。
⑩ 曲元,《俗字方案》[J],《论语》,1933年第31期。
⑪ 按,若依据实际繁简关系计算,共有386组。

　　1934 年,学者们整理出的形体简化实践类成果达到了第一个高峰。1 月,"浙江省立严州初中附小"在《简体字的研究》①中搜集了《国语学生字典》《学生国语字典》《学生词典》《简体字调查表》中的简体字 586 个,并将其编订为《简体字与正体字笔画对照表》。同月,杜定友在《圕编目用简字标准字表》②中选取了 400 多个简字,以为图书编目所用。2 月,陈光尧的《简字九百个》③从《中华简字表》中摘录出了 914 个简字,其中附有"合体字"18 个;从形式来看,这是一个典型的繁简字对照表。3 月,刘德瑞在《讲义上正俗字之商榷》④中将日常通用的俗写字搜集起来,连同正字按组排列,共计收录繁简字 150 组。7 月,徐则敏的《550 俗字表》⑤发表,他调查了古今各家整理的俗字集,主要有龙光甸的《字学举隅》、夏曰璱的《字系》、徐原古的《字学辨释》、刘复的《宋元以来俗字谱》、胡怀琛《简易字说》;在上面基础上,徐则敏共搜集到俗体简字 2 500 个,并将其命名为《常用简字研究》,最终选录了 550 个应用较普遍的俗字,以简体字、繁体字分表排列的形式进行了展示。

　　1935 年至 1936 年间,亦有不少学者整理出了简体字集。1935 年 3 月,"手头字推行会"的《推行手头字缘起》⑥发布了《手头字第一期字汇》,其中收录"手头字"300 个。7 月,章荣的《简字的价值及应用之试验研究》⑦挑选出 248 个简字,以繁简字对照的模式进行了展示。12 月,杜定友在《图书馆用简体字表》⑧中展示了他编著的《简字标准字表》,共计收录简体字 400 余个,加上简体部首,总数 1 000 余字。1936 年 3 月,"字体研究会"在《"合体简字"说明》⑨中提取出了容易合在一起书写的"合体字"共计 120 个,这是该时期"合体简字"类形体成果的集大成。6 月,陈光尧在《常用简字表》⑩中列出了"通用字表"原文 3 418 个,"简体字表"简字 3 150 个。12 月,容庚以《平民字典》所收 4 440 字为准,编制了《简体字典》⑪,其中收录的简体字大都是"简笔字"和"连笔字"。

---

①　浙江省立严州初中附小,《简体字的研究》[J],《浙江教育行政周刊》,1934 年第 20 期。
②　杜定友,《圕编目用简字标准字表》[M],中国图书服务社,1934 年。
③　陈光尧,《简字九百个》[J],《论语》,1934 年第 34 期。
④　刘德瑞,《讲义上正俗字之商榷》[J],《小学问题》,1934 年第 7 期。
⑤　徐则敏,《550 俗字表》[J],《论语》,1934 年第 43—45 期。
⑥　《推行手头字缘起》[J],《生活教育》,1935 年第 1 期。
⑦　章荣,《简字的价值及应用之试验研究》[J],《中华教育界》,1935 年第 1 期。
⑧　杜定友,《图书馆用简体字表》[J],《工读周刊》,1935 年第 1 期。
⑨　字体研究会,《"合体简字"说明》[J],《国立北平研究院院务汇报》,1936 年第 2 期。
⑩　陈光尧,《常用简字表》[M],上海:北新书局,1936 年。
⑪　容庚,《简体字典》[M],哈佛燕京学社,1936 年。

至 1940 年,沃连恩在《798 个汉字简化表草案》①中收录了繁简字 798组,所收字均按部首排列。1943 年,柏寒在《有根据的简笔字》②中搜集了38 个有根据的"古雅"简笔字。1946 年,曹伯韩的《简体字的检讨》③从《说文解字》中挑选出了一些形体简单的古体字,共计 215 个。

其时学者对汉字简化问题的实践推进又表现为以"月谱""年谱""论集"等形式展示某些时段汉字简化发展的过程及成果。1929 年,杜子劲在《中国新文字问题月谱(国语运动文献调查)》④中按月梳理了 1928 年至1929 年间汉字简化的进展,主要包括发生的事件、发布的报告、发表的论著等。杜子劲的同类成果还有《最近五年来的中国新文字问题(1926—1930)》(1931)⑤、《中国新文字问题月谱(1930—1932)》(1933)⑥、《中国新文字问题月谱(1933)》(1934)⑦及《中国新文字问题月谱补》(1934)⑧。至1936 年,他又在《简体字年谱》⑨中梳理了 1909 年至 1935 年间汉字简化的重要事件及成果。此外,1929 年 9 月,河南教育厅编辑的《中国新文字问题讨论集》⑩收录了薇芬、企重、李作人等关于汉字简化的成果 17 篇。而陈光尧也整理了其时汉字简化的理论及实践性成果及其个人汉字改简的成果,比如《关系简字书籍举要》(1930)⑪、《简字论集》(1931)⑫、《简字论集续集》(1933)⑬等。

民国学者个人对汉字简化发展的推进与民国政府的汉字简化工作有显著关联性。随着《第一批简体字表》的发布与被"收回",其时学者个人对汉字简化的推进又表现为从整体上进行反思或总结,由理论与实践并行转向了以理论总结与反思为主。从研究内容来看,学者们的理论总结有的是对汉字未来道路进行再讨论,有的是对晚清以来的汉字改革及简化运动进行

---

① 沃连恩,《798 个汉字简化表草案》[J],《中国牙科月刊》,1940 年第 1 期。

② 柏寒,《有根据的简笔字》[J],《国文杂志》,1943 年第 4—5 期。

③ 曹伯韩,《简体字的检讨》[J],《桂林师范学院丛刊》,1946 年创刊号。

④ 杜子劲,《中国新文字问题月谱(国语运动文献调查)》[J],《国语旬刊》,1929 年第 9 期。

⑤ 杜子劲,《最近五年来的中国新文字问题(1926—1930)》[J],《国语周刊》,1931 年第 4—7 期。

⑥ 杜子劲,《中国新文字问题月谱(1930—1932)》[J],《国语周刊》,1933 年第 76 期、第78 期。

⑦ 杜子劲,《中国新文字问题月谱(1933)》[J],《国语周刊》,1934 年第 135 期。

⑧ 杜子劲,《中国新文字问题月谱补》[J],《国语周刊》,1934 年第 139 期。

⑨ 杜子劲,《简体字年谱》[J],《山东民众教育月刊》,1936 年第 3 期。

⑩ 河南教育厅,《中国新文字问题讨论集》[C],河南教育厅编辑处,1929 年。

⑪ 陈光尧,《关系简字书籍举要》[J],《图书馆学季刊》,1930 年第 1 期。

⑫ 陈光尧,《简字论集》[C],上海:商务印书馆,1931 年。

⑬ 陈光尧,《简字论集续集》[C],上海:启明学社,1933 年。

总结。

对于汉字的未来,其时学者主要有两种看法。或认为应该彻底走拼音化道路,代表性成果有萧迪忱的《汉字改革问题的回顾和展望》(1935)①、达牛的《从汉字改革运动说到中国的前途》(1936)②等。或认为应该继续推行简体字,比如陈光尧的《简字运动概说》(1938)③、张世禄的《汉字的特性与简化问题》(1946)④等。

而童振华的《中国文字的演变》(1937)⑤、史存直的《中国文字改革运动的过去和现在》(1947)⑥、吴一心的《中国文字改革运动之史的综述》(1947)⑦等,重点对晚清以来的汉字改革及简化运动进行了总结。此外,1936年郭挹清在《手头字概论》⑧中对"手头字"相关问题进行了总结性讨论。

整体来看,民间力量是晚清民国时期汉字简化发展的基础性推动力量,其对汉字简化问题的研究及推进呈现出如下特征:参与学者众多,所涉主题丰富,研究方法多样,观点不乏先进性。

二、政府行为推进汉字简化

其时汉字简化的另一种推力是政府行为。民国时期,汉字简化的发展与民国政府的推进亦有直接关系,这是中国历史上第一次由官方组织的汉字简化行为,其直接成果是民国政府教育部于1935年8月颁布的《第一批简体字表》,收录简体字324个。虽然该《字表》在1936年2月被责令"暂缓推行",但其历史影响及价值却是深远的、持久的。作为历史上首个由官方发布的简体字表,它对汉字形体的演变产生了深刻冲击,不断改变着字形在人们脑海中的固有形象,在当时引发了社会众多领域的激烈争论,开启了汉字简化的新篇章。

如前所论,早期更多是学者们自发进行汉字简化,相关成果并没有在全社会产生广泛影响,也未有效解决其时社会通用领域的汉字应用问题,比如教育教学领域、出版印刷领域普遍存在的汉字难写、难记、难识、难读等问

---

① 萧迪忱,《汉字改革问题的回顾和展望》[J],《山东民众教育月刊》,1935年第7期。
② 达牛,《从汉字改革运动说到中国的前途》[J],《人文》,1936年第8期。
③ 陈光尧,《简字运动概说》[J],《今论衡》,1938年第2期。
④ 张世禄,《汉字的特性与简化问题》[J],《客观》,1946年第18期。
⑤ 童振华,《中国文字的演变》[M],上海:生活书店,1937年,第144页。
⑥ 史存直,《中国文字改革运动的过去和现在》[J],《中华教育界》,1947年复刊第4期。
⑦ 吴一心,《中国文字改革运动之史的综述》[J],《中华教育界》,1947年复刊第8期。
⑧ 郭挹清,《手头字概论》[M],上海:天马书店,1936年。

题。随着教育普及、国语统一等现实需求的不断增强,1919 年 4 月,民国政府教育部门组织成立了推行国语的机构"国语统一筹备会",主要负责编辑国语书刊、撰拟刊布国语宣传品、征集审查国语读物等工作。

1922 年 8 月,在"国语统一筹备会"第四次大会上,钱玄同等提出了《减省现行汉字的笔画案》①,该提案认为改用拼音是"治本"的方法,简省现行汉字的笔画是"治标"的方法,并认为"治标的办法"是其时最切要的做法。该文进而从汉字发展的历史指出,简省汉字笔画的行为是顺着自然趋势而为的,同时否定了汉字是"象形文字"的提法。钱氏同时指出,历史上就有简省笔画的情况,"数千年来,汉字的字体是时时刻刻在那儿被减省的"。此外,钱氏还总结出了简省汉字笔画的八种方法。钱氏的提案获得此次会议通过,同时成立了"汉字省体委员会",由张一麐任主席,钱玄同、黎锦熙、沈兼士等 15 人任委员。如苏培成所言,"汉字省体委员会"的成立标志着"汉字简化已由学者的提倡变为政府要考虑解决的问题"。② 不过在汉字形体简化方面,"汉字省体委员会"并无明显的实质性成绩。

1928 年 12 月,民国政府教育部将"国语统一筹备会"改组为"国语统一筹备委员会",由吴敬恒任主席,钱玄同、黎锦熙等 7 人任常务委员,蔡元培、李步青、刘复等 31 人任委员。期间该委员会亦无汉字简化的具体行为。至 1932 年 5 月,"国语统一筹备委员会"编制了《国音常用字汇》③,收录了宋元以来的不少常用简体字,比如"罷—罢""辦—办""幫—帮""歡—欢""還—还"等。这是民国政府部门推进汉字简化工作时比较早期的成果之一,不过其中的简体字未单独整理出来,其影响较为有限。

尽管如此,义务教育与民众教育普及效果不明显的重要原因之一是字体繁复。故而当时大凡谈教育普及者,多主张选择最通行的一种字体应用于教育。1928 年 5 月民国教育部召集的"第一次全国教育会议"就提议过,之后学术界研究文字改革的人士提出了推行简体字的计划,他们遂将该提议提交"国语统一筹备委员会"审议,委员会认为字体改简利于教育普及、文化发展,非常具有紧迫性,遂制定了字体改简的计划。④

到了 1934 年,民国政府推行的汉字简化工作终于有了明显进展。在

① 钱玄同,《减省现行汉字的笔画案》[J],《国语月刊》,1922 年第 7 期。
② 苏培成,《二十世纪的现代汉字研究》[M],太原:书海出版社,2001 年,第 188 页。
③ 《国音常用字汇》,原名《国音字典》,1920 年初版;1928 年由"国语统一筹备委员会"重修,改编为《国音常用字汇》,其中收录了不少宋元以来的通俗简体字。见国语统一筹备委员会编《国音常用字汇》,上海:商务印书馆,1932 年。
④ 《第一批简体字表》[N],《中央日报》,1935 年 8 月 21 日。

"国语统一筹备委员会"第 29 次常委会上,钱玄同又提出了《搜采固有而较适用的简体字案》①。该提案中钱氏首先讨论了采用简体字的理由,指出陈光尧研制的"简字"、卓定谋提倡的"章草"、容庚采用古今笔画简易的字体印写的《颂斋吉金图录》等,都是简体字推行的实践成果。钱氏认为,简体字不仅适用于平民教育,在小学、中学教育中也应推行。他进而指出,要普及简体字,就需要首先规定简体字的写法,从而需要搜采固有而较适用的简体字作为素材;有了标准体,就可以用其偏旁组织新的"配合";若还不够,便可用这些形体造新的简体字。之后,钱氏归纳出了故有简体字可取材的六类。此外钱氏等人还提议,他们制定的简体字由教育部颁行,由商务印书馆、中华书局等大型书店制造铜模铅字,从学校教科书开始推行,逐渐过渡到新书新报,翻印古籍也应一律改用简体字。钱氏等的这一提案获得通过后,经民国政府教育部批准,由钱玄同负责搜集编印简体字,之后再由"委员会"选定。②

1935 年 6 月中旬,钱玄同依据"述而不作"的原则主持编订了《简体字谱》,收录简体字 2 400 多个,这是"第一次草案"。之后"委员会"遂召集黎锦熙、汪怡、赵元任等人对《字谱》逐字进行审查,选定了 2 340 多字;继而从最适用且便于铸造铜模的角度,又选定了 1 200 多字,这是"第二次草案"。其后经各方讨论、甄选,并经"社会教育司"详加研究审查,且征询钱玄同、黎锦熙等人的意见后,又召集部内各相关方重新整理,即正式发布的《第一批简体字表》。由此可知,《字表》是经过多次慎重讨论后才发布的。

《字表》发布后,其时学者对《字表》本身及汉字简化、简体字的推行、简体字的记录功能等展开了激烈讨论。相关讨论集中于以下一些论题:《字表》本身的问题,比如所收简体字合理与否,推行方法科学与否等;与《字表》及所收简体字直接相关的问题,比如汉字简化及简体字的历史观,简体字与识字教育、工作效能的关系,简体字与文化传承、学术发展的关系等。

概括而论,其时学者对《字表》及汉字简化的总体看法可概括如下:其一,其时学者大都认可简体字,认为它是汉字发展演变的自然结果,并从多个视角进行了阐述。或回溯汉字发生、发展的历史,分析世界文字演变的普遍规律,揭示简体字产生的必然性;或将其时的不同简体字表进行类比,阐明简体字存在的科学性;或从文字的功能视角出发,论证简体字行用的必要

---

① 钱玄同,《搜采固有而较适用的简体字案》[J],《国语周刊》,1934 年第 123 期。
② 见《民国二十三年一月七日国语统一筹备委员会第二十九次常务委员会的决议案》[J],《国语周刊》,1934 年第 123 期。

性。其二,简字体与繁体字最显著的区别在于笔画之多寡,相对"新生"的简体字能否替代具有久远历史的繁体字,根本上取决于简体字的实际效用。其时不少学者认为,简体字容易认写,有助于识字教育。他们或阐释理据,申明简体字在识字教育中的功用;或分析字例,验证简体字对识字教育的价值;或设计实验,测算简体字在识字教育中的效能。其三,汉字作为一种文化现象,同时也是中华文化、中华学术的重要载体。由繁体字改为简体字,书写形式发生了变化,其对文化传承、学术发展也产生了一定影响,其时学者对此也进行了讨论。

结合《字表》"附录"来看,民国政府对于简体字研制及推行本有远景规划。《字表》"选编经过"指出,应公布但尚未公布的简体字还有很多;待已公布的简体字在社会上较为通行后,人们对"正体字"的成见会逐渐削弱,到时候再陆续公布其他的简体字。由此来看,这是很有学理性的一种推行计划。不过由于《字表》是一个新生事物,尽管其时不少人认可其价值和地位,但反对力量亦甚为强大,最终民国政府推动的汉字简化工作因社会的种种质疑和反对而搁置。

三、外国文字及其改革影响汉字简化

除上面考察的两种力量外,晚清民国时期汉字简化的发展与外国文字及其改革也有较为直接的关系。民国时期不少学者考察了世界文字发展的标音化、简易化等现象,比如张公辉的《国字整理发扬的途径》(1946)讨论了世界文字演进的基本情况,认为各国文字大都是由图画文字到"尚音文字",再到标音文字。[①] 事实上,文字符号演变趋简的规律在其时获得了广泛认可。英语书写符号的简易化,土耳其的文字改革,日本以假名辅助汉字并对社会通用领域的汉字进行简化,随着一些国家文字改革工作的深入,改变书写符号的形式,甚至是改变整个书写符号系统的理念及做法逐渐影响到了汉字。晚清民国时期,一些学者或者将汉字与欧美拼音文字进行对比,或者以日本用假名辅助汉字为参照,在揭示汉字优缺点的基础上探求解决字形繁难问题的办法。

外国文字及其改革对晚清民国时期汉字简化的影响有不同的表现,早期主要体现为其时兴起的切音字运动。该时期不少学者关注到了文字书写形式方面的差异,其重要理念是认为拼音文字较象形的汉字易识、易读、易写、易记,故而汉字拼音化运动得到了迅速发展。1891 年,宋恕在《六斋卑

---

① 张公辉,《国字整理发扬的途径》[M],台北:台湾评论社,1946 年,第 15 页。

议》中提出了"造切音文字"的主张；1896 年，谭嗣同在《仁学》中倡导"尽改象形文字为谐声"。如何九盈所言，谭嗣同大概是中国近代史上首个主张废除汉字改用拼音文字的人。① 尽管上面二人的拼音化主张均停留在倡导阶段，但以卢戆章、蔡锡勇、力捷三、沈学、王炳耀、王照、劳乃宣、沈韶和等为代表的学者很快创制出了 28 套拼音方案。② 其中王照在《官话合声字母》中讨论了汉字难易与教育普及的关系，他认为中国文字繁难，幼童不能通晓，而外国则往往"言文一致"，利于教育普及。③ 虽然主张用切音字替代汉字的众多方案最终未能行用，但其对汉字的形体产生了正面冲击，也不断改变着人们对字形繁简关系的认识。

单纯的切音简字难以推行，而汉字又不能被遽然废除，故而一些学者便主张暂时保留汉字，用切音字为汉字注音。1913 年，过耀根在《论简字与汉字之关系》④中将中国汉字与世界上的其他文字进行了对比，对拼音简字问题从理论上进行了总结性讨论。他将世界上的文字分为三类：其一，音标文字，泰西之字母是；其二，缀音文字，日本之假名是；其三，意义文字，汉字是。他进而指出，汉字难学、费时，往往需要五年、十年之功。在上面基础上，过耀根讨论了汉语的属性。他从构成上视汉语为"孤立语"，从系统上视汉语为"单缀语"，指出汉语中同音词众多，往往需要借助汉字从形体上予以辨别。由此他认为，为了能够完整表意，简字便是关键途径，可借助拼音简字切汉字之音。

也有学者主张借助"万国新语""欧洲拼音文字"辅助汉字，以解决汉字难学、难记、难写的问题。1908 年，吴稚晖在《评前行君之"中国新语凡例"》⑤中认为，"中国现有文字之不适于用，迟早必废"；他还指出，废除之后可以用"最佳最易"的"万国新语"。至 1918 年，吴稚晖又在《补救中国文字之方法若何？》⑥中对从汉字入手创制拼音字母的行为进行了批判。他区分了拼音和拼音文字，主张保留汉字，采用一种拼音辅助之，比如日本用假名辅助汉字。具体而言，他主张采用一种欧洲拼音文字作为第二国文。

与吴稚晖相似，李思纯也主张其时暂时保留汉字，同时推行欧洲的拼音

---

① 何九盈，《中国现代语言学史》[M]，广州：广东教育出版社，2005 年，第 40 页。
② 贾尹耕，《注音符号公布前之简字运动》(1—8)[J]，《国语周刊》，1932 年第 44—48 期、第 53—55 期。
③ 王照，《官话合声字母》[M]，北京：文字改革出版社，1957 年，第 1—5 页。
④ 过耀根，《论简字与汉字之关系》[J]，《无锡教育杂志》，1913 年第 1—2 期。
⑤ 吴稚晖，《评前行君之"中国新语凡例"》[J]，《新世纪》，1908 年第 4 期。
⑥ 吴稚晖，《补救中国文字之方法若何？》[J]，《新青年》，1918 年第 5 期。

文字。1920 年,李思纯在《汉字与今后的中国文字》①中以欧洲文字为参照,讨论了汉字的优点及缺点。他认为汉字的缺点主要有:声音信息不足,是"衍形"而非"衍音";形体繁重,耗费教师心力的是"字体的间架";"同音异义""异音同义""一字数义"现象颇多。他进而认为汉字将来"必归废灭",但其时只能逐渐补充,不能根本废弃;认为注音字母是补救中国文字的方法,主张集体制定,而非个人制定。但他同时认为,注音字母无法从根本上解决汉字存在的不足,尤其是形体繁重问题,反而添了"二重文字"之嫌。最后李思纯认为,世界未来会有公共文字,但其时应"保存汉字,救以注音",推行欧洲的拼音文字。

亦有学者从汉字文化圈视角出发,考察汉字改造的成败,进而讨论其时对汉字进行改造的思路。1922 年,黎锦熙在《汉字革命军前进的一条大路》②中对比了汉字文化圈处理汉字的成果和方式,比如朝鲜、安南、西夏等国家或地区改造的汉字,认为这些改造之所以未能行用,根本在于形体太过繁难。该文中,黎锦熙提议用"词类连书"的方式解决汉字繁难问题。同一年,陆费逵在《论日本废弃汉文》③中指出,文化的进退与文字的繁简有直接关系,由繁至简是"进化之公理",文字的繁简关乎到人民的愚智、文化的进退。其时日本主张废除汉字,专用罗马字母及假名进行拼读。由此陆费逵认为,中国也需要对汉字进行改革,宜从字体简单、言文一致入手。

随着汉字改革理论与实践的不断推进,学者们对汉字与汉语的关系、汉字本身的属性有了更深入的认识,进而有学者在对比国外的文字改革工作之后,认为汉字自有其独特性,应予保留,并主张搜集、推行简体字。代表性学者有陈登皞、艾险舟、赵仲苏等。1928 年,陈登皞在《中国文字改革的具体方针》④中指出,汉字本身"并不坏",不宜像土耳其那样直接废除阿拉伯字母采用罗马字母;土耳其的做法之所以可行,根本在于相对于土耳其语来说,阿拉伯文字的形式不太科学。而汉字与汉语相伴甚久,且中国采用罗马拼音字并无十足把握。在上述观点基础上,他认为中国应大力提倡简体字,并主张先简化最常用的一些汉字,重点搜集那些已在社会上流行了很久的简体字,比如"刘、乱、变、战、医、办、头、宝"等。另外,艾伟在《汉字之心理研究》⑤中将汉字与欧美各国文字进行了对比,指出字形是汉字区别于欧美

①　李思纯,《汉字与今后的中国文字》[J],《少年中国》,1920 年第 12 期。
②　黎锦熙,《汉字革命军前进的一条大路》[J],《国语月刊》,1922 年第 7 期。
③　陆费逵,《论日本废弃汉文》[A],《教育文存》(卷三)[C],上海:中华书局,1922 年。
④　陈登皞,《中国文字改革的具体方针》[N],《京报副刊》,1928 年 9 月 10—11 日。
⑤　艾伟,《汉字之心理研究》[J],《教育杂志》,1928 年第 4—5 期。

国家文字的重要特征。为了进一步认识汉字的形体特征,他对识字问题进行了实验测试。其结论显示:对于初学者来说,汉字存在两种不足,即笔画数过多、字形结构甚为复杂。

至 1930 年,艾险舟在《识字教学之研究》①中从识字教学的视角认为应采用简体字教学。他谈了三方面的理由:其一,从过去的经验来看,字的笔法不能太多;其二,从历史上来看,简体字的应用由来已久;其三,从横的空间方面看,英国文字经历了由繁到简的变化。艾险舟进而指出,要想民众教育发展得快,不能不采用简体字。与之相似,1936 年赵仲苏在《从教育部最近公布之"简体字"说到英文简体字之新的动向》②中极力赞成《第一批简体字表》的颁布,认为从"普及教育、便利运用、经济时间、推进文化、增强效率"等方面考虑,简体字的公布及推行在其时是非常亟需的。此外,他还讨论了英文简体字的发展过程,进一步认可了汉字的简化。

除中国外,民国时期汉字文化圈其他国家也有简化汉字的行为。1946年 4 月,《报报》上刊载了《日本:内务省宣布简化文字》③一文,指出日本已经对1 295个"标准"汉字进行了简化。

不过亦有个别学者借国外语言文字改革的某些例子,表达了其反对推行简体字的态度。柯愈德的《我对于所谓简体字之意见》④针对《第一批简体字表》而作,他认为推行简体字后,容易造成历史文化无法继承之弊;认为中国的语言文字已通行数千年,这是历代不易于被外族所同化的重要原因。该文同时举了外国保护其语言文字的例子,进一步阐明其反对推行简体字的主张。

事实上,关于汉字改革之推力,民国学者亦有过考察。潘振民在《汉字的改革问题》⑤中指出,其时进行汉字改革,主要有两方面的动因:其一,普及教育的现实需求;其二,与外国语言文字的接触。对于后一因素,潘振民认为,西洋文化确实有一些可供中国参考的地方,当人们注意到拼音文字的好处时,便会提出中国文字拼音化的方向。显然,晚清民国时期汉字简化的发展与国外的文字改革、文字简化以及中国学者对世界文字发展普遍规律的介绍、讨论有非常直接的关系。

---

① 艾险舟,《识字教学之研究》[A],《学术讲演集》(第 1 集)[C],安徽省政府教育厅编译处,1930 年。
② 赵仲苏,《从教育部最近公布之"简体字"说到英文简体字之新的动向》[J],《教师进修年刊》,1936 年第 5 期。
③ 《日本:内务省宣布简化文字》[J],《报报》,1946 年第 5 期。
④ 柯愈德,《我对于所谓简体字之意见》[J],《中华周刊》,1935 年第 530 期。
⑤ 潘振民,《汉字的改革问题》[J],《中国文化》,1938 年第 1 期。

第二节　钱玄同的汉字简化

钱玄同(1887—1939),浙江吴兴人,思想家、语言文字学家。民国时期进行汉字简化的众多学者中,钱氏无疑是潮流的引领者,且有多项"首创"。他首次归纳出了颇具系统性的汉字简化方法,首次提出了汉字的"类推"简化法,并整理出了 2300 多个简体字。同时,他又从多个视角、运用多种方法,对汉字简化的历史依据及现实需求等问题进行了探究。由此来看,全面梳理钱玄同汉字简化的各类成果,系统考察其汉字整理及简化的思路方法,深入发掘其汉字简化相关的语言文字学理念,便显得尤为重要。这既能进一步促进对晚清民国时期汉字简化发展的研究,又能推进对钱玄同语言文字贡献的挖掘,同时也能为汉字规范史、汉字学史的撰写与完善提供更多一手资料。此外,还可为当今和未来的汉字整理及规范工作提供一些参考和借鉴。

就当今学者针对钱玄同汉字改革及简化成就的研究来看,大多是从宏观上考察他的汉语、汉字改革观,比如卢毅的《钱玄同与近代语言文字改革》(2007)、陈遵平的《钱玄同的文字改革观与国语罗马字》(2009)、王丽媛的《钱玄同对国语运动的倡导与实践》(2012)、王小惠的《钱玄同的汉字论与"废汉文"》(2018)等。直接涉及"钱玄同汉字简化"这一主题的是李大遂,他在《略述钱玄同的汉字简化理论与实践》(1989)[1]中,以钱氏的《减省汉字笔画底提议》《减省现行汉字的笔画案》《搜采固有而较适用的简体字案》为主要依据,简要介绍了钱玄同的汉字简化成果。此外,余连祥在《钱玄同》(2013)[2]中,从"史"的视角出发,以《减省现行汉字的笔画案》《第一批简体字表》为核心材料,简略描述了钱玄同进行汉字简化的过程。而事实上,钱玄同关于汉字简化这一主题的成果非常多,目前我们已搜集到各类著述近30 篇。其中既有钱玄同撰写的汉字简化类文章,也有记述钱玄同参与汉字简化活动的政府文件、会议纪要、新闻报道、书信往来等。另外,还有民国学者对钱氏汉字简化观或简化方法论的评述等。下面,我们重点从钱氏主张简省汉字的背景与缘起、对汉字简化及简体字的学理分析、对汉字简化方法的总结、对字形简化成果的整理、对形体简化程度及简体字推行问题的探究等方面,考察钱玄同的汉字简化成就。

---

[1]　李大遂,《略述钱玄同的汉字简化理论与实践》[J],《语文建设》,1989 年第 3 期。

[2]　余连祥,《钱玄同》[M],合肥:黄山书社,2013 年,第 106 页。

一、主张简省汉字的背景与缘起

钱玄同主张简省汉字,既有特定的时代背景,又有迫切的现实缘由。整体来看,从谈字形简化问题起,钱玄同便坚定地认为汉字将走向拼音化①,但在具体态度上前后有别。诚如钱氏所言,前期由于深受激进思潮的影响,他主张彻底废除汉字,但随后又主张暂时将其保留,并提出了"改简汉字"这一时代命题。钱氏还强调指出,他关于彻底废弃汉文、汉字的提法原本是替鲁迅"立言"。

(一)主张废除汉字

1918 年至 1922 年间,钱玄同在多篇文章中明确主张废除汉字,改用一种拼音文字。1918 年 4 月,钱氏在《中国今后之文字问题》②中将时人反对汉字的声音归结为形体和应用两个方面:其一,认为汉字"衍形不衍声",从而使得其在辨识、书写等方面颇为不易,读音也不容易正确;其二,本有的汉字不足以表达"新时代"的"事物"和"学理"。继而钱氏又指出,其时学者已发现上述两类问题,并提出了一些解决办法。对于形体繁难的问题,时人或创造新字,或用罗马拼音字等;对于汉字应用方面的问题,时人或者创制"新名词",或者用汉字对译西文,或者将西文直接融入汉字等进行补救。

在上面基础上,钱玄同进一步指出,他赞成废除汉字的理由不只限于上述两种,更在于要"废孔学"。他认为汉字的字形非"拼音",而是"象形文字"的末流,不便认读,不便书写;汉字的字义含混,文法不精密;没有表达"新理""新事物"的名词;在记载以往的历史资料方面,千分之九百九十九都是"孔门"学说,由此他认为汉文不适用于"新时代"。废除汉文后,钱氏主张选择文法简洁、发音齐整、语根精良的 Esperanto(世界语)。不过他又认为,在 Esperanto 尚未替代汉语之前,可用一种外国文字作为汉语、汉字的辅助。

至 1922 年 3 月,钱玄同、黎锦熙、胡适在《教育杂志》上发表了《汉字改造论》③。此文中钱玄同也主张废弃汉字,改用拼音新字。对此他主要有两方面考虑:一方面,要改造国语、普及国音,使文学用词大大扩充,就不得不对汉字进行改造;另一方面,汉字难写、难识已经严重阻碍了知识的普及、文化的增进。同年 8 月,钱氏又在《汉字革命》④中对沈学、卢戆章、蔡锡勇、劳

---

① 梦飞,《记钱玄同先生关于语文问题谈话》[J],《文化与教育》,1934 年第 27 期。
② 钱玄同,《中国今后之文字问题》[J],《新青年》,1918 年第 4 期。
③ 钱玄同、黎锦熙、胡适,《汉字改造论》[J],《教育杂志》,1922 年第 3 期。
④ 钱玄同,《汉字革命》[J],《国语月刊》,1922 年第 7 期。

乃宣、王照等人的"简字"主张进行了批驳,认为他们一方面想保留汉字,另一方面又想造拼音文字的做法是行不通的。由此钱氏指出,汉字革命的问题,根本上是"国语能否改用拼音文字表示"的问题。他认为这是绝对可能的,并从汉字变迁的历史论证其可行性,从"六书"发生、演变的过程揭示汉字由象形而表意、由表意而表音的趋势。在此基础上,钱氏进一步认为,其时要做的不仅是"再进一步"将汉字由表音的"假借字"改为拼音文字,更要进行"汉字之根本改革",即直接采用罗马字母,而非注音字母。

(二)主张暂时保留汉字

在提倡废除汉字的同时,钱玄同又认为汉字不会被骤然废弃,故而主张暂时将其保留。1919 年 1 月,《新青年》第 6 卷第 1 期上登载了钱玄同与区声白的书信往来《中国文字与 Esperanto》①。在此信中,钱玄同明确反对其时用 Esperanto 替代汉语汉字,认为将汉字改为拼音事实上很难办到。由此钱氏指出,汉语一日未废,则汉字便要暂时沿用,可在其旁注出音读,并认为这是其时最适宜的做法。

后来钱玄同又指出,他本人并不赞同彻底废弃汉字。1934 年 8 月,梦飞在《文化与教育》第 27 期上刊登了《记钱玄同先生关于语文问题谈话》②一文。其中钱玄同对《中国今后之文字问题》(1918)中的一些观点作了回应。钱氏指出,彼文中他主张废除汉字,但后来却主张改良汉字。其原因在于,1916 年至 1918 年在中国新文化运动史上属于"启蒙时代",当时他对汉字所持的态度受了李石曾、吴稚晖主编的《新世纪》周报的影响,以为凡是中国的旧思想、旧文化、旧社会组织等都应毁弃;进而认为汉字也是一个旧东西,也应毁弃。不过钱氏强调指出,他本心只是主张用汉字写白话文学而已;并不主张立刻废除汉字和国语,特别不主张改用任何他国的文字,而是主张暂时仍用汉字写白话文,将来再改用世界语。

钱玄同在访谈中还指出,《中国今后之文字问题》里的一些主张,比如彻底废除汉字、代之以世界语等,并非完全是他本人的想法;有的是他"代朋友立言",而此"朋友"乃是鲁迅。当时他将鲁迅的主张连同自己的想法写成了那篇文章,虽曾"大骂"旧文化、"大骂"汉字,提议立刻废除汉字而代之以世界语,但他并不赞同用一种外国语言代替汉文。钱氏还指出,三十年来他对于中国语文改革的主张,由极端"复古"走向了极端"革新"。但在这两个"极端"之间,又有两个"始终不变"的坚持:一为中国音的统一,一为汉字的

---

①　钱玄同,《中国文字与 Esperanto》[J],《新青年》,1919 年第 1 期。

②　梦飞,《记钱玄同先生关于语文问题谈话》[J],《文化与教育》,1934 年第 27 期。

趋于简便。

（三）将改简汉字视为"过渡"手段

在暂时仍沿用汉字这一背景下,钱玄同又将简易形体看作解决汉字繁难问题的有效措施,并将简体字视为从汉字到拼音文字的"过渡"。1920 年 2 月,钱玄同在《减省汉字笔画底提议》①中指出,他颇为赞同陈独秀关于废去汉字、改用拼音文字的观点。但拼音文字非朝夕间可创制完成,由此钱氏认为,短期内只是拼音文字的"制造时代",而非"施行时代";并认为这样的过渡期需要 10 年,期间仍须使用汉字,从而他又倡导对汉字加以"改良"。该文中钱氏还通过具体例子进一步阐明其改简汉字的用意:学生拿毛笔在格子纸上用楷字书写的做法今后是行不通的,他们"必须"参照日本学生的做法,用钢笔在 Notebook 上抄写。钱氏认为,用此方法抄写讲义,字体必须要大大简省,才能缩短写字的时间。

由于钱氏坚定地认为拼音文字终将取代汉字,故而 1922 年 8 月,他在《减省现行汉字的笔画案》②中指出,改用拼音是"治本"之法,简省现行汉字的笔画是"治标"之法。不过他同时认为,后者为其时"最切要"的办法。

二、对汉字简化及简体字的学理分析

虽然钱玄同将简体字视作一种"过渡",但并未由此而轻率地看待汉字的简化工作。他从字体演变及普通语言学的视角,论证了汉字简易化的必然性和合理性;从文字的社会功能视角,阐明了简体字行用的现实性和必要性。此外,他还主张广泛搜集汉字中已有的简易形体,以便利其时社会生活之需要,以促进当时文化学术之发展。

（一）对汉字简化的认识

钱玄同多次从汉字发展演变的历史出发,考察汉字简化的合理性和必然性。1919 年 1 月,钱氏在《中国字形变迁新论》③中谈字形变迁时,提到了汉字由繁到简的总趋势。他指出,字形变迁是顺应自然的趋势逐渐改变的,因此总是"改繁为简,改奇诡为平易,改错落为整齐,改谨严为自由"。1922 年 8 月,他在《汉字革命》④中举例指出,甲骨文、金文时期就有将字形改简的情况。

---

① 钱玄同,《减省汉字笔画底提议》[J],《新青年》,1920 年第 3 期。
② 钱玄同,《减省现行汉字的笔画案》[J],《国语月刊》,1922 年第 7 期。
③ 钱玄同,《中国字形变迁新论》[J],《北京大学月刊》,1919 年第 1 期。
④ 钱玄同,《汉字革命》[J],《国语月刊》,1922 年第 7 期。

此外,钱氏在《减省现行汉字的笔画案》(1922)①中也认为,简省笔画是顺应自然趋势的行为,并对此进行了论证。他指出,自甲骨文、金文、《说文》以来,时时可见笔画多的字被省减的情况:由古篆简省为秦篆,秦篆简省为汉隶,再简省为汉草,简省为晋唐草书;汉隶的体势变为楷书,再变为行书;宋元以来,楷书再简省,参取行草,变为一种被称作"破体""俗体""小写"的简体,这都是非常显著的简省现象。由此钱氏认为,从殷周的古篆到宋元间的简体,其简化趋势未尝间断,如果不受阻碍,现在的文字比宋元简体的笔画还要简省不少。由此他指出,从整个历史来看,笔画繁难的字时时刻刻都在被人们所简化。

钱玄同还从语言学理论视角出发,考察汉字的简化现象。在《减省现行汉字的笔画案》中钱氏指出,文字是语言的符号,而语言则是用声音去表达思想感情,由此文字成了被表达的思想感情的书写符号。故而只要有一些简易的形式,大家都认为是某音的符号即可;他进而认为,虽然造字的本意不得而见,但在实际应用上却丝毫不受影响。此外,钱氏在《历史的汉字改革论》(1935)②中也认为,汉字的形体对于词和句子的理解并无根本影响。显然这里钱玄同跳出了字形与所记词义的原始对应,上升到符号与符号功能的层面,以阐明简化后的形体同样能够表达所指。

(二) 对简体字的看法

简体字的存在是否合理,它有哪些不同的名称,如何看待其与通行的"正体字"之关系;是否应广泛搜集固有的简体字,并在社会上推行。对于这些问题,钱玄同也进行过探求。

积极认可"破体字""简笔字"等汉字中已有的简易形体,认为它们既"合理"又"合用"。钱玄同在《减省现行汉字的笔画案》中指出,对于社会上行用的简体字,不该把它们看成繁体字的"破体",而应将其视作"改良体"。那些已经通行的简体字,需尽量采用;如果能对它们再行省减,也可继续简省。在《汉字革命》③中,钱氏主张写"破体字",以减轻汉字形体繁难的问题;认为但凡笔画简单的字,不管是古体、别体,还是俗体,都可以采用。另外,钱玄同在为胡适的《〈国语月刊·汉字改革号〉卷头言:用历史的眼光说明简笔字的价值》④写的"附志"中指出,胡适的"卷头言"以历史的眼光说

①　钱玄同,《减省现行汉字的笔画案》[J],《国语月刊》,1922 年第 7 期。
②　钱玄同,《历史的汉字改革论》[J],《小学与社会》,1935 年第 40—42 期。
③　钱玄同,《汉字革命》[J],《国语月刊》,1922 年第 7 期。
④　胡适,《〈国学月刊·汉字改革号〉卷头言:用历史的眼光说明简笔字的价值》[J],《国语月刊》,1922 年第 7 期。

明通行于社会上的"简笔字"既"合理"又"合用",并认为应由学者和文人去"审查"、去"追认"。1934 年 8 月,钱玄同又指出,"爱趋简便"是人类的通性,从篆书到隶书,再到草书到破体字,都是一种自然的求简便;教育家和当政者应当允许俗字在正式场合使用。① 事实上,他早已提出了"应该谋现在的适用不适用,不必管古人的精意不精意"②的汉字简化理念。

否定重视正体字轻视简体字的行为。1935 年 1 月,钱玄同在《几句老话——注音符号,G.R.和简体字》③中指出,"正体字"这一名称不过是《康熙字典》《字学举隅》等书所规定的罢了,从应用视角而论,"正体字"写起来非常不方便;只是从印刷角度上,由于铅字铜模等已经铸定,不管是印刷其时的报刊还是古代的群经诸子,已经统一使用了,便无须改变,但手写体必须要走向"简易"的道路。

主张广泛搜集汉字中固有的简易形体,以便推行。1934 年 2 月,钱氏在《搜采固有而较适用的简体字案》④中指出,今后书写汉字,应该力求笔画简易,简体字不仅适用于平民教育,在小学、中学教育中也应推行。由此他进一步指出,要普及简体字,首先要规定简体字的写法,从而需要搜采固有而较适用的简体字作为素材;有了标准体,便可以用其偏旁组织新的"配合";如果仍不够,还可用这些固有材料的简化方法造新的简体字。由此搜采固有的简易形体,便成了确定简体字的"预备件"。另外,1935 年 1 月,钱玄同在《几句老话——注音符号,G.R.和简体字》⑤中也主张辑录简体字。

三、对汉字简化方法的总结

钱玄同不但通过揭示汉字趋简的总体特性为简体字正名,更是创造性地归纳了汉字简化的方法。这些简化类型和模式具有首创性和先进性,给其时学者总结与提炼汉字简化方法以重要启示。

(一) 钱玄同的汉字简化方法

整体来看,钱玄同总结出的汉字简化方法有两套:一套是偏重追溯字料来源而成的简化方法,一套是偏重分析构形特征而成的简化方法。另外,钱氏在谈汉字简化问题时,还首次提出了"类推""类推法"这类表述,有力地推动了"类推"简化法的发展。

---

① 梦飞,《记钱玄同先生关于语文问题谈话》[J],《文化与教育》,1934 年第 27 期。
② 钱玄同,《减省现行汉字的笔画案》[J],《国语月刊》,1922 年第 7 期。
③ 钱玄同,《几句老话——注音符号,G.R.和简体字》[J],《国语周刊》,1935 年第 174 期。
④ 钱玄同,《搜采固有而较适用的简体字案》[J],《国语周刊》,1934 年第 123 期。
⑤ 钱玄同,《几句老话——注音符号,G.R.和简体字》[J],《国语周刊》,1935 年第 174 期。

1. 侧重追溯字料来源而成

1920 年 2 月，钱玄同在《减省汉字笔画底提议》①中指出，他准备选择常用字三千左右，为那些笔画繁难的都确定出一个简易写法；其中拟采录的"简体字"大都是固有的，新造的很少。他认为造新字有两重困难：其一，逐字新造，不但麻烦，而且一些字不好造；其二，个别人造的字，很难得到多数人的认同。而如果用已有的字，则能减少争执，且易于推行。不过钱氏又指出，在不得已的时候，也只能"仿照"已有简体字的体式，造出一些新形体。在这种思想的指导下，钱氏拟出了搜采简易形体的八种方法：

（1）采录古字。比如"圍"作"口"、"胸"作"匈"等。（2）采录俗字。比如"聲"作"声"、"劉"作"刘"等。（3）采录草书。比如"東"作"东"、"為"作"为"等。对于此类，钱氏认为须有所限制，那些笔画联结不易拆断的不应采录。（4）采录古书上的同音假借字。比如"譬"作"辟"、"導"作"道"、"拱"作"共"等。钱氏指出，采录此类字时，亦须有所限制。一些借字，古时候与本字读音相同，因此可以通借；但后世它们的读音不相同了，从而不可以再通借。不过上面主要是针对借字在后世还常用的情况而言的，如果后世借字不再使用了，就可将其读音改为本字的音，以便借用。（5）采录流俗的同音假借字。比如"薑"作"姜"、"驚"作"京"等。钱氏指出，这类字往往只有某些特殊的用法，借用后不至于造成意义上的混淆。（6）新造的同音假借字。比如"餘"作"余"、"預"作"予"等。这是仿照第五类新造的。（7）新造的借义字。比如"旗"作"队"、"腦"作"凶"等。钱氏指出，上面两组虽然读音不同，但字义相同，且后世"队""凶"二字已废弃不用，从而可用它们分别替代"旗""腦"。（8）新造的省减笔画字。比如"厲"作"厉"、"蠱"作"蛊"、"襲"作"袭"等。钱氏指出，该方法主要针对那些笔画过于繁多，且没有简易形体替代的字；至于那些已有简体的，或者能够借用其他字进行简化的，便无须为其新造。此外，针对后三种方法，钱氏还作了进一步说明。他举了甲骨刻辞、《说文》、近人翻刻的通俗小说等文献中的简易形体，认为古人可以"减省"，今人亦可行此"权利"。

2. 侧重分析构形特征而成

1922 年 8 月，钱玄同的《减省现行汉字的笔画案》②在分析行用简体字构形特征的基础上，创造性地总结出了汉字简化的八种类型。该框架为后世很多学者所继承，即便从今日之学术视野审视，亦称得上汉字简化方法的

---

①　钱玄同，《减省汉字笔画底提议》[J]，《新青年》，1920 年第 3 期。

②　钱玄同，《减省现行汉字的笔画案》[J]，《国语月刊》，1922 年第 7 期。

"经典"模式。具体如下：

（1）把多笔画的字删去一部分，保留形似的轮廓。比如"壽"作"寿"、"該"作"**䜣**"、"侖"作"仑"等。（2）采用本有的草书。比如"東"作"东"、"實"作"实"、"事"作"**𠃊**"等。（3）将多笔画的字只写一部分。比如"聲"作"声"、"條"作"条"、"雖"作"虽"等。（4）将整字笔画多的一部分用简单的写法替代。比如"鳳"作"凤"、"劉"作"刘"、"邊"作"边"等。（5）采用古体。比如"處"作"处"、"從"作"从"、"雲"作"云"等。（6）将声符用笔画少的形体替代。比如"燈"作"灯"、"遷"作"迁"、"墳"作"坟"等。（7）别造一个简体。比如"竈"作"灶"、"戴"作"**六**"、"響"作"响"等。（8）假借其他简单的形体。比如"薑"借"姜"、"驚"借"京"、"幾"借"几"等。

3. 明确提出"类推""类推法"

除上面两类较成系统的简化方法外，钱玄同在谈汉字简化问题时，还首次提出了"类推""类推法"。1935 年 2 月，钱氏在《与黎锦熙汪怡论采选简体字书》①中指出，他采选简体字所依据的材料主要有草书、行书、俗体、古体、别体五种。在将"俗字"类字料与"草书"类字料对比的基础上，钱氏指出前者的一个不足：偏旁太少，而且大多是改变偏旁，从而无法通过"类推"而"为新的配合"。钱氏还举了一些例子，以进一步阐明其意。比如"禮"可简写作"礼"，但"澧"不可简写作"氿"，"醴"不可简写作"酉礼"；"難"可简写作"难"，"歡"可简写作"欢"，"雞"可简写作"鸡"，但"漢""灌""溪"三字均不可简写作"汉"。再比如"羅"可简写作"罗"，而"沴"不是"潍"的简化形体；"燈"可简写作"灯"，而"汀"不是"澄"的简化形体。由此钱玄同认为，"俗体字"只能采录固有的，而不能用"类推法"再行改造。此处钱氏明确使用了"类推""类推法"两个表述，并分析了实例。这对于民国时期汉字简化方法的发展与完善而言，是一个很大的促动。

（二）对他人汉字简化方法的影响

钱玄同是归纳汉字简化方法的先行者，自他之后，民国学者在探究汉字简化方法问题时，或完整转录钱氏的结论，或在分类和举例等方面，与钱氏有较大相似性。一些学者完整转录了钱玄同《减省汉字笔画底提议》中归纳出的八种方法，其中以何仲英为代表。1922 年 8 月，何仲英在《汉字改革的历史观》②中考察了汉字的特征，梳理了历史上汉字改革的五个时期，分析了改革汉字的缘由。在上面基础上，何仲英指出，他颇为赞同钱玄同关于

---

① 钱玄同，《与黎锦熙汪怡论采选简体字书》[J]，《国语周刊》，1935 年第 176 期。
② 何仲英，《汉字改革的历史观》[J]，《国语月刊》，1922 年第 7 期。

"减省汉字笔画"的主张,认为钱氏所提的方法中,前五种在推行上没有问题;后三种是新拟的,是否能顺利推行,需要看"唤起舆论的力量"。

也有学者完整转录了钱氏《减省现行汉字的笔画案》①中的八种简化方法,比如坚壁的《关于手头字》(1935)②、刘公穆的《从工作效率观点提倡简字》(1948)③、艾伟的《汉字问题》(1949)④等。上面三种材料中,坚壁、艾伟均明确指出其转录的简化方案出自钱玄同;刘公穆在其文章中只说"有人"分析了通行简体字的来源,得出了八种构成方法,未直接指出转录自何人。我们对比后得知,除个别表述有差异外,刘公穆完整转录了钱玄同的结论。

在钱玄同之后,民国时期还有不少学者总结过汉字简化的类型。有的突出形体来源,比如正厂的《过渡时期中的汉字》(1922)⑤、周起鹏的《汉字改革问题之研究》(1922)⑥、杨端六的《改革汉字的一个提议》(1928)⑦、胡行之的《关于手头字》(1935)⑧等;有的综合考虑了形体来源和构形特征,其典型代表为郭荣陞的《汉字改革运动概述》(1933)⑨。上述学者的简化方案,虽未明言受钱玄同汉字简化方法之影响,但其类型及举例却与钱氏的颇为相似。

四、对字形简化成果的整理

依据所归纳出的简化方法,钱玄同全面搜集汉字中已有的简易形体,共整理出简体字2300多个。此部分我们重点考察钱氏整理简体字时遵循的原则、整理的计划和步骤、整理结果的展示模式、依据的原始字料等,以进一步解析钱氏的汉字简化工作。

(一) 整理原则

这里所谓整理原则,既包括选录简体字的总原则,也包括具体细则。后者主要指:一个繁字有多个简写形体时,以什么标准进行甄选;历史上流传下来的简易形体,是否还按偏旁规则进行简省;草书笔法如何处理,简化偏旁如何选定等。

---

① 钱玄同,《减省现行汉字的笔画案》[J],《国语月刊》,1922年第7期。
② 坚壁,《关于手头字》[J],《江苏省小学教师半月刊》,1935年第14期。
③ 刘公穆,《从工作效率观点提倡简字》[J],《工作竞赛月报》,1948年第1期。
④ 艾伟,《汉字问题》[M],上海:中华书局,1949年,第141页。
⑤ 正厂,《过渡时期中的汉字》[J],《国语月刊》,1922年第7期。
⑥ 周起鹏,《汉字改革问题之研究》[J],《国语月刊》,1922年第7期。
⑦ 杨端六,《改革汉字的一个提议》[J],《现代评论》,1928年第194期。
⑧ 胡行之,《关于手头字》[J],《现代》,1935年第4期。
⑨ 郭荣陞,《汉字改革运动概述》[J],《南大半月刊》,1933年第2期。

简体字的整理原则与整理目的有非常直接的关系。1935 年 2 月,钱玄同在《与黎锦熙汪怡论采选简体字书》①中指出,他采选简体字的唯一目的是节省书写时间;认为简体字不仅可以方便民众教育,更能使所有民众获得书写便利。钱氏的汉字简化原则深受这一"目的"之影响。早在 1922 年 8 月,他便在《减省现行汉字的笔画案》②中指出,简省汉字的笔画应根据其时社会上通行的简体字,其理由为这类字大多是从宋元时期流传下来的。后来在《与黎锦熙汪怡论采选简体字书》中,钱氏又强调指出,简体字的选取务必依照"述而不作"的原则,因为有历史习惯的字体更易推行。他还指出,其时所见的几种拟定"简体字"的方案,大都新造的形体多,沿袭的形体少,故而他均不赞成采用。

除确定总体性原则之外,钱氏在《〈章草考〉序》③中又以处理草书字形为例,谈了一些具体原则。重点包括下述三个方面:其一,应将《章草字典》中的"一字异体"加以筛选,只采录一体;那些有"歧异"的偏旁,只选录一个,务必使其"规则化";在普通应用上应严禁出现"异体"。其二,虽然大多数字的形体可以规则化,但一定会有一些常用的字,人们已经习惯其写法,从而这类字不能再按简化规则重新组合。其三,力求"草体而楷写",使每一笔都断开;如此一方面初学的人容易书写,另一方面笔画越方正,越便于铸铅字、印书籍。

另外,钱玄同还以简化"偏旁"为例,阐述了整理简体字的一些操作细则。1935 年 5 月,钱氏在《简体字:钱玄同致王部长函、致张司长函》④中指出,他非常在意"偏旁写法之决定",因为有了偏旁,就能靠其"配合而写成全字",从而可以实现整齐划一。同年 8 月,他在《论简体字致黎锦熙汪怡书》⑤中,围绕"偏旁表"谈了五条具体标准。其一,所依据的材料中,草书最多,其次为俗体,再次为行书,最少的是古字。其二,所采录的形体,每个都有来历;所有的偏旁必定有明确来源,配合而成的字,偶尔有历史上未见的,但也会一见便识。其三,绝不采录"白字",如"带"作"代"、"葉"作"业"等。其四,多个繁字用同一个简易形体替代的也不采录,比如"广"字可替代"庵""慶""廣",现在只用其替代"庵"字,而"慶""廣"都采用草体。其五,简体字和正体字"笔势"相差甚微者,暂时不处理。

① 钱玄同,《与黎锦熙汪怡论采选简体字书》[J],《国语周刊》,1935 年第 176 期。
② 钱玄同,《减省现行汉字的笔画案》[J],《国语月刊》,1922 年第 7 期。
③ 钱玄同,《〈章草考〉序》[J],《师大国学丛刊》,1930 年第 1 期。
④ 钱玄同,《简体字:钱玄同致王部长函、致张司长函》[J],《国语周刊》,1935 年第 191 期。
⑤ 钱玄同,《论简体字致黎锦熙汪怡书》[J],《国语周刊》,1935 年第 204 期。

（二）整理计划及模式

关于改简汉字的计划,钱玄同于 1920 年便提出过。他在《减省汉字笔画底提议》①中指出,决定从 1920 年 1 月起,花三四个月时间做"一部书",拟选择普通常用的字大约 3 000 个,给那些笔画繁杂的都确定一个简单写法。至于那些本来就很简单的形体,比如"上""人""寸"等,则不需要再改造。他总体上认为,10 画以内的字,如果没有更为简单的写法,便不再改简。不过钱氏的这一计划当时并未真正实施。故而 1928 年超在《论简字》②中指出,钱玄同等人倡导的汉字简化为"先声",后"无下文"。

后来为配合民国教育部的汉字简化工作,钱玄同又在相关论著中谈到了整理简体字的计划和展示模式。1935 年 2 月,钱氏在《与黎锦熙汪怡论采选简体字书》③中介绍了他整理简体字的进展,拟将《国音常用字汇》中的所有字都用采选出的简体字转写,并将其命名为《实用简体字表》。此字表分为五栏,第一栏为正楷,之后分别为行草、俗体、古体、别体。钱氏指出,后面四栏只是要说明所录形体的来源,而非每个字都有上面四种来源。具体做法上,每类只选录其中一个写法,如果某个字有两个或两个以上的简易形体,且都较为通行,则全部收录。同年 8 月,钱氏又在《论简体字致黎锦熙汪怡书》④中指出,他不赞同黎锦熙"选数百字先制铜模"的主张,认为应该将 2 300 多字全部制成铜模;不仅如此,还需要陆续制作,并建议将第一批命名为《最常用简体字表》。钱氏还计划编纂《简体字集》和《简体字料》,并指出此"集"取"集大成"或《集韵》之"集",此"料"同于"史料"之"料"。

（三）所依据的原始字料

钱玄同在多篇论著中介绍过他整理简体字时所依据的原始字料,这不但方便了学者们对钱氏所选简易形体的核查和再研究,也为后世的汉字整理及规范工作树立了标杆。1934 年 2 月,钱氏在《搜采固有而较适用的简体字案》⑤中指出,固有的简体字可取材的有六类:通行的俗体字,宋元以来的俗字,章草,行书和今草,《说文》中笔画少的异体,碑碣上的别字。至 1935 年 1 月,他又在《几句老话——注音符号,G.R.和简体字》⑥中指出,"俗体字"在《国音常用字汇》中已有一些,《宋元以来俗字谱》中也可采录;行

---

①　钱玄同,《减省汉字笔画底提议》[J],《新青年》,1920 年第 3 期。
②　超,《论简字》[J],《新评论》,1928 年第 22 期。
③　钱玄同,《与黎锦熙汪怡论采选简体字书》[J],《国语周刊》,1935 年第 176 期。
④　钱玄同,《论简体字致黎锦熙汪怡书》[J],《国语周刊》,1935 年第 204 期。
⑤　钱玄同,《搜采固有而较适用的简体字案》[J],《国语周刊》,1934 年第 123 期。
⑥　钱玄同,《几句老话——注音符号,G.R.和简体字》[J],《国语周刊》,1935 年第 174 期。

书、草书从"古今法帖"中采录,一些石印本亦可拣选。

至 1935 年 2 月,钱氏在《与黎锦熙汪怡论采选简体字书》[1]中,对采选简体字的材料作了更为详细的说明。第一类,草书。认为这是简体字的主要来源,具体可分为"章草"和"今草"。"章草"点画较分明,易于书写;但有一部分字笔画繁多,且有的字形较古。"今草"比"章草"要简单,但点画不甚分明。对此钱氏认为,应该择其善者而采录。他还指出,草书的偏旁很丰富,碰到现有材料中没有简易形体的字,可采用已有偏旁而"为新的配合",并认为这种做法不违背"述而不作"的原则。第二类,行书。其笔画比草书繁,但比正楷略微简易。第三类,自宋代以来的俗体字。这类字由民众书写而来,其笔画介于草书和行书之间。第四类,《说文》中笔画简少的古体字。第五类,碑志造像、敦煌写本中笔画简少的别体字。

此外,1935 年 5 月,钱玄同还在《简体字:钱玄同致王部长函、致张司长函》[2]中列出了编写《第一批简体字表》所依据的十种字料。分类来看,"章草"类有《急就篇》《月仪》《出师颂》,淳化阁帖中之章草数种,王世镗的《章草草诀歌》;"今草"类有智永的《真草千字文》,陶南望的《草韵汇编》;"俗体"类有刘复的《宋元以来俗字谱》;"别体"类有颜元孙的《干禄字书》,顾蔼吉的《隶辨》。

五、对字形简化程度及简体字推行问题的探究

钱玄同还探求了字形简化的程度及简体字的推行问题。他认为"章草"是简化之极致,不应将所有汉字都简为"三四"画。对于简体字的推行,钱氏主张让学生学习"新字",社会上也应使用"新字",以免造成"求简反繁"的结果。

(一)对字形简化程度的认识

对字形进行简化是问题的一个方面,问题的另一个方面是简化到什么程度。1930 年,钱玄同在给卓定谋之《章草考》作的《序》[3]中指出,汉字笔画的改简,至章草而"达于极点",不可再简,再简便不适用了。他还梳理了汉字自甲骨文起简便化的历史,以进一步阐明何以"章草"是简化之极致。钱氏认为字体求简应有尺度,繁于章草的隶书笔画太多,简于章草的今草、狂草形体混淆者甚众。

另外,钱氏认为不能将所有汉字都改简为三四画,对此他在《〈章草考〉

---

① 钱玄同,《与黎锦熙汪怡论采选简体字书》[J],《国语周刊》,1935 年第 176 期。
② 钱玄同,《简体字:钱玄同致王部长函、致张司长函》[J],《国语周刊》,1935 年第 191 期。
③ 钱玄同,《〈章草考〉序》[J],《师大国学丛刊》,1930 年第 1 期。

序》中也作了说明。钱氏指出,文字一方面应求简便,另一方面应求区别。如果一味求简,将所有字都改成三四画,则会破坏汉字形体间的区别性特征,致使这套符号系统不适用。显然,钱氏认为文字符号求简易应在满足求区别的前提下进行。与此同时,他还以欧洲拼音文字的字母为例,进一步阐明不可将所有汉字都简省作三四画之缘由。

在上面基础上,钱玄同进而指出,宋元以来的"破体小写"在形体省变上虽与章草有异,但笔画数量却相差不多,且其笔画不牵连,亦与章草相似。由此钱氏认为,"破体小写"是最适用的字体。

(二)对简体字推行的主张

关于简体字的推行,钱氏之论既涉及推行对象、推行范围,也涉及简体字模的铸造。此外,简体字推行后是否要同时行用繁体字,钱氏也有过相关阐述。需要说明的是,鉴于《第一批简体字表》后附的九条推行规则非钱氏一人之成果,故而此处暂不作为考察依据。

1920 年 2 月,钱玄同在《减省汉字笔画底提议》①中指出,简体字应该从学校开始推行,因为学生在书写时急需这类字;学生在学校学了"新字",便不用再学"旧字";至于已经学习了"旧字"的学生,可以在他们的"习字"课上改学"新字"。钱氏还指出,等简体字流行开来后,印刷用的铅字也应重铸。其理由为尽管铅字笔画的多少对印刷速度的快慢无影响,但如果学生学的是"新字",印刷用的是"旧字",则学生需要认识两种字,其结果是"求简反繁"。他还主张将注音字母一同铸上去,以便补救汉字音读不显的缺陷。

另外,1922 年 8 月,钱玄同在《减省现行汉字的笔画案》②中指出,希望由"国语统一筹备会"制定简体字,由商务印书馆、中华书局等铸铜模铅字,从学校教科书开始推行,进而扩展到新书新报。钱氏还主张后续重印古籍时,也应改为简体字,并对可能出现的一些反对观点进行了辩驳。他同时强调指出,简体字通行后,人们只需认识简体字。

综上来看,作为民国时期汉字简化发展的关键推动者之一,钱玄同对字形简化工作的贡献是全方位的。故而早在民国时期,便有学者对钱氏的汉字简化行为进行过考察。比如王力在《汉字改革》(1940)③中,将"简体字"这一方案的倡导者分为两派:其一,主张选择宋元以来的俗字,由"教育部"

---

① 钱玄同,《减省汉字笔画底提议》[J],《新青年》,1920 年第 3 期。
② 钱玄同,《减省现行汉字的笔画案》[J],《国语月刊》,1922 年第 7 期。
③ 王力,《汉字改革》[M],长沙:商务印书馆,1940 年,第 54 页。

颁行,这一派以钱玄同为代表;其二,主张除了选择民间流行的简体字外,以笔画简单为原则,另创制一套新字,这一派以陈光尧为代表。再比如吴一心在《中国文字改革运动之史的综述》(1947)①中谈"简字"问题时,列出了钱氏汉字简化工作的几个关键节点。诸如此类的成果,我们在撰写此部分时均进行了参考。不过,"钱玄同汉字简化"这一主题下的几篇著述尚未寻得,主要有《汉字改良的第一步——减省笔画》(1920)②、《钱玄同关于注音汉字铜模及简字问题的谈话》(1935)③、《钱玄同病中编制简体字情形》(1935)④、《钱玄同所拟简体字表"清稿"即可全部竣事》(1935)⑤等。后续研究中我们将继续搜集,以亟更加完善。

第三节　黎锦熙的汉字简化

黎锦熙(1890—1978),字劭西,湖南湘潭人⑥,研究领域甚广,在语言文字、语文教育、辞书编纂、方志、目录等领域均有卓著功绩。其语言文字方面的建树,又具体表现在国语运动、文字及文字改革、语法学、音韵学、训诂学、修辞学等分支学科上。诚如郭绍虞所言,黎氏是"国语学"的专家,"专而能通,博而返约",在近世学者中少见。⑦ 就字形简化问题而论,黎锦熙深度参与了民国时期的汉字简化运动和新中国的文字简化工作,集中表现在下面三个阶段:1922 年,黎锦熙与钱玄同等人在"国语统一筹备会"第四次大会上提出了"改简汉字"的方案,并组建成立了"汉字省体委员会"。1935 年 1月,当时的教育部决定推行义务教育,邀请黎锦熙、汪怡赴京商议铸注音汉字铜模和选录简体字事宜;同年 6 月,时任教育部长王世杰又邀"国语统一会"常务委员黎锦熙、钱玄同、汪怡赴京共同商议推行简体字的具体办法⑧;该年 8 月,民国政府颁行了由钱、黎、汪等人制定的《第一批简体字表》。新中国成立后,1949 年设立了"中国文字改革协会",1954 年更名为"中国文

---

① 吴一心,《中国文字改革运动之史的综述》[J],《中华教育界》,1947 年第 8 期。
② 钱玄同,《汉字改良的第一步——减省笔画》[J],《平民教育》,1920 年第 16 期。
③ 《钱玄同关于注音汉字铜模及简字问题的谈话》[N],《世界日报》,1935 年 1 月 26 日。
④ 《钱玄同病中编制简体字情形》[N],《北平晨报》,1935 年 3 月 2 日。
⑤ 《钱玄同所拟简体字表"清稿"即可全部竣事》[N],《世界日报》,1935 年 6 月 12 日。
⑥ 黎泽渝,《黎锦熙先生年谱》[J],《汉字文化》,1995 年第 2 期。
⑦ 郭绍虞,《黎劭西先生赞》[A],张鸿苓等编,《黎锦熙论语文教育》[C],开封:河南教育出版社,1990 年,第 346 页。
⑧ 《黎锦熙赴京商简体字谱》[J],《民众教育通讯》,1935 年第 4—5 期。

字改革委员会",黎锦熙均为委员之一;1956 年公布了《汉字简化方案》,1964 年发布了《简化字总表》。

当今学者从不同视角出发,对黎锦熙诸领域的成就展开过多方面的研究,不过黎氏汉字简化的成果并没有得到学者们的重视。比如孙毓蘋的《黎锦熙先生传》①在谈黎氏的学术成就时,未涉及其汉字简化的成果;再比如刁晏斌在《黎锦熙先生语言思想研究》②中,重点考察了黎氏语法学、修辞学、辞书学及拼音规划等方面的思想,亦未谈及黎氏文字简化的成就。而全面梳理黎氏关于汉字简化的各类著述,充分发掘其文字简化的思想主张,客观展示其汉字简化的实施过程,深入探寻其形体简化的语言文字学理念,有利于进一步摸清民国时期汉字简化的发展情况,有利于进一步总结黎氏的语言文字学成就,也有利于汉字规范史、汉字学史的撰写与完善。同时,还可为当今和未来的汉字规范提供某些参考。有鉴于此,下面我们将以黎氏关于国语运动、文字改革的相关主张为背景,以其撰写的简体字类著述及记载黎氏参与汉字简化活动的会议纪要、新闻报道、书信往来等为核心材料,从概念界定、价值认知、整理原则、应用推行等方面,考察其汉字简化成就。

一、对简体字的历史定位及态度

正如黎锦熙所言,自有汉字以来,就有了简体字;它与繁体字一样,都属于汉字体系。从这一思路出发,黎氏将简体字与注音汉字、国语罗马字放置在同一维度中,讨论了其历史地位;在此背景下,他还表达了对简体字的态度。黎氏的这一做法为我们看待简体字问题提供了较为独特的思路。

(一) 黎氏对简体字的历史定位

整体来看,黎锦熙强调简体字是汉字发展的一个阶段,并认为拼音文字是汉字改革的最终方向。1922 年 3 月,他在《汉字改造论》③中提议,创制一种标记语音"连写词类"的新文字,认为这对于文学、文化的发展有很大贡献。同年 8 月,黎氏在《汉字革命军前进的一条大路》④中也对汉字改革问题进行了讨论。他梳理了晚清以来文字改革取得的成果及存在的问题,比如王照、劳乃宣等创制的拼音"简字",认为其失败之原因乃是仍依据旧有的汉字,而非依据真实的语言;对比了汉字文化圈处理汉字的成果和方式,比

---

①　孙毓蘋,《黎锦熙先生传》[A],张鸿苓等编,《黎锦熙论语文教育》[C],开封:河南教育出版社,1990 年,第 327 页。

②　刁晏斌等,《黎锦熙先生语言思想研究》[M],北京:中国社会科学出版社,2013 年。

③　钱玄同、黎锦熙、胡适,《汉字改造论》[J],《教育杂志》,1922 年第 3 期。

④　黎锦熙,《汉字革命军前进的一条大路》[J],《国语月刊》,1922 年第 7 期。

如朝鲜、越南等国对汉字的改造等,认为他们对汉字的改造之所以不成功,根本在于改造后的形体太过繁难。在上面基础上,黎氏认为由于中国的语言和文字早已"分家",故而改革汉字时应依据汉语,而非仍继续根据汉字。与此相类,1934 年 6 月黎氏在《汉字改革问题答客问——国语罗马字的国际影响》①中主张制定适合汉语的国语罗马字。至 1964 年 7 月,他又在《文字改革和语言科学、语文教学三结合的建议——初等教育阶段》②中指出,文字改革是为教育改革服务,其目的是迅速提高中国人的文化水平;认为该时期对汉字进行简化是文字改革的初步工作,而其前进目标则是让汉字逐渐走向"拼音化"。

除阐明其对汉字改革未来走向的认识外,黎氏还对不同改革方式的历史地位进行了评定。他先后在《大众语文的工具——汉字问题》(1934)③、《短期义教和文字改革》(1936)④两篇文章中,重点针对简体字、注音汉字、国语罗马字三种改革办法进行了讨论。黎氏指出,中国文字改革包括简体字、注音汉字、国语罗马字三个阶段。简体字阶段属于汉字"改良",是从汉字本身出发,将繁体字改得简单些,比如"體"作"体"、"發"作"发"等。其中很多都是百姓日常已经习惯的书写形体,主要用于写信、写便条、打草稿等;不过需要政府予以认可,准许其在考题试卷、官方文件、教科书等正式场合使用。1935 年 8 月民国教育部颁布了《第一批简体字表》,黎氏认为这标志着政府层面已经承认了那些通行的简体字,使其与正体字有了同等地位,不再因科举制度的遗弊而无法正式行用。注音汉字阶段属于汉字"改换",即为汉字加上注音,此种符号可用于注"国音",亦可用于注"土音";可注于汉字旁边,也可单用于注口语。黎氏指出,并非要求书写时加上注音,而是印刷时加上注音,这样看阅时会非常便利;他还主张给简体字和繁体字都加上注音。国语罗马字阶段属于汉字"改革",指为汉语另造一种拼音文字。在上面基础上,黎氏又指出,简体字是对过往"残余阶段"的"补充"工作,注音汉字是其时"过渡阶段"的"紧急"工作,国语罗马字是将来"必然阶段"的

---

① 黎锦熙,《汉字改革问题答客问——国语罗马字的国际影响》[J],《文化与教育》,1934 年第 21 期。

② 黎锦熙撰、黎泽渝整理,《文字改革和语言科学、语文教学三结合的建议——初等教育阶段》[J],《语文建设》,1990 年第 1 期。按,黎泽渝在整理后记中指出,黎锦熙此文初稿完成于 1964 年 7 月。

③ 黎锦熙,《大众语文的工具——汉字问题》[J],《国语周刊》,1934 年第 155 期。另外,《文化批判》于 1934 年第 6 期上亦刊发了此文,其题名为《大众语文工具》,其中第一部分为《汉字问题》。

④ 黎锦熙,《短期义教和文字改革》[J],《国语周刊》,1936 年第 227 期。该文又刊发于《青年文化》1936 年第 5 期,其题名为《文字改革的三阶段》。

"准备"工作。

（二）黎氏对简体字的态度

虽然黎锦熙认为汉字改革的最终方向是走拼音文字之路，但他并不反对对汉字进行简化，其理由为简体字是顺着汉字自然趋势发展的，从古代便如此。他的《大众语文的工具——简体字》（1934）①、《简体字论》（1936）②等文章，在考察汉字简化发展历史情况的基础上，一方面探求了民国初期简体字运动成效甚微的关键原因，另一方面表明了他对简体字的态度。即遵循"自然"的规则，不强定系统，不臆造新体，而管理部门的职责更多是"审订"和"承认"。

黎氏在《简体字论》中简要梳理了甲骨文、钟鼎文、小篆中的简体字情况，并指出以前的学者基本不谈这类简体字，而是重点针对唐宋以来楷书或行书中的常用字。至明末清初，不少文人学士都喜欢书写简体字，但由于该时期没有开展普及教育的运动，也没有将简体字作为教育工具去改良的运动，从而真正意义上的简体字运动始于清末。商务印书馆的张元济、高梦旦以及中华书局的陆费逵是提倡采用简体字的典型，不过他们三人更多从教育的角度考虑，不赞成用简体字重印古籍。1922年，钱玄同等人在"国语统一筹备会"第四次大会上提交了《减省现行汉字的笔画案》。该提案当时即通过，并成立了"汉字省体委员会"，该组织含15名成员，由张一麐任主席，其余委员有钱玄同、黎锦熙、沈兼士、杨树达等14人。

由上来看，尽管政府层面提倡简省汉字一事较早，但其收效并不明显。对于其原因，黎锦熙在《大众语文的工具——简体字》（1934）③中，以钱玄同的"提案"、胡适之的"意见"为参照进行了分析，并借此阐明了他对简体字的态度。首先，黎氏转引了胡适《〈国语月刊·汉字改革号〉卷头言》④的相关观点，即"小百姓"创制并提出"破体字"，但"文人学士"并没有做好"审查"和"追认"工作，反倒要为简体字新定出一个"系统"。他认为这是"图易

① 黎锦熙，《大众语文的工具——简体字》[J]，《国语周刊》，1934年第156期。该文又见于《教育短波》1934年第二期、第五期，其题名为《简体字》；还见于《文化与教育》1934年第32期，其题名为《大众语文的工具——简体字》（大众语文学短论之六）；《文化批判》于1934年第6期上也刊发了此文，其题名为《大众语文工具》，第二部分为《简体字》。此外，1934年出版的《国语运动史纲》之《二论"大众语文"》中亦收录了此文。

② 黎锦熙，《简体字论》[J]，《国语周刊》，1936年第246期。《文化与教育》于1936年第94期也刊载有此文，题名为《注音符号与简体字》（下）。此文原本为民国二十五年（1936）六月三十日黎锦熙的一篇"教育播音讲稿"。

③ 黎锦熙，《大众语文的工具——简体字》[J]，《国语周刊》，1934年第156期。

④ 胡适，《〈国学月刊·汉字改革号〉卷头言：用历史的眼光说明简笔字的价值》[J]，《国语月刊》，1922年第7期。

于难"的行为,亦是造成该时期汉字简化运动收效不大的关键因素之一。其次,黎氏认为"小百姓"使用的汉字数量本来很有限,他们"创造"的"破体字"如果调查齐全,是基本够用的;假如不够用,可以在将来的"简体字谱"中再挑出一些"固有而较适用"的,而不是去为他们"创造"新的。换言之,他认为简体字的"创制权"完全在"小百姓"手里,政府和文人学士都不能"滥用"这种权利。第三,黎氏又指出,对具有久远历史的汉字这种语文工具进行改进,若是从其本身入手,比如造简体字、造拼音文字,是很不经济的。因为新造的各种字对于"小百姓"而言,同样不认识;与其这样,不如为它单独设立一个辅佐者,比如注音符号、国语罗马字。不过黎锦熙又明确指出,他本人很赞同简体字运动,认为这是倡导"大众语文"阶段应该做的事情;只是强调需要在"自然"的原则下进行,可以采用"小百姓"习用的,但不可强定系统、不应臆造新体。

二、对简体字名称及整理原则的讨论

除简体字这一表述外,用于指称这类现象的用语还有"俗体""破体""小写""简笔字""简字""手头字"等。这些表述有何异同,哪个或哪几个表述最能概括此类现象,又不至于造成歧解,这是黎氏对简体字问题的又一关注点。同时,他还先后三次讨论过整理简体字的一些具体原则。

(一)厘定简体字的名称

黎氏认为,指称简体字类文字现象的一些表述带有"褒贬"性质,由此他建议最好用"简体字"这一表述,因为该名称最为客观,也最具代表性。1936年6月,黎锦熙的《简体字论》①在梳理文字简化发展过程的基础上,为简体字进行了"正名"。黎氏指出,老百姓觉着一些字难写,便简省其笔画。学者们通常将其称作"俗体",与"雅体"相对;或称作"破体",与"正体"相对;或称作"小写"字,与"大写"字相对。对此黎锦熙认为,为着民众教育着想,不必再采用此种具有"褒贬"性质的名称,而是统一称作"简体字";与"简体"相对的是"繁体",只取繁简之分,而无正俗之别。

此外,黎氏还通过辨析与"简体字"相类的一些概念,进一步肯定该名称,同时也揭示其内涵。其一,"简体字"又称作"减笔字",取简省笔画之义。但黎氏认为,"简体字"并不都是经简省笔画而来,有的只是改变了笔势。其二,或称作"简字",乃是"简体字"的简称。不过清末劳乃宣等曾将"官话字母"称作"简字",致使一些人将"简体字"与注音符号、新文字的字

---

①　黎锦熙,《简体字论》[J],《国语周刊》,1936 年第 246 期。

母并为一谈。对此黎氏认为,还是称作"简体字"更好;如此人们会比较明白,它只是汉字的一种简单字体,而非其他一种新字。其三,或又将其称作"手头字",意即这些字是手头上常写的。黎氏指出,称作"手头字"亦可,只是"教育部"规定的名称是"简体字"。

（二）确定简体字的整理原则

黎锦熙先后三次谈到了整理简体字的原则:1935 年,重点围绕《第一批简体字表》展开,主要体现在《关于简体字的各方意见的报告》①、《简体字之原则及其推行办法》②两篇文章中;1949 年 10 月,在《国语新文字论》中亦有涉及③;1960 年 8 月,在《略谈汉字简化三原则》④中又进行了专题考察。从其观点来看,黎氏关于简体字的整理原则前后具有一贯性。具体包括:

第一,选取简体字的基本原则:"述而不作""约定俗成"。1935 年黎氏指出,社会上流行的俗体字,需依据"述而不作"的原则予以承袭。其原因在于这类形体不但通行,且多保留了宋元以来的"旧体"。1949 年黎氏也指出,简体字应该以固有且可以通行的为主,其主导者是民众,官方更多是"审订、追认",而非"自造新字"。他认为 1935 年发布的《第一批简体字表》虽然不完备,但仍满足这一条件。黎氏同时指出,当时的简体字运动有的"自造新体",有的"强定系统",均未获成功。至 1960 年,黎氏又使用了"约定俗成"这一表述。他认为这是几千年来字体和字形发展演变的基本规律,比如由篆书变为楷书,就是"毫无理由"的"破体字";而"减笔字"经不断累积,最终往往成了"正体"。由此他认为,其时进一步简化字形,也需要从这一规律出发;通行了的就应"审订、承认、推行",而不必过多计较字形和字体。黎氏还指出,在此前提下可以创造出更多"有理由可说"的简体字,但明确反对人们任意制造简体字。

第二,处理遵循约定俗成与依照偏旁省改之关系的原则。由于俗体简字大都是常用字,且省减偏旁的做法牵涉太多,故而黎氏认为暂时不依照简省条例对该类字的偏旁进行省减,也不需要依照行草的系统再行改造,从而"第一批"简体字以整字随俗省减为主。不过黎氏又指出,行草的笔法多为偏旁的局部省变,能够形成系统的条例,可将此类整理为"偏旁表"。因之

---

① 黎锦熙,《关于简体字的各方意见的报告》[J],《国语周刊》,1935 年第 205 期。
② 黎锦熙,《简体字之原则及其推行办法》[J],《国语周刊》,1935 年第 205 期。按,此文虽刊发于 1935 年 8 月 31 日,但其撰成时间为 1935 年 6 月 25 日,在《第一批简体字表》正式发布前。
③ 黎锦熙,《文字改革论丛》[M],文字改革出版社,1957 年,第 1 页。
④ 黎锦熙,《略谈汉字简化三原则》[N],《光明日报·文字改革》,1960 年 8 月 25 日。

"第一批"字表收录了不少最常用及与偏旁系统有关的字。

第三,依据简省笔画之多寡选取简体字的原则。黎氏认为,应选择省笔较多的字,只简省一二笔的不必选择。具体做法上,他主张将固有的古今各类简体字搜集起来,排列成表格,一字多形的审订一体;虽然是新造,但已通行的也需追认。

第四,处理印刷体与手写体的原则。黎氏指出,古今中外的文字均是"两体并行",一为印刷体,一为手写体;前者的特征是"整齐茂密",后者的特征是"简易连结"。基于这一事实,他认为民国政府制定简体字之目的是为实现手写体的统一,即承认其时已经通行的俗体字,并对个体有特色的行草写法加以统一。虑及汉字数量众多的事实,黎氏又指出,"第一批"字表暂时将两种字体的界限打通:行草的笔法用楷体转写,勾连的断开,圆转的改为方正。在书写方面,刚开始学写字时虽不能立即写行草,但要为今后写行草做准备:点画虽断开,但仍应保留连势;笔画虽方正,但熟练后要做到圆转。

此外,黎氏的《略谈汉字简化三原则》在"约定俗成"这一前提下,还谈到了整理简体字的两种"原则",亦可称作"方法",即"形声结构"和"同音替代"。前者指采录新造的"形声结构"简体字。由于社会上通行的简体字大都是形声结构的,其"形"可表意,"声"能统一,易于推行。故而黎氏认为,群众创制的"形声结构"简体字,如果满足"约定俗成"的原则,亦可"审订"。后者指采纳社会上较流行的"白字",比如用"丰"代"豐"、用"干"代"幹"等。

三、对简体字应用及推行问题的分析

黎锦熙先后在三个时间段讨论过简体字的应用和推行问题。民国时期《第一批简体字表》(1935)发布后,他结合该字表,在《简体字之原则及其推行办法》①、《简体字论》②等文章中考察了简体字的推行;1949 年在"中国文字改革协会"③成立大会上,也谈到了简体字推行的一些问题;1964 年《简化字总表》发布后,黎氏在《文字改革和语言科学、语文教学三结合的建议——初等教育阶段》④中,围绕小学语文课本的汉字问题,再次讨论了简体字的

---

① 黎锦熙,《简体字之原则及其推行办法》[J],《国语周刊》,1935 年第 205 期。
② 黎锦熙,《简体字论》[J],《国语周刊》,1936 年第 246 期。
③ 黎锦熙,《文字改革论丛》[M],文字改革出版社,1957 年,第 1 页。
④ 黎锦熙撰、黎泽渝整理,《文字改革和语言科学、语文教学三结合的建议——初等教育阶段》[J],《语文建设》,1990 年第 1 期。

应用。其论题主要涉及简体字的推行办法及范围、简体字与注音符号的配合、简体字与繁体字的应用关系等。

简体字公布后，应广泛采用。1935 年 6 月，针对即将发布的《第一批简体字表》，黎锦熙在《简体字之原则及其推行办法》中主张，"第一批"简体字公布后，应由政府命令推行，凡学校、机关等均需使用。但由于"第一批"简体字数量有限，故而黎氏针对学校课本提出具体建议：短期教育和民众教育应该选择已经铸字模的 1 200 多个简体字代替正体字，并将正体字列在生字栏中，以备参照；正式小学课本可考虑用"印刷正体"作正文，将涉及的简体字单独一栏列出，以便参阅。不过，"第一批"字表最终未能真正推行。至 1949 年，黎氏又在《国语新文字论》中指出，将简写形体分批次公布，在公文和试卷中出现时，不可认为是错字；尽管简体字原本是手头所用，但既然要推行，则印刷书刊时也应使用，至少各类教科书必须采用已经发布的简体字；一些简体字在替代繁体字造成歧义时，可将原本的繁体字在旁边注明；那些尚未正式公布的简体字，如果社会上渐渐使用了，可随时予以追认。此外，1964 年黎锦熙在《文字改革和语言科学、语文教学三结合的建议——初等教育阶段》中，结合繁简字应用情况的调查指出，小学老师大都喜欢简体字，认为越多越好；而中学老师则希望停止简化，因为语文课本和课外读本上的文言还不少，对应的繁体字仍需学习，从而加重了负担。显然，这种结果是简体字未广泛推行或简体字数量不够造成的。

简体字需与注音符号搭配使用。黎氏主张在简体字的字模旁边同时铸注音符号。1935 年，他在《简体字之原则及其推行办法》中指出，"第一批"简体字应该和《注音汉字字模表》及其"推行办法"同时公布。其理由为，简体虽然便利了书写，但从学习心理视角论之，简体字与繁体字一样难以认识；而如果印刷物上有了注音符号，则会大大提高阅读效率。至 1936 年，黎氏在《简体字论》中也指出，推行简体字之目的是为方便书写，而非便利阅读，能方便阅读的是注音汉字。他进一步强调认为，从民众教育的现实需求来看，"注音字母"能更快地满足受教育者读书看报的需要。概括言之，即简体字配以注音符号，既可便利书写，也可提高阅读速度。

简体字与繁体字之应用关系：写简识繁。1935 年，黎锦熙在《简体字之原则及其推行办法》中主张，所有读物中凡有简体字的，对应的正体字只需认识，无须书写。至 1936 年，他又在《简体字论》中指出，简体字比繁体字易写，但并不比繁体字容易认识；提倡简体字为的是容易书写，但不能认为它要取代一切繁体字。不过，有人认为同时认识简体字和繁体字会加重学生和社会人士的识字负担，对此黎锦熙也进行了辩驳。他指出，一方面古今中外凡字都有印刷体和手写体,早晚都得认识它们,另一方面并不是每个汉字都有繁、简二体。与此同时,黎氏认为二者分工不同:简体字侧重写的方面;繁体字侧重看和读的方面,并不要求记住其写法。显然,黎氏提倡"写简识繁"。

综上来看,黎锦熙将简体字视作汉字发展的其中一个阶段,在认为汉字改革的最终方向是走拼音文字之路这一背景下,给予简体字以充分认可,并进行了深入探究。他以历史的眼光看待汉字简化及简体字,并在《简体字论》(1936)①中指出,简体字运动是改良教育工具的"小运动",而不是改造中国文字的"大运动",更多是让那些"不登大雅之堂"的俗体字、破体字等,获得与"正体字"相等同的地位,并非要把所有汉字都改为简体字;简体字只是"追认"社会上已经应用和流行开来的,而不是由政府和学者去"创造";政府和学者更多是将已经流行的某个字的不同简易写法加以"审订",选择最通行的一个作为标准,不应该长久地使教育工具有那么多的"麻烦"与"矛盾"。此外,黎氏还从社会应用视角为简体字正名,强调简体字在民众教育和识字教育中的价值,提议简体字需与注音符号配合使用,主张"写简识繁"等。

尽管从今日之学术视野来看,黎氏对汉字走向及简体字的某些看法不免受时代之局限,但其独特的探究视角及对简体字名称、价值、整理原则、推行办法等的论断,则展现出不少先进性和前瞻性,这对当今和未来的汉字整理及规范工作而言,有重要的参考价值。

本 章 小 结

晚清民国时期的汉字简化运动,是多种力量共同作用的结果,其中既有民间力量,也有政府行为,亦受外国文字及其改革之影响。具体来看,该时段汉字简化运动的发展,与陆费逵、胡怀琛、钱玄同、黎锦熙、周滫、杜子劲、贾尹耕(罗常培)、陈光尧等学者关系紧密,而钱玄同、黎锦熙则是最具代表性的学者。钱、黎二人既是简化思想的关键引导者,也是简化行为的重要实施者。

钱玄同对汉字简化问题的推进是全方位的,他在倡导走拼音化道路的同时,又主张暂时保留汉字,并提议对其进行改简。钱氏从字体演变视角及

---

① 黎锦熙,《简体字论》[J],《国语周刊》,1936 年第 246 期。

语言学理论视角，论证了汉字简易化的必然性和合理性；从文字的社会功能视角，阐明了简体字行用的现实性和必要性；主张广泛搜集固有的简易形体，以便利其时社会生活之需要，以促进当时文化、学术之发展。他首次归纳出了颇具系统性的汉字简化方法，首次提出了汉字的"类推"简化法，并整理出了 2300 多个简体字。

黎锦熙是民国时期国语运动、汉字改革的先锋及核心推动者，就字形简化问题而论，黎氏对汉字简化工作的推进及简化问题的讨论集中于三个时段：1922 年"国语统一筹备会"第四次会议前后，1935 年《第一批简体字表》发布前后，1964 年《简化字总表》发布前后。整体观之，黎氏对简体字的概念界定、价值认知、整理原则、应用推行等所持的态度前后较为一致。他在认为拼音文字是汉字改革最终方向的背景下，肯定了简体字，并为简体字正名，主张搜集固有简易形体加以推行。

晚清民国时期汉字简化发展年谱

体 例 说 明

1. 本"年谱"所涉不重复材料共计 427 种,除各类专著外,共涉及不同名称的期刊、报纸、信件约为 207 种,刊登汉字简化成果最多的五种刊物依次为《国语周刊》《教育杂志》《教育与民众》《江苏省小学教师半月刊》《论语》;涉及该时期的主要研究者约为 235 人,其中讨论汉字简化问题最多的前五人依次为陈光尧、黎锦熙、杜子劲、钱玄同、贾尹耕(罗常培)。

2. 具体做法上,本《年谱》参照杜子劲的《中国新文字问题月谱》《简体字年谱》、费锦昌的《中国语文现代化百年记事》等的模式,按年、月、日先后排列;同一年的按月份先后排列,同一月的按日期先后排列,同一日的按著者的姓氏排列;同一年度,月份不明的,按论著(事件)题名的音序排列在本年度最后;同一月份,日期不明的,按论著(事件)题名的音序排列在本月最后;撰作年代不明的,按论著(事件)的音序排列在本"年谱"最后。

3. 按时间先后顺序为所有论著(事件)给定序号,从"001"开始标注。

1891 年

001　康有为的《新学伪经考》出版。

1892 年

002　卢戆章的《一目了然初阶》出版。

1896 年

003　蔡锡勇的《传音快字》出版。
004　沈学的《盛世元音》出版。

1900 年

005　王照的《官话合声字母》出版。

1906 年

10 月
【21 日】
006　《竞业旬报》第 5 期上发表《简字研究》一文。
11 月
【1 日】
007　《竞业旬报》第 6 期上发表《简字学堂》一文。
【本年】
008　沈韶和的《新编简字特别课本》出版。

1908 年

2 月
【21 日】
009　田廷俊在《通学报》第 5 卷第 1 期上发表《简字不如代字官音不如正音说》一文。
3 月
【28 日】
010　吴稚晖在《新世纪》第 4 期上发表《评前行君之"中国新语凡例"》一文。
9 月
【11 日】
011　《通学报》第 6 卷第 3 期发表《行用简字平议》一文。

【本年】

012　章太炎发表《驳中国用万国新语说》，见《太炎文录初编·别录卷二》。

013　劳乃宣在《新朔望报》第 5 期上发表《增订合声简字谱》一文。

014　《新朔望报》第 4 期发表《简字谱》(1)一文。

015　《新朔望报》第 6 期发表《简字谱》(2)一文。

1909 年

1 月

【25 日】

016　陆费逵在《教育杂志》第 1 卷第 1 期上发表《普通教育当采用俗体字》一文。

2 月

【25 日】

017　沈友卿在《教育杂志》第 1 卷第 2 期上发表《论采用俗体字》一文。

3 月

【25 日】

018　陆费逵在《教育杂志》第 1 卷第 3 期上发表《答沈君友卿论采用俗字》一文。

4 月

019　《甘肃官报》第 21 期发表《推行简字之慎重》一文。

10 月

【15 日】

020　《直隶教育官报》第 18 期发表《推广夜课简字学堂》一文。

【本年】

021　都鸿藻在《浙江教育官报》第 8 期上发表《简字利弊说》(1)一文。

022　都鸿藻在《浙江教育官报》第 9 期上发表《简字利弊说》(2)一文。

1910 年

2 月

023　《福建教育官报》第 18 期发表《论简字为识字捷法宜由军队试行》一文。

11 月

【10 日】

024　《宪志日刊》发表《论简字与汉字汉语之关系因及其利害》(1)一文。

【11 日】

025　《宪志日刊》发表《论简字与汉字汉语之关系因及其利害》(2)一文。

【13 日】

026　《宪志日刊》发表《论简字与汉字汉语之关系因及其利害》(3)一文。

【14 日】

027　《宪志日刊》发表《论简字与汉字汉语之关系因及其利害》(4)一文。

【15 日】

028　《宪志日刊》发表《论简字与汉字汉语之关系因及其利害》(5)一文。

【16 日】

029　《宪志日刊》发表《论简字与汉字汉语之关系因及其利害》(6)一文。

1913 年

1 月

030　过耀根在《无锡教育杂志》第 1 期上发表《论简字与汉字之关系》(1)
　　　一文。

7 月

031　过耀根在《无锡教育杂志》第 2 期上发表《论简字与汉字之关系》(2)
　　　一文。

1918 年

4 月

【15 日】

032　钱玄同在《新青年》第 4 卷第 4 期上发表《中国今后之文字问题》一文。

10 月

【15 日】

033　吴稚晖在《新青年》第 5 卷第 5 期上发表《补救中国文字之方法若
　　　何?》一文。

1920 年

2 月

【1 日】

034　钱玄同在《新青年》第 7 卷第 3 期上发表《减省汉字笔画底提议》
　　　一文。

【本年】

035　李思纯在《少年中国》第 1 卷第 12 期上发表《汉字与今后的中国文
　　　字》一文。

036　钱玄同在《平民教育》第 16 期上发表《汉字改良的第一步——减省笔画》一文。

1922 年

2 月

【20 日】

037　陆费逵在《国语月刊》第 1 卷第 1 期上发表《整理汉字的意见》一文。

3 月

【20 日】

038　钱玄同、黎锦熙、胡适在《教育杂志》第 14 卷第 3 期上发表《汉字改造论》一文。

8 月

【20 日】

039　《国语月刊》第 1 卷第 7 期《汉字改革号》专刊出版。

040　蔡元培在《国语月刊》第 1 卷第 7 期上发表《汉字改革说》一文。

041　何仲英在《国语月刊》第 1 卷第 7 期上发表《汉字改革的历史观》一文。

042　后觉在《国语月刊》第 1 卷第 7 期上发表《汉字改革的几个前提》一文。

043　胡适在《国语月刊》第 1 卷第 7 期上发表《〈国学月刊·汉字改革号〉卷头言：用历史的眼光说明简笔字的价值》一文。

044　黎锦熙在《国语月刊》第 1 卷第 7 期上发表《汉字革命军前进的一条大路》一文。

045　钱玄同在《国语月刊》第 1 卷第 7 期上发表《汉字革命》一文。

046　钱玄同在《国语月刊》第 1 卷第 7 期上发表《减省现行汉字的笔画案》一文。

047　《国语月刊》第 1 卷第 7 期上发表《对于简笔字之我见》一文。

048　遇公在《国语月刊》第 1 卷第 7 期上发表《日本人和汉字改革》一文。

049　正厂在《国语月刊》第 1 卷第 7 期上发表《过渡时期中的汉字》一文。

050　正厂在《国语月刊》第 1 卷第 7 期上发表《做了"过渡时期中的汉字"以后》一文。

051　周起鹏在《国语月刊》第 1 卷第 7 期上发表《汉字改革问题之研究》一文。

052　周作人在《国语月刊》第 1 卷第 7 期上发表《汉字改革的我见》一文。

【本年】

053　陆费逵的《教育文存》由上海中华书局出版，其中第三卷收录了《论日本废弃汉文》一文。

1923 年

1 月

【20 日】

054　卢自然在《国语月刊》第 1 卷第 12 期上发表《汉字改革的我见》一文。

1924 年

4 月

【19 日】

055　季陶在《民国日报·觉悟》第 4 卷第 19 期上发表《减省汉字问题》一文。

1925 年

3 月

【1 日】

056　宫廷璋在《民铎杂志》第 6 卷第 3 期上发表《汉字改革的趋势》一文。

1927 年

7 月

【16 日】

057　陈光尧在《语丝》第 140 期上发表《简字举例：以简字改写〈大学〉经文全章》一文。

8 月

【20 日】

058　陈光尧在《语丝》第 145 期上发表《〈简字举例〉答客难》《〈简字问题〉答客难》二文。

10 月

【10 日】

059　陈光尧在《民国日报·觉悟》"双十增刊"上发表《中国文字趋简的历史观：请颁行简字议案及其研究里的一节》一文。

12 月

【本月】

060　杜定友在《图书馆学季刊》第 2 卷第 1 期上发表《圕》一文。

1928 年

4 月

【20 日】

061　艾伟在《教育杂志》第 20 卷第 4 期上发表《汉字之心理研究》(1)
　　　一文。

5 月

【20 日】

062　艾伟在《教育杂志》第 20 卷第 5 期上发表《汉字之心理研究》(2)一文。

6 月

【15 日】

063　陈光尧在《贡献》第 3 卷第 2 期上发表《发起简字运动临时宣言》一文。

8 月

【25 日】

064　杨端六在《现代评论》第 8 卷第 194 期上发表《改革汉字的一个提议》一文。

9 月

【10 日、11 日】

065　陈登皞在《京报副刊》上发表《中国文字改革的具体方针》一文。

【13 日、14 日】

066　薇芬在《京报副刊》上发表《中国文字改革的管见》一文。

【21 日、22 日】

067　企重在《京报副刊》上发表《我亦一谈改革中国文字》一文。

【30 日】

068　李作人在《京报副刊》上发表《改革中国文字问题》一文。

10 月

【30 日】

069　超在《新评论》第 22 期上发表《论简字》一文。

【本月】

070　胡怀琛在《南洋中学校友会会刊》第 4 期上发表《关于"新字"及"简
　　　字"的同意》一文。

071　胡怀琛的《简易字说》由上海商务印书馆出版。

11 月

【24 日】

072　吴健民在《京报副刊》上发表《谈谈文字的改革》一文。

1929 年

1 月

【14 日】

073　杭良在《民国日报·觉悟》第 1 卷第 14 期上发表《改简汉字的方法》（1）一文。

【16 日】

074　杭良在《民国日报·觉悟》第 1 卷第 16 期上发表《改简汉字的方法》（2）一文。

4 月

【30 日】

075　陈光尧在《河南教育》第 1 卷第 18 期上发表《国语罗马字与简字》一文。

076　刘仲昌在《河南教育》第 1 卷第 18 期上发表《民众教育与汉字革命》一文。

9 月

【本月】

077　河南省教育厅编辑的《中国新文字问题讨论集》出版。

10 月

【21 日】

078　杜子劲在《国语旬刊》第 1 卷第 9 期上发表《中国新文字问题月谱（国语运动文献调查）》一文。

12 月

【本月】

079　杜定友在《图书馆学季刊》第 3 卷第 4 期上发表《"圕"新字之商榷》（第二次）一文。

1930 年

1 月

【1 日】

080　陈登皞在《时事月报》第 2 卷第 1 号上发表《中国字应该怎样改良》一文。

2 月

【本月】

081　刘复、李家瑞编著的《宋元以来俗字谱》由北京中央研究院历史语言研究所出版。

3 月

【本月】

082　艾险舟发表《识字教学之研究》一文,见《学术讲演集》(第 1 集),安徽省政府教育厅编译处,1930 年版。

083　陈光尧在《图书馆学季刊》第 4 卷第 1 期上发表《关系简字书籍举要》一文。

084　卓定谋的《章草考》由北京北平自青榭出版。

9 月

【15 日】

085　张耀翔在《教育季刊》第 1 卷第 1 期上发表《改造汉字刍议》一文。

【本月】

086　傅葆琛在《教育与民众》第 2 卷第 1 期上发表《普及识字教育声中几个先决问题》一文。

10 月

【14 日】

087　陈光尧在《中华图书馆协会会报》第 5 卷第 6 期上发表《简字运动的概况》一文。

【本月】

088　徐则敏在《国立中央大学教育季刊》第 1 卷第 3 期上发表《汉字难易分析的研究》一文。

11 月

【本月】

089　李步青在《师院半月刊》第 3 卷第 1 期上发表《拟选民众应识的字之标准及其方案》一文。

090　李从之在《教育与民众》第 2 卷第 3 期上发表《简字的研究和推行方法的拟议》一文。

12 月

【15 日】

091　松崎柔甫在《辽东诗坛》第 62 期上发表《著述绍介:简字谱》(清劳乃宣编)一文。

【本月】

092　徐则敏在《中华教育界》第 18 卷第 12 期上发表《汉字笔画统计报告》一文。

【本年】

093　钱玄同在《师大国学丛刊》第 1 卷第 1 期上发表《〈章草考〉序》一文。

1931 年

1 月

【11 日、13 日、14 日、17 日、21 日、25 日、26 日】

094 许惠芬在《晨报·艺圃专栏》上连载《简易字概说——俗所谓简笔字》一文。

6 月

【20 日】

095 艾伟在《民众教育季刊》第 1 卷第 4 期上发表《汉字心理研究》一文。

【本月】

096 陈光尧的《简字论集》由上海商务印书馆出版。

9 月

【26 日】

097 杜子劲在《国语周刊》第 1 卷第 4 期上发表《最近五年来的中国新文字问题(1926—1930):一、引端》一文。

【本月】

098 陈光尧在《教育与民众》第 3 卷第 1 期上发表《介绍简易字说》一文。

10 月

【3 日】

099 杜子劲在《国语周刊》第 1 卷第 5 期上发表《最近五年来的中国新文字问题(1926—1930):二、国语罗马字第一次公布》一文。

【10 日】

100 杜子劲在《国语周刊》第 1 卷第 6 期上发表《最近五年来的中国新文字问题(1926—1930):三、国语罗马字第二次公布:(上)第一件事——公布前的论战》一文。

【17 日】

101 杜子劲在《国语周刊》第 1 卷第 7 期上发表《最近五年来的中国新文字问题(1926—1930):三、国语罗马字第二次公布:(下)第二件事——公布和公布以后》一文。

11 月

【本月】

102 徐则敏的《常用简字研究》由北京中央大学出版社出版。

1932 年

3 月

【本月】

103　杜定友在《图书馆学季刊》第 6 卷第 2 期上发表《"圕"新字之商榷》（第三次）一文。

7 月

【16 日】

104　万湘征在《星期评论》第 1 卷第 13 期上发表《汉字改革运动的回顾》一文。

【23 日】

105　贾尹耕在《国语周刊》第 2 卷第 44 期上发表《注音符号公布前之简字运动》（1）一文。

【30 日】

106　贾尹耕在《国语周刊》第 2 卷第 45 期上发表《注音符号公布前之简字运动》（2）一文。

8 月

【6 日】

107　贾尹耕在《国语周刊》第 2 卷第 46 期上发表《注音符号公布前之简字运动》（3）一文。

【13 日】

108　贾尹耕在《国语周刊》第 2 卷第 47 期上发表《注音符号公布前之简字运动》（4）一文。

【20 日】

109　贾尹耕在《国语周刊》第 2 卷第 48 期上发表《注音符号公布前之简字运动》（5）一文。

9 月

【24 日】

110　贾尹耕在《国语周刊》第 3 卷第 53 期上发表《注音符号公布前之简字运动》（6）一文。

10 月

【1 日】

111　贾尹耕在《国语周刊》第 3 卷第 54 期上发表《注音符号公布前之简字运动》（7）一文。

【8 日】

112　贾尹耕在《国语周刊》第 3 卷第 55 期上发表《注音符号公布前之简字运动》(8)一文。

1933 年

3 月

【11 日】

113　杜子劲在《国语周刊》第 3 卷第 76 期上发表《中国新文字问题月谱（1930—1932）》(1)一文。

【25 日】

114　杜子劲在《国语周刊》第 3 卷第 78 期上发表《中国新文字问题月谱（1930—1932)》(2)一文。①

【本月】

115　闵中一在《文理》第 4 期上发表《汉字变迁之大势及今后应有之改良》一文。

4 月

【30 日】

116　徐则敏在《民众教育季刊》第 3 卷第 2 期上发表《民众识字教育中的简字问题》一文。

5 月

【15 日】

117　郭荣陞在《南大半月刊》第 2 期上发表《汉字改革运动概述》一文。

10 月

【本月】

118　陈光尧的《简字论集续集》由上海启明学社出版。

11 月

【7 日】

119　何西亚在《晨报·晨曦》上发表《整理中国文字的必要》一文。

【11 日】

120　《老百姓日报·国语专刊》第 59 期发表《救济汉字典提倡俗字》一文。

【16 日】

121　林语堂在《论语》第 29 期上发表《提倡俗字》一文。

———————

①　按,第 78 期原标题中的时间误作"一九二九至一九三二",然从第 76 期的内容来看,正当作"一九三〇至一九三二"。

12 月

【3 日、4 日】

122　滢在《大公报·小公圃》上发表《提倡俗字》一文。

【16 日】

123　钱克顺在《论语》第 31 期上发表《读了廿九期〈提倡俗字〉后的一封信》。

124　曲元在《论语》第 31 期上发表《俗字方案》一文。

【30 日】

125　温锡田在《国语周刊》第 5 卷第 118 期上发表《提倡"俗字""别字"?》一文。

1934 年

1 月

【13 日】

126　浙江省立严州初中附小在《浙江教育行政周刊》第 5 卷第 20 期上发表《简体字的研究》一文。

【本月】

127　杜定友的《圕编目用简字标准字表》由上海中国图书服务社出版。

2 月

【1 日】

128　陈光尧在《论语》第 34 期上发表《简字九百个》一文。

【5 日】

129　钱玄同在《国语周刊》第 5 卷第 123 期上发表《搜采固有而较适用的简体字案》一文。

【17 日】

130　(杜)子劲在《国语周刊》第 5 卷第 125 期上发表《奉天承运的俗字》一文。

3 月

【本月】

131　刘德瑞在《小学问题》第 1 卷第 7 期上发表《讲义上正俗字之商榷》一文。

4 月

【28 日】

132　杜子劲在《国语周刊》第 6 卷第 135 期上发表《中国新文字问题月谱（1933）》一文。

5 月

【26 日】

133　杜子劲在《国语周刊》第 6 卷第 139 期上发表《中国新文字问题月谱补》一文。

【27 日】

134　《大公报》发表《改革汉字》一文。

【30 日】

135　《世界日报》发表《黎锦熙谈改革汉字问题》一文。

6 月

【10 日】

136　黎锦熙在《文化与教育》第 21 期上发表《汉字改革问题答客问——国语罗马字的国际影响》一文。

【15 日】

137　周先庚在《测验》第 2 卷第 1 期上发表《美人判断汉字位置之分析》一文。

【16 日】

138　杜子劲在《国语周刊》第 6 卷第 142 期上发表《中国文字问题的由来》一文。

【24 日】

139　补庵在《广智馆星期报》广字 277 号上发表《说俗字》（即简笔字，又名"简写"）一文。

7 月

【16 日】

140　徐则敏在《论语》第 43—45 期上发表《550 俗字表》一文。

8 月

【10 日】

141　梦飞在《文化与教育》第 27 期上发表《记钱玄同先生关于语文问题谈话》一文。

9 月

【15 日】

142　黎锦熙在《国语周刊》第 155 期上发表《大众语文的工具——汉字问题》一文。

【20 日】

143　胡愈之在《太白》第 1 卷第 1 期上发表《怎样打倒方块字》一文。

【22 日】

144　黎锦熙在《国语周刊》第 156 期上发表《大众语文的工具——简体字》一文。

【30 日】

145　黎锦熙在《文化与教育》第 32 期上发表《大众语文工具——简体字：大众语文学短论之六》一文。

10 月

【13 日】

146　黎锦熙在《教育短波》第 2 期上发表《简体字》(1) 一文。

【20 日】

147　黎锦熙在《教育短波》第 3 期上发表《简体字》(2) 一文。

【27 日】

148　黎锦熙在《教育短波》第 4 期上发表《简体字》(3) 一文。

11 月

【3 日】

149　黎锦熙在《教育短波》第 5 期上发表《简字体》(4) 一文。

【15 日】

150　吴稚晖、曹聚仁在《社会月报》第 1 卷第 6 期上发表《谈简笔字》一文。

12 月

【1 日】

151　吴法军在《乡村改造》第 3 卷第 25 期上发表《由简笔字说到农民识字问题》一文。

【8 日】

152　陈光尧在《国语周刊》第 7 卷第 167 期上发表《完成简字运动计划提要》(1) 一文。

【15 日】

153　陈光尧在《国语周刊》第 7 卷第 168 期上发表《完成简字运动计划提要》(2) 一文。

【16 日】

154　童仲赓在《正中》第 1 卷第 2 期上发表《简笔字的自然趋势》一文。

【本年】

155　黎锦熙的《国语运动史纲》由上海商务印书馆出版。

1935 年

1 月

【1 日】

156　闻惕生在《正中》第 1 卷第 3 期上发表《简笔字的商榷》一文。

【5日】

157 吴稚晖在《国语周刊》第7卷第171期上发表《本会为审核陈光尧的简字偏旁复教育部文》一文。

【18日】

158 《西北文化日报》第2版刊发《教部编订简体字谱及铸注音汉字铜模》一文。

159 《中央日报》刊发《教育部编订简体字谱及铸造注音汉字铜模》一文。

【26日】

160 《世界日报》刊发《钱玄同关于注音汉字铜模及简字问题的谈话》一文。

161 《中央日报》刊发《商讨简体字及注音汉字等问题》一文。

162 钱玄同在《国语周刊》第7卷第174期上发表《几句老话——注音符号,G.R.和简体字》一文。

【29日】

163 黎锦熙在《世界日报》上发表《关于注音汉字铜模及简体字问题的谈话》一文。

【31日】

164 《世界日报》刊发《关于推行国语及简字问题教部会议详情》一文。

2月

【5日】

165 研因在《儿童教育》第6卷第7期上发表《从白话文说到推行简体字》一文。

【9日】

166 钱玄同在《国语周刊》第7卷第176期上发表《与黎锦熙汪怡论采选简体字书》一文。

【12日】

167 陈光尧在《晨报》上发表《简字的标准及意义》一文。

【13日】

168 《北平日报》发表社论《改造文字之三要点》。

【15日】

169 《晨报》刊发社论《简体字之标准》。

170 蔡乐生在《测验》第2卷第2期上发表《为汉字的心理研究答周先庚先生》一文。

171 张新夫在《社教通讯》创刊号上发表《民众读物应采用手头字的建议》

一文。

【24 日】

172 《申报》刊发新闻《手头字之提倡》一则。

【25 日】

173 陈子展在《读书生活》第 1 卷第 8 期上发表《关于手头字》一文。

【28 日】

174 朱静秋在《实验教育》第 2 卷第 1 期上发表《简字运动与国语教材》一文。

3 月

【1 日】

175 《生活教育》第 2 卷第 1 期发表《推行手头字缘起》一文。

176 馥泉在《现代》第 6 卷第 2 期上发表《手头字运动》一文。

【2 日】

177 《北平晨报》刊发新闻《钱玄同病中编制简体字情形》一则。

【10 日】

178 吕思勉在《光华大学半月刊》第 3 卷第 6 期上发表《反对推行手头字提倡制定草书》一文。

【16 日】

179 耳耶在《新社会》第 8 卷第 6 期上发表《方块字·别字·手头字》一文。

【20 日】

180 丰子恺在《太白》半月刊第 2 卷第 1 期上发表《我与手头字》一文。

【25 日】

181 孙伏园在《民间》第 1 卷第 22 期上发表《简笔字的意义和用途》一文。

【28 日】

182 《教育与民众》第 6 卷第 7 期发表《教部开会讨论注音汉字与简体字》一文。

【29 日】

183 高雪汀在《报学季刊》第 1 卷第 3 期上发表《普及新闻教育与汉字改造》一文。

4 月

【1 日】

184 《中学生》第 54 期发表《关于手头字》一文。

185 坚壁在《江苏省小学教师半月刊》第 2 卷第 14 期上发表《关于手头

字》一文。

【5 日】

186 雕菰在《文饭小品》第 3 期上发表《存文会与简笔字》一文。

【6 日】

187 李家瑞在《中央日报·副刊》上发表《简体字与存文会》一文。

【10 日】

188 卞镛田在《文化与教育》第 50 期上发表《提倡简字不如直接提倡草字——汉字改革声中的异军——简字与草字的比较》一文。

【18 日】

189 李同愈在《中央日报·副刊》上发表《手头字运动》一文。

【20 日】

190 陈光尧在《华北日报》上发表《简字之采选问题》一文。

【27 日】

191 蕉心在《礼拜六》第 587 期上发表《"大众语""简笔字""写别字"》一文。

【30 日】

192 杰在《新民》第 76 期上发表《为什么要提倡手头字》一文。

193 醉竹在《青岛画报》第 13 期上发表《手头字质疑》一文。

【本月】

194 杜子劲在《山东民众教育月刊》第 7 卷第 3 期上发表《简体字年谱》一文。

5 月

【1 日】

195 胡行之在《现代》第 6 卷第 4 期上发表《关于手头字》一文。

196 苏子在《首都电厂月刊》第 51 期上发表《由简笔字说到"EL"》一文。

【9 日】

197 张文正在《华北日报·每日文艺》第 157、158 期上发表《谈俗字》一文。

【10 日】

198 强生在《社会半月刊》第 1 卷第 17 期上发表《识字与改造汉字》一文。

【13 日】

199 国泽在《汗血周刊》第 4 卷第 19 期上发表《简笔字》一文。

【15 日】

200 平在《清华周刊》第 43 卷第 1 期上发表《"大众语"跟"手头字"》一文。

【25 日】

201　《国语周刊》第 8 卷第 191 期发表《简体字：钱玄同致王部长函、致张司长函》。

202　史枚在《读书生活》第 2 卷第 2 期上发表《谈谈手头字》一文。

203　邹鸿操在《南大教育》创刊号上发表《简字与原字书写速度之比较》一文。

【30 日】

204　《晨报》刊发《北平研究院字体研究会编订简体字情形》一文。

6 月

【1 日】

205　潘广镕在《文苑》第 1 卷第 1 期上发表《简笔字与手头字》一文。

【2 日】

206　曹菊在《申报·业余周刊》上发表《语文问题》一文。

【5 日】

207　《中央日报》刊发《推行简体字案通过》的新闻。

【9 日】

208　秉在《申报·时评》上发表《文字的几种改革》一文。

【10 日】

209　《天津益世报》刊发社论《推行简体字问题》一则。

【12 日】

210　《世界日报》刊发新闻《钱玄同所拟简体字表"清稿"即可全部竣事》一则。

【15 日】

211　《礼拜六》第 594 期发表《推行简体字案》一文。

【16 日】

212　仲赓在《正中》第 2 卷第 1 期上发表《推行简体字的范围问题》一文。

【18 日】

213　陈光尧在《华北日报》上发表《常用简字表序》一文。

【22 日】

214　徐家绩在《北平交大周刊》第 67 期上发表《简体字问题的商榷：并评述龙运鼎君意见之谬误》一文。

【27 日】

215　《申报》上刊发新闻《简体字将推行全国》一则。

【本月】

216　《汉口舆论汇刊》第 17 期发表《简字运动》一文。

7 月

【1 日】

217 黄祖英在《江苏省小学教师半月刊》第 2 卷第 20 期上发表《对于手头字的疑问》一文。

218 林瑛在《北调》第 2 卷第 1 期上发表《对于简笔字的两点意见》一文。

219 潘新藻在《正中》第 2 卷第 2 期上发表《推行简体字的商榷》一文。

220 焉知在《江苏省小学教师半月刊》第 2 卷第 20 期上发表《手头字以外》一文。

【2 日】

221 钟乔在《国光杂志》第 5 期上发表《谈谈"推行简字"》一文。

【5 日】

222 陈在《青年文化》第 2 卷第 3 期上发表《关于推行手头字》一文。

【10 日】

223 鹤在《现代民众》第 1 卷第 12 期上发表《民教情报：简体字表编竣》一文。

【15 日】

224 曹懋唐在《江苏教育》第 4 卷第 7 期上发表《对于反对推行手头字提倡制定草书问题之商榷》一文。

【25 日】

225 程子在《民众先锋》第 1 卷第 2、3 期上发表《推行简字办法》一文。

【30 日】

226 南郭在《海王》第 7 卷第 32 期上发表《简笔字》一文。

【本月】

227 章荣在《中华教育界》第 23 卷第 1 期上发表《简字的价值及应用之试验研究》一文。

8 月

【1 日】

228 《江西教育月刊》第 10 期转发《教部公布之简体字》。

229 《中华教育界》第 23 卷第 2 期转发《推行简体字办法》。

230 闵中一（闵宗益）在《东方杂志》第 32 卷第 15 期上发表《汉字变迁之大势及今后应有之改良》一文。

【20 日】

231 《芒种》第 9 期、10 期合刊上发表《简体字问题》一文。

232 绥靖在《觉今日报·文艺地带》上发表《为手头字运动辩护》一文。

【21 日】

233　《中央日报》刊发《第一批简体字表》。

【22 日】

234　李岑在《觉今日报·文艺地带》上发表《关于手头字》一文。

【24 日】

235　钱玄同在《国语周刊》第 8 卷第 204 期上发表《论简体字致黎锦熙汪怡书》一文。

【25 日】

236　《华北日报》第 3 版刊发社论《关于简体字之推行》。

237　绥靖在《觉今日报·文艺地带》上发表《再说手头字》一文。

【27 日】

238　懋炎在《清华周刊》第 43 卷第 11 期上发表《论简体字》一文。

【31 日】

239　黎锦熙在《国语周刊》第 8 卷第 205 期上发表《关于简体字的各方意见的报告》一文。

240　黎锦熙在《国语周刊》第 8 卷第 205 期上发表《简体字之原则及其推行办法》一文。

【本月】

241　《民众教育通讯》第 5 卷第 4 期、5 期发表《黎锦熙赴京商简体字谱》一文。

242　《中国国民党指导下之政治成绩统计》第 8 期发表《民众教育之推行：一,第一批简体字之公布;二,促进注音汉字推行办法之公布;三,其它事项之办理》一文。

9 月

【1 日】

243　《邕宁教育界》第 4、5 期发表《关于简体字》一文。

244　徐则敏在《江苏省小学教师半月刊》第 2 卷第 24 期上发表《谈简字：简字运动的现状和关于简字种种的说明》一文。

245　育苍在《邕宁教育界》第 4、5 期上发表《文化建设与简字运动》一文。

246　周淦在《教与学》第 1 卷第 3 期上发表《简体字问题》一文。

【11 日】

247　S.W.在《社会新闻》第 12 卷第 8 期上发表《全国"通行"简体字》一文。

【16 日】

248　《中国文化建设协会山西分会月刊》第 1 卷第 9 期转发《简体字推行办法》一文。

249　吴家慎在《教育生活》第 2 卷第 8 期上转发《教育部公布简体字：小学及民校课本一律采用》一事。

250　郑疆斋在《秦风周报》第 1 卷第 27 期上发表《教育部通令推行简字之检讨》一文。

【19 日】

251　《申报》刊发《何键电中央不赞成简字》一文。

【28 日】

252　《教育与民众》第 7 卷第 1 期发表《教部积极推行简体字及注音汉字：制定推行办法各九条，通令全国各学校著作家印刷局一律采用》一文。

253　史枚在《礼拜六》第 609 期上发表《关于手头字》一文。

【本月】

254　《民众教育通讯》第 5 卷第 6 期转发《教部颁布推行简体字办法》。

255　《山东民众教育月刊》第 6 卷第 7 期转发《部颁简字及推行办法》。

256　萧迪忱在《山东民众教育月刊》第 6 卷第 7 期上发表《汉字改革问题的回顾和展望》一文。

257　杨晋豪在《青年界》第 8 卷第 2 期上发表《从手头字到世界语》一文。

10 月

【1 日】

258　《教育短波》第 40 期发表《考试答案用简体字》一文。

259　皎在《翊教》第 4 卷第 7 期上发表《对于推行简笔字的意见》一文。

260　吴心恒在《新亚细亚》第 10 卷第 4 期上发表《论简体字》一文。

【2 日】

261　《南京朝报》刊发新闻《教部颁发简体字后施行上困难丛生》一则。

【5 日】

262　张经在《南京朝报》上发表《讨论简体字》一文。

263　之光在《新文字半月刊》第 3、4 期上发表《简体字在文字运动中的地位》一文。

264　《社会新闻》第 13 卷第 1 期发表《简字问题的商榷》一文。

【7 日】

265　周涤钦在《江苏广播双周刊》第 8 期上发表《小学教材与简体字》一文。

266　陈光尧在《华北日报》上发表《为简体字呼冤》一文。

【10 日】

267　雷震在《广播周报》第 56 期上发表《简体字在识字运动上之意义》一文。

【15 日】

268　《社友通讯》第 4 卷第 4 期发表《奉令推行简体字：第一批经明令公布，希各社员尽量采用》一文。

【17 日】

269　周毓英在《文化生活》第 1 卷第 2 期上发表《怎样推行简体字》一文。

【19 日】

270　《国语周刊》第 9 卷第 212 期转发《第一批简体字选编经过》。

271　《国语周刊》第 9 卷第 212 期发表《各省市教育行政机关推行部颁简体字办法》。

【20 日】

272　胡绳在《新文字》第 3 期上发表《略论手头字》一文。

【27 日】

273　喆夫在《新天津画报》第 112 期上发表《谈简笔字》一文。

11 月

【1 日】

274　《中华教育界》第 23 卷第 5 期转发《简体字表选编经过》。

275　太原存文会在《天津益世报》上发表《请勿强制推行简体字》一文。

276　王世英、铃木择郎在《华语月刊》第 49 期上发表《简字运动》一文。

277　徐则敏在《教师之友》第 1 卷第 11 期上发表《简字的效用和性质》一文。

【5 日】

278　疑古玄同(钱玄同)在《小学与社会》第 1 卷第 40 期、41 期上发表《历史的汉字改革论》(1)一文。

【9 日】

279　柯愈德在《中华周刊》第 530 期上发表《我对于所谓简体字之意见》一文。

【10 日】

280　顾良杰在《教育杂志》第 25 卷第 11 期上发表《吾人对于简体字表应有的认识》一文。

【12 日】

281　凌霄在《天津商报画刊》第 15 卷第 46 期上发表《简体字·别字》一文。

282　疑古玄同(钱玄同)在《小学与社会》第 1 卷第 42 期上发表《历史的汉字改革论》(2)一文。

283　张永年在《青年文化》第 2 卷第 6 期上发表《由六书的条例推论汉字的演变》一文。

【15 日】

284　《图书展望》第 2 期发表《各种公牍采用简体字》一文。

285　张定华在《行政效率》第 3 卷第 5 期上发表《简体字与行政效率》一文。

【16 日】

286　《国光杂志》第 11 期发表《对于教育部推行简体字表之意见》一文。

287　《国语周刊》第 9 卷第 216 期发表《关于简体字：教育部训令及本会覆文》一文。

288　靖尘在《国光杂志》第 11 期上发表《论教育部推行简体字》一文。

289　王怡亲在《常识画报：高级儿童》第 19 期上发表《介绍简体字》一文。

【22 日】

290　邹鲁在《国立中山大学日报》第 2056 期上转发《一,部令第一一四〇〇号;二,〈第一批简体字表〉;三,各省市教育行政机关推行部颁简体字办法;四,选编经过》。

【23 日】

291　《国语周刊》第 9 卷第 217 期发表《本会审查欧阳溱简笔字之研究覆教育部文》一文。

【28 日】

292　方天游在《教育与民众》第 7 卷第 3 期上发表《简体字注音符号与民众语文教育》一文。

293　顾良杰在《教育与民众》第 7 卷第 3 期上发表《简体字在民众教育上的价值》一文。

【本月】

294　《河南政治》第 5 卷第 11 期发表《一月来之财政：通令各县征收处采用简体字以促进工作效率》一文。

295　左绍儒在《小学问题》第 3 卷第 18 期上发表《部颁简字表的介绍和问题》一文。

12 月

【1 日】

296　《教育短波》第 46 期刊发《推行部颁简体字办法：明年七月起新编小学课本不用部颁简体字者不审定》一文。

297　星在《论语》第 77 期上发表《湖南省主席何键反对推行简体字原文》。

【4 日】

298 蒲叶在《民国日报》上发表《拉丁化才是正确的路》一文。

【7 日】

299 杜定友在《工读周刊》第 1 卷第 1 期上发表《图书馆用简体字表》一文。

【9 日】

300 《中央日报》发表《香港存文会对简体字表质疑》一文。

【14 日】

301 《天津益世报》发表社论《简体字势在必行》。

302 李朴人在《民国日报》上发表《也谈手头字》一文。

【15 日】

303 《无锡教育月刊》第 1 卷第 2 期转发《部颁推行简体字办法》。

304 葛定华在《华北日报》上发表《简体字应否强制推行》一文。

【16 日】

305 鲁儒林在《一师半月刊》第 39 期上发表《论采用部颁简体字的必要》一文。

【21 日】

306 吴鼎在《安徽教育辅导旬刊》第 1 卷第 23 期上发表《推行简体字问题》一文。

【23 日】

307 杜子劲在《山东民众教育月刊》第 7 卷第 3 期上发表《简体字的纵横论述：“简体字”自序》一文。

【25 日】

308 康本昌在《犁影》第 16 期上发表《用简体字的好处》一文。

【31 日】

309 杜子劲的《简体字》一书由开封女师号房出版。

【本月】

310 李铭新在《协大艺文》第 3 期上发表《文字简化与手头字：从文字变迁说到手头字》一文。

【本年】

311 《民教通讯》第 1 卷第 2 期发表《关于民众识字教育的两个新倡导：铸造注音汉字铜模、提倡手头字》一文。

312 民国教育部颁布的《简体字表》出版。

313 莎旋在《新社会》第 8 卷第 3 期上发表《歧路上的简字》一文。

1936 年

1 月

【1 日】

314　石愚生、张希滂在《江苏省小学教师半月刊》第 3 卷第 8 期上发表《教材教具介绍：简体字教学片》(中高级国语教具)一文。

【10 日】

315　周学章在《教育杂志》第 26 卷第 1 期上发表《繁简字体在学习效率上的实验》一文。

【11 日】

316　严宣在《乡村改造》第 4 卷第 29、30 期上发表《怎样推行简体字》一文。

【15 日】

317　《中国社会》第 2 卷第 3 期发表《简体字的反对论》一文。

318　《浙江教育》第 1 卷第 4 期发表《教育部决定明年七月起一律采用简体字》一文。

【28 日】

319　《教育与民众》第 7 卷第 5 期转发《简体字暂停推行》一文。

【本月】

320　方治在《报展》纪念刊上发表《推行简体字与新闻事业》一文。

321　翁祖善在《民众教育月刊》第 5 卷第 1 期上发表《常用汉字研究：最近发表的二张常用字表评校》一文。

2 月

【1 日】

322　《大众生活》第 1 卷第 12 期上发表《停止推行简体字》一文。

323　陆小英、徐昌鳞在《教师之友》第 2 卷第 2 期上发表《儿童错误次数最多的字和简笔字》一文。

324　沈有乾在《教与学》第 1 卷第 8 期上发表《简体字价值的估计方法》一文。

325　遏在《文化与社会》第 2 卷第 5 期上发表《教部公布简体字表》一文。

【5 日】

326　何封在《生活知识》第 1 卷第 9 期上发表《停止简体字和"另筹办法"》一文。

【10 日】

327　《青年文化》第 3 卷第 3 期发表《简体字的"重量"》一文。

【11 日】

328　黎正甫在《公教学校》第 2 卷第 5 期上发表《简体字之推行与阻力》一文。

【15 日】

329　《无锡教育月刊》第 1 卷第 4 期发表《通饬简体字办法暂缓推行》一文。

【16 日】

330　胡有猷在《国光杂志》第 14 期上发表《论教部所颁布之简体字》一文。

331　靖尘在《国光杂志》第 14 期上发表《简体字停止推行》一文。

3 月

【1 日】

332　蔡芝芳在《进修半月刊》第 5 卷第 10 期上发表《希望赓续推行简体字》一文。

333　范幼卿在《进修半月刊》第 5 卷第 10 期上发表《推行简体字后：应化阻力为助力》一文。

334　徐德春在《进修半月刊》第 5 卷第 10 期上发表《推行简体字的我见》一文。

335　袁伟在《中学生》第 63 期上发表《关于简体字》一文。

【16 日】

336　杨骏如在《江苏省小学教师半月刊》第 3 卷第 13 期上发表《简体字在国语教学上效率的实验》一文。

【本月】

337　《国立北平研究院院务汇报》第 7 卷第 2 期发表《"合体简字"说明》一文。

338　杨晋雄在《青年界》第 9 卷第 3 期上发表《新术语浅释：手头字、简体字、学生运动、英镑集团、通货、塞拉西、艾登》一文。

4 月

【1 日】

339　Gh.ng.在《拉丁化前哨》创刊号上发表《打倒方块字》一文。

【15 日】

340　杨骏如、曹芷清在《实验研究月刊》第 10 卷第 8 期上发表《估定简体字学习效率的比较实验报告》一文。

【16 日】

341　晒友前(沈有乾)在《论语》第 86 期上发表《再论简字》一文。

【25 日】

342　黄仲明在《同行月刊》第 4 卷第 4 期上发表《汉字一大改革——标准行

书之创制》一文。

【本月】

343　黄鸣皋在《高工学生》上发表《论推行简体字之利弊》一文。

6 月

【1 日】

344　艾伟在《教与学》第 1 卷第 12 期上发表《从汉字心理研究上讨论简体字》一文。

【14 日】

345　了一（王力）在《独立评论》第 205 期上发表《汉字改革的理论与实际》一文。

【20 日】

346　黎锦熙在《世界日报》上发表《简体字论》一文。

347　黎锦熙在《文化与教育》第 93 期上发表《注音符号与简体字》（1）一文。

348　张文正在《细流》第 7 期上发表《由汉字史观论到简体字的推行》一文。

【28 日】

349　周作人、胡适在《独立评论》第 207 期上发表《国语与汉字》一文。

【30 日】

350　黎锦熙在《文化与教育》第 94 期上发表《注音符号与简体字》（2）一文。

【本月】

351　欧阳溱的《简体字考证》在南昌慈灿轩出版。

352　赵仲苏在《教师进修年刊》第 5 期上发表《从教育部最近公布之"简体字"说到英文简体字之新的动向》一文。

9 月

【19 日】

353　余文苏在《自由评论》第 42 期上发表《谈改革汉字的问题》一文。

10 月

【15 日】

354　达牛在《人文》第 7 卷第 8 期上发表《从汉字改革运动说到中国的前途》一文。

11 月

【本月】

355　陈光尧的《常用简字表》由上海北新书局出版。

12 月

【本月】

356　章新民在《图书馆学季刊》第 4 期上发表《圕旐圙间的关系》一文。

【本年】

357　郭挹清的《手头字概论》由上海天马书店出版。

358　容庚的《简体字典》由哈佛燕京学社出版。

359　沈有乾在《宇宙风》第 13 期上发表《论简体字》一文。

360　邹韬奋在《生活日报》第 7 期上发表《简易文字与大众化》一文。

1937 年

2 月

【本月】

361　童振华的《中国文字的演变》由上海生活书店出版。

3 月

【25 日】

362　邓渭华在《新中华》第 5 卷第 6 期上发表《汉字改革的途径》。

【30 日】

363　薛鸿志在《师大月刊》第 32 期上发表《汉字简正写法之比较》一文。

【本月】

364　章新民在《图书馆学季刊》第 1 期上发表《"美术馆"三字缩写体的商榷》一文。

4 月

【1 日】

365　骆清蕖在《江苏省小学教师半月刊》第 4 卷第 14 期上发表《简体字是否可以继续采用》一文。

【6 日】

366　富宇平在《崇实季刊》第 22 期上发表《用拼音法写成简字的讨论》一文。

5 月

【10 日】

367　沈有乾在《教育杂志》第 27 卷第 5 期上发表《汉字的将来》一文。

368　周学章、李爱德在《教育杂志》第 27 卷第 5 期上发表《繁简字体在学习效率上之再试》一文。

【23 日】

369　冯柳堂在《申报每周增刊》第 2 卷第 20 期上发表《记载款项上面应用

一什么字》一文。

6 月

【6 日】

370　袁在辰在《申报每周增刊》第 22 期上发表《介绍一个新字"囬"》一文。

【13 日】

371　冯柳堂在《申报每周增刊》第 23 期上发表《为"囬"字答客问》一文。

【本月】

372　汤因在《图书馆学季刊》第 2 期上发表《我对于圕圗圂三字的商榷》一文。

1938 年

10 月

【20 日】

373　潘振民在《中国文化》第 1 卷第 1 期上发表《汉字的改革问题》一文。

【本年】

374　陈光尧在《今论衡》第 1 卷第 10 期上发表《抗敌救国必速推行简字》一文。

375　陈光尧在《今论衡》第 1 卷第 10 期上发表《科学教育与简字》一文。

376　周亚卫在《今论衡》第 1 卷第 12 期上发表《复兴字》一文。

377　陈光尧在《今论衡》第 2 卷第 2 期上发表《复兴字商兑》一文。

378　陈光尧在《今论衡》第 2 卷第 2 期上发表《简字运动概说》一文。

1939 年

2 月

【1 日】

379　陆殿扬在《新政治》第 1 卷第 4 期上发表《汉字研究与战时民教》一文。

3 月

【18 日】

380　泰来在《立言画刊》第 25 期上发表《别字与简字》一文。

5 月

【10 日】

381　烨在《新命》第 4 期上发表《从殷墟文说到简体字》一文。

6 月

【本月】

382　蔡秉樵、孙金声在《南方年刊》第 2 期上发表《普及教育与汉字改革问题之检讨》一文。

7 月

【15 日】

383　张知道在《抗建》第 10 期上发表《一个新字"囧"的释义》一文。

11 月

【20 日】

384　陈望道在《杂志》第 5 卷第 4 期上发表《中国拼音文字的演进：明末以来中国语文的新潮》一文。

1940 年

1 月

【1 日】

385　胡怀琛在《说文月刊》第 1 卷上发表《论简易字之形成》一文。

2 月

【15 日】

386　吴玉章在《中国文化》创刊号上发表《论中国文字改革》一文。

【29 日】

387　金鸣盛在《教与学》第 4 卷第 12 期上发表《汉字简易化与"四部检字法"的尝试》一文。

6 月

【10 日】

388　陈光尧在《艺文印刷月刊》第 2 卷第 12 期上发表《〈中华简字典〉万分之一举例》一文。

7 月

【15 日】

389　沃连恩在《中国牙科月刊》第 1 卷第 1 期上发表《798 个汉字简化表草案》一文。

12 月

【本月】

390　王力的《汉字改革》由长沙商务印书馆出版。

1941 年

1 月

【本月】

391　陈耐烦的《中国文字的过去现在和将来》由上海世界书局出版。

3 月

【25 日】

392　江鲫在《正言教育月刊》第 1 卷第 1 期上发表《增进汉字教学效率一问
　　题：确定字形》一文。

6 月

【本月】

393　王易在《文史季刊》第 1 卷第 2 期上发表《答某生论简字书》一文。

11 月

【3 日】

394　闽翠英在《中大学生》第 2 期上发表《文字的趋简》一文。

1942 年

7 月

【1 日】

395　王弢在《中日文化》第 2 卷第 5 期上发表《汉字形体变迁考》一文。

10 月

【15 日】

396　《江苏教育》第 5 卷第 1 期发表《日本标准汉字表》一文。

1943 年

3 月

【10 日】

397　柏寒在《国文杂志》第 1 卷第 4、5 期上发表《有根据的简笔字》
　　一文。

5 月

【31 日】

398　尚灵在《学思》第 3 卷第 10 期上发表《论汉字的俗体》一文。

7 月

【15 日】

399　柏寒在《国文杂志》第 2 卷第 1 期上发表《谈流行的别字》（汉字随谭）
　　一文。

【16 日】

400　《申报月刊》复刊第 1 卷第 7 期发表《文字的繁与简》一文。

1944 年

10 月

【本月】

401　赵荣光在《文史杂志》第 4 卷第 7 期、8 期上发表《汉字问题和整理办法》一文。

11 月

【本月】

402　《中国文学》第 1 卷第 4 期发表《简字与学习》一文。

【本年】

403　陈光尧在《正气月刊》创刊号上发表《〈中华简字典〉举例》一文。

404　吴敬恒在《正气月刊》创刊号上发表《六书与简字》一文。

1946 年

3 月

【8 日】

405　《四川教育通讯》第 11 期发表《汉字简化运动：陈光尧招待记者报告》一文。

4 月

【20 日】

406　张世禄在《客观》第 18 期上发表《汉字的特性与简化问题》一文。

5 月

【4 日】

407　《报报》第 2 卷第 5 期发表《日本：内务省宣布简化文字》一文。

6 月

【10 日】

408　吴稚晖在《读书通讯》第 110 期上发表《论简字与六书：致陈光尧书》一文。

7 月

【本月】

409　张公辉的《国字整理发扬的途径》由台北台湾评论社出版。

【本年】

410　曹伯韩在《桂林师范学院丛刊》创刊号上发表《简体字的检讨》一文。

1947 年

3 月

【26 日】

411　心泉在《新语文》第 1 期上发表《复合字》一文。

4 月

【15 日】

412　史存直在《中华教育界》复刊第 1 卷第 4 期上发表《中国文字改革运动的过去和现在》一文。

413　余敬言在《教学研究季刊》第 2 期上发表《简化中国文字刍议》一文。

414　许太空在《教学研究季刊》第 2 期上发表《读〈简化中国文字刍议〉书后》一文。①

【16 日】

415　邓渭华、千家出、狄超白在《新语文》第 4 期上发表《我对于语文改革的意见》一文。

5 月

【本月】

416　张公辉在《说文月刊》第 5 卷第 5、6 期合刊上发表《国字整理和发扬的途径》一文。

6 月

【10 日】

417　黄恕直在《台电励进月刊》第 1 卷第 3、4 期上发表《闲话文字之简化》一文。

8 月

【15 日】

418　吴一心在《中华教育界》复刊第 1 卷第 8 期上发表《中国文字改革运动之史的综述》一文。

9 月

【1 日】

419　艾伟在《教育杂志》第 32 卷第 3 期上发表《汉字心理研究之总检讨》一文。

---

① 按,《简化中国文字刍议》及《读〈简化中国文字刍议〉书后》两篇著述依据逻辑关系排列。

【15 日】

420　世英在《冀光月刊》第 3 卷第 1 期上发表《简字》一文。

1948 年

1 月

【25 日】

421　刘公穆在《工作竞赛月报》第 5 卷第 1 期上发表《从工作效率观点提倡简字》一文。

【本月】

422　艾伟的《国语问题》由上海中华书局出版。

4 月

【1 日】

423　张世禄在《学识》第 2 卷第 8 期上发表《汉字的简化运动》一文。

9 月

【30 日】

424　范春行在《冀中教育》第 1 卷第 2 期上发表《不要教学生写简体字》一文。

1949 年

1 月

【本月】

425　艾伟的《汉字问题》由上海中华书局出版。

4 月

【本月】

426　倪海曙的《鲁迅论语文改革》由上海时代出版社出版。

年份不明

427　《简体字》(表)由济南天主教会出版社出版。

主要参考文献

［1］艾伟，《从汉字心理研究上讨论简体字》［J］，《教与学》，1936 年第 12 期。

［2］艾伟，《汉字心理研究之总检讨》［J］，《教育杂志》，1947 年第 3 期。

［3］艾伟，《汉字问题》［M］，上海：中华书局，1949 年。

［4］艾险舟，《识字教学之研究》［A］，《学术讲演集》（第 1 集）［C］，安徽省政府教育厅编译处，1930 年。

［5］柏寒，《有根据的简笔字》［J］，《国文杂志》，1943 年第 4—5 期。

［6］补庵，《说俗字》（即简笔字，又名“简写”）［J］，《广智馆星期报》，1934 年广字 277 号。

［7］蔡锡勇，《传音快字》［M］，北京：文字改革出版社，1956 年。

［8］曹伯韩，《简体字的检讨》［J］，《桂林师范学院丛刊》，1946 年第 1 期。

［9］曹懋唐，《对于反对推行手头字提倡制定草书问题之商榷》［J］，《江苏教育》，1935 年第 7 期。

［10］陈，《关于推行手头字》［J］，《青年文化》，1935 年第 3 期。

［11］陈登皞，《中国文字改革的具体方针》［N］，《京报副刊》，1928 年 9 月 10—11 日。

［12］陈登皞，《中国字应该怎样改良》［J］，《时事月报》，1930 年第 2 卷 1 号。

［13］陈光尧，《简字举例：以简字改写〈大学〉经文全章》［J］，《语丝》，1927 年第 140 期。

［14］陈光尧，《〈简字举例〉答客难》［J］，《语丝》，1927 年第 145 期。

［15］陈光尧，《〈简字问题〉答客难》［J］，《语丝》，1927 年第 145 期。

［16］陈光尧，《中国文字趋简的历史观》［N］，《民国日报·觉悟》，1927 年 10 月 10 日。

［17］陈光尧，《发起简字运动临时宣言》［J］，《贡献》，1928 年第 2 期。

［18］陈光尧，《关系简字书籍举要》［J］，《图书馆学季刊》，1930 年第 1 期。

［19］陈光尧,《简字运动的概况》［J］,《中华图书馆协会会报》,1930 年第 6 期。

［20］陈光尧,《简字论集》［C］,上海：商务印书馆,1931 年。

［21］陈光尧,《简字九百个》［J］,《论语》,1934 年第 34 期。

［22］陈光尧,《常用简字表》［M］,上海：北新书局,1936 年。

［23］陈光尧,《简字运动概说》［J］,《今论衡》,1938 年第 2 期。

［24］陈光尧,《科学教育与简字》［J］,《今论衡》,1938 年第 10 期。

［25］陈耐烦,《中国文字的过去现在和将来》［M］,上海：世界书局, 1941 年。

［26］陈永舜,《汉字改革史纲》［M］,长春：吉林大学出版社,1995 年。

［27］陈子展,《关于手头字》［J］,《读书生活》,1935 年第 8 期。

［28］崔一非、张传博,《对〈说文解字〉〈干禄字书〉〈宋元以来俗字谱〉中出现的简化字的整理及研究》［A］,《第三届汉字与汉字教育国际研讨会论文集》［C］,北京,2012 年。

［29］达牛,《从汉字改革运动说到中国的前途》［J］,《人文》,1936 年第 8 期。

［30］邓渭华,《汉字改革的途径》［J］,《新中华》,1937 年第 6 期。

［31］刁晏斌等,《黎锦熙先生语言思想研究》［M］,北京：中国社会科学出版社,2013 年。

［32］丁易,《中国文字与中国社会》［M］,北京：中外出版社,1951 年。

［33］都鸿藻,《简字利弊说》(1—2)［J］,《浙江教育官报》,1909 年第 8—9 期。

［34］杜定友,《圕编目用简字标准字表》［M］,上海：中国图书服务社,1934 年。

［35］杜定友,《图书馆用简体字表》［J］,《工读周刊》,1935 年第 1 期。

［36］杜子劲,《中国新文字问题月谱（国语运动文献调查）》［J］,《国语旬刊》,1929 年第 9 期。

［37］杜子劲,《最近五年来的中国新文字问题(1926—1930)》［J］,《国语周刊》,1931 年第 4—7 期。

［38］杜子劲,《中国新文字问题月谱(1930—1932)》［J］,《国语周刊》,1933 年第 76 期、第 78 期。

［39］杜子劲,《奉天承运的俗字》［J］,《国语周刊》,1934 年第 125 期。

［40］杜子劲,《中国新文字问题月谱补》［J］,《国语周刊》,1934 年第 139 期。

［41］杜子劲,《简体字年谱》［J］,《山东民众教育月刊》,1936 年第 3 期。

［42］耳耶，《方块字·别字·手头字》［J］，《新社会》，1935 年第 6 期。

［43］费锦昌，《中国语文现代化百年记事 1892—2013》［M］，北京：商务印书馆，2021 年。

［44］丰子恺，《我与手头字》［J］，《太白》，1935 年第 1 期。

［45］傅葆琛，《普及识字教育声中几个先决问题》［J］，《教育与民众》，1930年第 1 期。

［46］傅永和，《二十世纪的汉语言文字规范工作》［A］，《语言文字应用研究论文集Ⅱ》［C］，北京：语文出版社，2004 年。

［47］馥泉，《手头字运动》［J］，《现代》，1935 年第 2 期。

［48］高更生，《现行汉字规范问题》［M］，北京：商务印书馆，2002 年。

［49］高雪汀，《普及新闻教育与汉字改造》［J］，《报学季刊》，1935 年第3 期。

［50］葛定华，《简体字应否强制推行》［N］，《华北日报》，1935 年 12 月15 日。

［51］顾良杰，《吾人对于简体字表应有的认识》［J］，《教育杂志》，1935 年第11 期。

［52］郭荣陞，《汉字改革运动概述》［J］，《南大半月刊》，1933 年第 2 期。

［53］郭挹清，《手头字概论》［M］，上海：天马书店，1936 年。

［54］汉语大字典编辑委员会，《〈汉语大字典〉编写细则》［M］，油印本。

［55］汉语大字典编辑委员会，《汉语大字典》（第二版）［M］，武汉：湖北长江出版集团，2010 年。

［56］杭良，《改简汉字的方法》（1—2）［N］，《民国日报·觉悟》，1929 年 1月 14 日、1 月 16 日。

［57］何九盈，《中国现代语言学史》［M］，广州：广东教育出版社，2005 年。

［58］何西亚，《整理中国文字的必要》［N］，《晨报·晨曦》，1933 年 11 月7 日。

［59］何仲英，《汉字改革的历史观》［J］，《国语月刊》，1922 年第 7 期。

［60］河南教育厅，《中国新文字问题讨论集》［C］，河南省教育厅编辑处，1929 年。

［61］胡行之，《关于手头字》［J］，《现代》，1935 年第 4 期。

［62］胡怀琛，《简易字说》［M］，上海：商务印书馆，1928 年。

［63］胡绳，《略论手头字》［J］，《新文字》，1935 年第 3 期。

［64］黄祖英，《对于手头字的疑问》［J］，《江苏省小学教师半月刊》，1935 年第 20 期。

[65] 贾尹耕,《注音符号公布前之简字运动》(1—8)[J],《国语周刊》,1932
年第 44—48 期、第 53—55 期。

[66] 坚壁,《关于手头字》[J],《江苏省小学教师半月刊》,1935 年第 14 期。

[67] 蒋善国,《简体字的产生和简化汉字运动》[J],《语文知识》,1955 年第
8 期。

[68] 蒋希文、邵荣芬,《明末"兵科抄出"档案中的简字》[J],《中国语文》,
1952 年第 10 期。

[69] 杰,《为什么要提倡手头字》[J],《新民》,1935 年第 76 期。

[70] 康有为,《新学伪经考》[M],北京:三联书店,1998 年。

[71] 劳乃宣,《增订合声简字谱》[J],《新朔望报》,1908 年第 5 期。

[72] 黎锦熙,《汉字革命军前进的一条大路》[J],《国语月刊》,1922 年第
7 期。

[73] 黎锦熙,《大众语文的工具——汉字问题》[J],《国语周刊》,1934 年第
155 期。

[74] 黎锦熙,《大众语文的工具——简体字》[J],《国语周刊》,1934 年第
156 期。

[75] 黎锦熙,《国语运动史纲》[M],上海:商务印书馆,1934 年。

[76] 黎锦熙,《关于简体字的各方意见的报告》[J],《国语周刊》,1935 年第
205 期。

[77] 黎锦熙,《简体字之原则及其推行办法》[J],《国语周刊》,1935 年第
205 期。

[78] 黎锦熙,《注音符号与简体字》[J],《文化与教育》,1936 年第 93—
94 期。

[79] 黎泽渝,《黎锦熙先生年谱》[J],《汉字文化》,1995 年第 2 期。

[80] 黎正甫,《简体字之推行与阻力》[J],《公教学校》,1936 年第 5 期。

[81] 李步青,《拟选民众应识的字之标准及其方案》[J],《师院半月刊》,
1930 年第 1 期。

[82] 李岑,《关于手头字》[N],《觉今日报·文艺地带》,1935 年 8 月
22 日。

[83] 李从之,《简字的研究和推行方法的拟议》[J],《教育与民众》,1930 年
第 3 期。

[84] 李乐毅,《简化字源》[M],北京:华语教学出版社,1996 年。

[85] 李铭新,《文字简化与手头字:从文字变迁说到手头字》[J],《协大艺
文》,1935 年第 3 期。

［86］李朴人，《也谈手头字》[N]，《民国日报》，1935 年 12 月 14 日。

［87］李思纯，《汉字与今后的中国文字》[J]，《少年中国》，1920 年第
 12 期。

［88］李同愈，《手头字运动》[N]，《中央日报·副刊》，1935 年 4 月 18 日。

［89］李宇明，《汉字规范》[M]，武汉：华中师范大学出版社，2004 年。

［90］林语堂，《提倡俗字》[J]，《论语》，1933 年第 29 期。

［91］凌远征，《新语文建设史话》[M]，开封：河南大学出版社，1995 年。

［92］刘德瑞，《讲义上正俗字之商榷》[J]，《小学问题》，1934 年第 7 期。

［93］刘复、李家瑞，《宋元以来俗字谱》[M]，北京：中央研究院历史语言
 研究所，1930 年。

［94］刘公穆，《从工作效率观点提倡简字》[J]，《工作竞赛月报》，1948 年
 第 1 期。

［95］卢戆章，《一目了然初阶》[M]，北京：文字改革出版社，1956 年。

［96］卢士樵、李萍，《文字学原理》[M]，长春：东北师范大学出版社，
 2013 年。

［97］陆费逵，《普通教育当采用俗体字》[J]，《教育杂志》，1909 年第 1 期。

［98］陆费逵，《答沈君友卿论采用俗字》[J]，《教育杂志》，1909 年第 3 期。

［99］陆费逵，《整理汉字的意见》[J]，《国语月刊》，1922 年第 1 期。

［100］吕思勉，《反对推行手头字提倡制定草书》[J]，《光华大学半月刊》，
 1935 年第 6 期。

［101］梦飞，《记钱玄同先生关于语文问题谈话》[J]，《文化与教育》，1934
 年第 27 期。

［102］黄德宽、陈秉新，《汉语文字学史》[M]，合肥：安徽教育出版社，
 2006 年。

［103］黄晓蕾编，《民国时期语言政策研究文献汇编》[M]，北京：中国社会
 科学出版社，2017 年。

［104］闵中一（闵宗益），《汉字变迁之大势及今后应有之改良》[J]，《文
 理》，1933 年第 4 期。

［105］欧阳溱，《简体字考证》[M]，南昌：慈灿轩，1936 年。

［106］潘广镕，《简笔字与手头字》[J]，《文苑》，1935 年第 1 期。

［107］平，《"大众语"跟"手头字"》[J]，《清华周刊》，1935 年第 1 期。

［108］钱克顺，《读了廿九期〈提倡俗字〉后的一封信》[J]，《论语》，1933 年
 第 31 期。

［109］钱玄同，《中国今后之文字问题》[J]，《新青年》，1918 年第 4 期。

[110] 钱玄同,《减省汉字笔画底提议》[J],《新青年》,1920 年第 3 期。

[111] 钱玄同,《汉字革命》[J],《国语月刊》,1922 年第 7 期。

[112] 钱玄同,《减省现行汉字的笔画案》[J],《国语月刊》,1922 年第 7 期。

[113] 钱玄同,《搜采固有而较适用的简体字案》[J],《国语周刊》,1934 年第 123 期。

[114] 钱玄同,《与黎锦熙汪怡论采选简体字书》[J],《国语周刊》,1935 年第 176 期。

[115] 钱玄同,《历史的汉字改革论》[J],《小学与社会》,1935 年第 40—42 期。

[116] 钱玄同,《论简体字致黎锦熙汪怡书》[J],《国语周刊》,1935 年第 204 期。

[117] 曲元,《俗字方案》[J],《论语》,1933 年第 31 期。

[118] 容庚,《简体字典》[M],哈佛燕京学社,1936 年。

[119] 沈克成、沈迦,《汉字简化说略》[M],北京:人民日报出版社,2001 年。

[120] 沈学,《盛世元音》[M],北京:文字改革出版社,1956 年。

[121] 沈友卿,《论采用俗体字》[J],《教育杂志》,1909 年第 2 期。

[122] 沈有乾,《简体字价值的估计方法》[J],《教与学》,1936 年第 8 期。

[123] 沈有乾,《汉字的将来》[J],《教育杂志》,1937 年第 5 期。

[124] 史存直,《中国文字改革运动的过去和现在》[J],《中华教育界》,1947 年复刊第 4 期。

[125] 史定国主编,《简化字研究》[C],北京:商务印书馆,2004 年。

[126] 史枚,《谈谈手头字》[J],《读书生活》,1935 年第 2 期。

[127] 史枚,《关于手头字》[J],《礼拜六》,1935 年第 609 期。

[128] 世英,《简字》[J],《冀光月刊》,1947 年第 1 期。

[129] 苏培成,《二十世纪的现代汉字研究》[M],太原:书海出版社,2001 年。

[130] 苏培成,《中国语文现代化的回顾与展望》[M],北京:语文出版社,2007 年。

[131] 绥靖,《为手头字运动辩护》[N],《觉今日报·文艺地带》,1935 年 8 月 20 日。

[132] 绥靖,《再说手头字》[N],《觉今日报·文艺地带》,1935 年 8 月 25 日。

[133] 孙伯绳、俞运之编,《古代的简化汉字》[M],北京:文字改革出版社,

1958 年。

［134］孙建伟，《汉字类推简化问题研究综论》［J］，《中国文字研究》，2017 年第 2 期。

［135］童振华，《中国文字的演变》［M］，上海：上海生活书店，1937 年。

［136］童仲赓，《简笔字的自然趋势》［J］，《正中》，1934 年第 2 期。

［137］万湘征，《汉字改革运动的回顾》［J］，《星期评论》，1932 年第 13 期。

［138］王凤阳，《汉字字形发展的辩证法》［J］，《社会科学战线》，1978 年第 4 期。

［139］王凤阳，《汉字学》［M］，长春：吉林文史出版社，1989 年。

［140］王力，《汉字改革》［M］，长沙：商务印书馆，1940 年。

［141］王力，《中国语言学史》［M］，上海：复旦大学出版社，2006 年。

［142］王刘纯，《简化汉字出现的年代与汉字发展嬗变的关系》［J］，《河南大学学报》（社会科学版），1996 年第 5 期。

［143］王宁，《从汉字改革史看汉字规范和"简繁之争"》［J］，《云南师范大学学报》（哲学社会科学版），2010 年第 6 期。

［144］王亚丽，《论敦煌碑铭简化字的使用》［J］，《西南交通大学学报》（社会科学版），2010 年第 6 期。

［145］王照，《官话合声字母》［M］，北京：文字改革出版社，1957 年。

［146］魏建功，《汉字发展史上简体字的地位》［J］，《中国语文》，1952 年第 10 期。

［147］温锡田，《提倡"俗字""别字"?》［J］，《国语周刊》，1933 年第 118 期。

［148］沃连恩，《798 个汉字简化表草案》［J］，《中国牙科月刊》，1940 年第 1 期。

［149］吴法军，《由简笔字说到农民识字问题》［J］，《乡村改造》，1934 年第 25 期。

［150］吴良祚，《太平天国文献中的简体字》［J］，《文字改革》，1958 年第 4 期。

［151］吴一心，《中国文字改革运动之史的综述》［J］，《中华教育界》，1947 年复刊第 8 期。

［152］吴玉章等，《简化汉字问题》［M］，北京：中华书局，1956 年。

［153］吴稚晖，《评前行君之"中国新语凡例"》［J］，《新世纪》，1908 年第 4 期。

［154］萧迪忱，《汉字改革问题的回顾和展望》［J］，《山东民众教育月刊》，1935 年第 7 期。

[155] （新加坡）谢世涯，《新中日简体字研究》[M]，北京：语文出版社，1989 年。

[156] 徐则敏，《汉字难易分析的研究》[J]，《国立中央大学教育季刊》，1930 年第 3 期。

[157] 徐则敏，《汉字笔画统计报告》[J]，《中华教育界》，1930 年第 12 期。

[158] 徐则敏，《民众识字教育中的简字问题》[J]，《民众教育季刊》，1933 年第 2 期。

[159] 徐则敏，《550 俗字表》[J]，《论语》，1934 年第 43—45 期。

[160] 徐则敏，《简字的效用和性质》[J]，《教师之友》，1935 年第 11 期。

[161] 徐则敏，《谈简字：简字运动的现状和关于简字种种的说明》[J]，《江苏省小学教师半月刊》，1935 年第 24 期。

[162] 薛鸿志，《汉字简正写法之比较》[J]，《师大月刊》，1937 年第 32 期。

[163] 焉知，《手头字以外》[J]，《江苏省小学教师半月刊》，1935 年第 20 期。

[164] 研因，《从白话文说到推行简体字》[J]，《儿童教育》，1935 年第 7 期。

[165] 杨端六，《改革汉字的一个提议》[J]，《现代评论》，1928 年第 194 期。

[166] 杨晋豪，《从手头字到世界语》[J]，《青年界》，1935 年第 2 期。

[167] 杨晋雄，《新术语浅释：手头字、简体字、学生运动、英镑集团、通货、塞拉西、艾登》[J]，《青年界》，1936 年第 3 期。

[168] 杨骏如，《简体字在国语教学上效率的实验》[J]，《江苏省小学教师半月刊》，1936 年第 13 期。

[169] 杨骏如、曹芷清，《估定简体字学习效率的比较实验报告》[J]，《实验研究月刊》，1936 年第 8 期。

[170] 易熙吾，《简体字原》[M]，北京：中华书局，1955 年。

[171] 滢，《提倡俗字》[N]，《大公报·小公圃》，1933 年 12 月 3—4 日。

[172] 余连祥，《钱玄同》[M]，合肥：黄山书社，2013 年。

[173] 育苍，《文化建设与简字运动》[J]，《邕宁教育界》，1935 年第 4—5 期。

[174] 詹龙标，《从汉字的发展看汉字的简化》[J]，《人大复印资料》（语言文字学），1982 年第 4 期。

[175] 张定华，《简体字与行政效率》[J]，《行政效率》，1935 年第 5 期。

[176] 张公辉，《国字整理发扬的途径》[M]，台北：台湾评论社，1946 年。

[177] 张世禄，《汉字的特性与简化问题》[J]，《客观》，1946 年第 18 期。

[178] 张世禄，《汉字的简化运动》[J]，《学识》，1948 年第 8 期。

［179］张书岩等,《简化字溯源》[M],北京：语文出版社,1997 年。

［180］张新夫,《民众读物应采用手头字的建议》[J],《社教通讯》,1935 年创刊号。

［181］张耀翔,《改造汉字刍议》[J],《教育季刊》,1930 年第 1 期。

［182］章荣,《简字的价值及应用之试验研究》[J],《中华教育界》,1935 年第 1 期。

［183］喆夫,《谈简笔字》[J],《新天津画报》,1935 年第 112 期。

［184］浙江省立严州初中附小,《简体字的研究》[J],《浙江教育行政周刊》,1934 年第 20 期。

［185］正厂,《过渡时期中的汉字》[J],《国语月刊》,1922 年第 7 期。

［186］郑疆斋,《教育部通令推行简字之检讨》[J],《秦风周报》,1935 年第 27 期。

［187］之光,《简体字在文字运动中的地位》[J],《新文字半月刊》,1935 年第 3—4 期。

［188］中国大百科全书编辑部,《中国大百科全书·语言文字》[M],北京：中国大百科全书出版社,1988 年。

［189］中国文字改革委员会,《简化字总表》[M],北京：文字改革出版社,1964 年。

［190］中国文字改革委员会,《简化字总表》[M],北京：语文出版社,1986 年。

［191］周淦,《简体字问题》[J],《教与学》,1935 年第 3 期。

［192］周起鹏,《汉字改革问题之研究》[J],《国语月刊》,1922 年第 7 期。

［193］周先庚,《美人判断汉字位置之分析》[J],《测验》,1934 年第 1 期。

［194］周学章,《繁简字体在学习效率上的实验》[J],《教育杂志》,1936 年第 1 期。

［195］周学章、李爱德,《繁简字体在学习效率上之再试》[J],《教育杂志》,1937 年第 5 期。

［196］周有光,《人类文字的历史分期和发展规律》[J],《民族语文》,2007 年第 1 期。

［197］卓定谋,《章草考》[M],北京：北平自青榭,1930 年。

［198］邹鸿操,《简字与原字书写速度之比较》[J],《南大教育》,1935 年创刊号。

［199］醉竹,《手头字质疑》[J],《青岛画报》,1935 年第 13 期。

［200］《"合体简字"说明》[J],《国立北平研究院院务汇报》,1936 年第 2 期。

[201]《第一批简体字表》[N],《中央日报》,1935 年 8 月 21 日。

[202]《关于民众识字教育的两个新倡导:铸造注音汉字铜模、提倡手头字》[J],《民教通讯》,1935 年第 2 期。

[203]《关于手头字》[J],《中学生》,1935 年第 54 期。

[204]《国语月刊·汉字改革号》[C],1922 年第 7 期。

[205]《简体字》[M],济南:天主教会出版社。

[206]《简体字暂停推行》[J],《教育与民众》,1936 年第 5 期。

[207]《简字谱》(1—2)[J],《新朔望报》,1908 年第 4、6 期。

[208]《简字问题的商榷》[J],《社会新闻》,1935 年第 1 期。

[209]《简字学堂》[J],《竞业旬报》,1906 年第 6 期。

[210]《简字研究》[J],《竞业旬报》,1906 年第 5 期。

[211]《简字运动》[J],《汉口舆论汇刊》,1935 年第 17 期。

[212]《教部开会讨论注音汉字与简体字》[J],《教育与民众》,1935 年第 7 期。

[213]《救济汉字典提倡俗字》[N],《老百姓日报·国语专刊》,1933 年 11 月 11 日。

[214]《论简字为识字捷法宜由军队试行》[J],《福建教育官报》,1910 年第 18 期。

[215]《论简字与汉字汉语之关系因及其利害》(1—6)[N],《宪志日刊》,1910 年 11 月 10—16 日。

[216]《手头字之提倡》[N],《申报》,1935 年 2 月 24 日。

[217]《通用规范汉字表》[M],北京:语文出版社,2013 年。

[218]《推广夜课简字学堂》[J],《直隶教育官报》,1909 年第 18 期。

[219]《推行简字之慎重》[J],《甘肃官报》,1909 年第 21 期。

[220]《推行手头字缘起》[J],《生活教育》,1935 年第 1 期。

后　记

　　目前学界对于晚清民国时期汉字简化问题的研究，多是在汉字规范、汉字学及汉字学史、汉语语言学史一类著作中有所涉及，而此类著作由于受撰作目的、内容含量等因素的影响，往往呈现出枚举式、静态化特征，所考察的材料限于陆费逵的《普通教育当采用俗体字》《整理汉字的意见》、钱玄同的《减省汉字笔画底提议》《减省现行汉字的笔画案》等个别成果及"手头字"这一话题。由此来看，当下学界对晚清民国时期汉字简化问题的关注点不够全面，对其发展脉络的梳理不够深入，对一些重要节点或动向的把握不够细致，对该时段汉字简化发生、发展的阶段及其特征的揭示不够精准。故而我们对该时期汉字简化问题进行了专题研究。

　　该书之源起可追溯于 2008 年，其时我在北京师范大学文学院攻读硕士学位。北师大文学院汉语言文字学科的培养以"《说文》学"为基底，就汉字学领域的研究而言，由"《说文》学"拓展至汉字的整理、规范、应用等多个分支方向，其中既包括汉字的基本理论问题，也包括对汉字字料的处理。如李国英师所言，汉语言文字研究似"车之两轮、鸟之两翼"，需要理论探究与材料处理并行。在这样的背景下，我选择了"汉字规范"这一主题作为硕士阶段的核心方向，并由此展开了对汉字规范相关问题的考察。自彼时起，我陆续对《说文》的规范问题，汉字的历代规范问题，晚清至新中国成立后的汉字改革、简化、规范等问题展开了多视角、多层面的研究，发表了一些论文，申请到了一些科研项目，《晚清民国汉字简化运动研究》便属于该系列的研究成果之一种。

　　从主题来看，晚清民国时期汉字简化的发展既涉及总体性问题，比如汉字简化的发生及发展过程、简化术语、简化方法、形体成果、汉字简化发展的推行力量，也涉及一些具有突出特色的专题性问题，比如"手头字"运动、"合体简字"现象、"类推"简化法、《第一批简体字表》等。由此出发，本书的内容主要包括以下六个方面：

　　（1）分解晚清民国时期汉字简化的发展过程。晚清民国时期，人们并不是自然地将目光聚焦到汉字中已有的简易形体上,并不是天然地有系统的简化方案和推行办法供时人采纳,其时学者经不断探索、尝试、争辩、反思才逐渐找到正确方向。该时段汉字简化问题的发展总体上可划分为四个阶段:解决字形繁难问题的摸索阶段,字形系统简化思想的萌生阶段,字形简化成果的汇聚阶段,简化相关问题的总结与反思阶段。

（2）剖析晚清民国时期汉字简化的"术语"体系。晚清民国时期,与汉字简化相关的术语可分为以下几类:其一,指称一种拼音文字的术语,主要是"简字"。其二,"简笔字"类术语,属于此类的表述还有"简体字""省笔字""减笔字"等。其三,其他类,或作为"简笔字"的构成之一种,或其中的一部分是"简笔字",主要有"手头字""破体字""白字""小写"等。这些简化"术语"呈现出定义不清、所指不一、关系杂乱等特征。

（3）归纳晚清民国时期汉字简化的方法类型。晚清民国时期,学者们总结、提炼出的汉字简化方案有 30 多种,其中的类型几乎包含了汉字简化的所有方法。民国时期汉字简化方法的发展与这一时段汉字简化总体问题的演进相一致,由此我们将该时期汉字简化方法的发展进程分为四个阶段:考察社会上流行的俗体字、省笔字等的简省方法,考察"手头字"的简省方法,考察《第一批简体字表》的简省方法,总结并提炼前期相关成果。

（4）总结晚清民国时期汉字简化的形体成果。晚清民国学者整理出的汉字简化形体成果有 22 种之多。他们从多个角度搜集汉字简化的形体成果,主要涉及"简体字"类、"俗字"类、"手头字"类、"合体简字"类四种。在整理字形简化成果时,大多学者遵循"述而不作"的原则,他们往往会归纳出一些整理规则;字形简化成果基本以"繁简对照"的模式呈现。

（5）揭示晚清民国时期汉字简化的推行力量。晚清民国时期的汉字简化运动,是多种力量共同作用的结果,其中既有民间力量,也有政府行为,亦受外国文字及其改革之影响。具体来看,该时段汉字简化运动的发展;与陆费逵、胡怀琛、钱玄同、黎锦熙、周淦、杜子劲、贾尹耕、陈光尧等学者关系紧密,而钱玄同、黎锦熙则是最具代表性的学者。

（6）编撰晚清民国时期汉字简化发展年谱。本书整理出的"年谱"所涉不重复材料共计 427 种,除各类专著外,共涉及不同名称的期刊、报纸、信件约 207 种,刊登汉字简化成果最多的五种刊物依次为《国语周刊》《教育杂志》《教育与民众》《江苏省小学教师半月刊》《论语》;涉及该时期的主要研究者约 235 人,其中讨论汉字简化问题最多的前五人依次为陈光尧、黎锦熙、杜子劲、钱玄同、贾尹耕（罗常培）。具体做法上,我们参照杜子劲的《中国新文字问题月谱》《简体字年谱》、费锦昌的《中国语文现代化百年记事》

等的模式,按年、月、日先后排列。

　　本书的研究方法及特色可概括如下:其一,字表研究与文献研究相结合的研究方法。我们一方面对晚清民国时期汉字简化相关的文字整理表进行了考察,另一方面也对该时期汉字简化相关的理论问题进行了梳理和分析。就后一类现象而言,更多的是散见于各种报纸、期刊、杂志里面,这需要我们在该时期相关文献中系统搜集汉字简化问题的观点。其二,排比法与比较法相结合的研究方法。我们将晚清民国时期汉字简化相关的历时史实和观点排比起来,进行纵向比较,以发现其在观点上的继承和创新;同时,也将该时期汉字简化的共时史实和观点搜集排比起来,进行横向比较,以发现其异同,进而探究存在差异的原因。其三,抽样调查与穷尽式研究相结合的方法。这两种方法主要针对晚清民国时期汉字简化的实践效果而言。对于当时的版刻、铅字印刷文献和手写石刻文献中简体字的使用状况,一方面因为材料量无法封闭,另一方面也因为检索受限,我们主要采用抽样调查的方法,选择典型材料予以考察。而对于当时发布的简体字表或整理过的简体字汇等,我们则重点采用穷尽式研究的方法,对所收录的简体字逐个进行了考察。

　　概而言之,我们在"大数据""云计算"等时代理念的指引下,通过构建"晚清民国时期汉字简化资源库",对该时段汉字简化的理论及实践进行追踪式、动态化研究,从汉字简化内部及与之相关的语言文字规范外部作学理和学史探究。在总结各时段简化工作优势及不足的基础上,对简化过程、简化结果的推行及应用等进行总结提炼,为规范汉字的推广、现行汉字的进一步规范、语言文字规范成果的整理与研究等提供助力。

　　该书之顺利完成及按时出版,也凝聚了多位师长、同侪及研究生的心力。首先要感谢我的硕博士授业恩师李国英先生。记得第一次见面,李老师沉稳的声音、亲切的面容顿时化解了我心中的紧张,给了我不断向上的力量;也记得李老师第一次看我的小论文,在每一页上修改得密密麻麻,先生严肃的表情、严厉的话语使我自责不已。李老师重视对学生发散思维的培养,从不将自己的学术观点强加于我们,对大家的一些不成熟想法,他总是晓之以理,因势利导。每次同门读书会,都是大家思维激烈碰撞的时刻,我们曾为《历时语言学》中的一句英文翻译而各持己见,也曾为某组字际关系的判定而争得面红耳赤。硕博士六年,我有幸参与了李老师的不少科研项目。重点有:明清碑刻文献的整理工作,甲骨文国际编码表的研制工作,汉字字料库的建设工作,"小学"专书版本整理及资源库的建设工作,《汉语大字典》异体字的整理工作,《大正新修大藏经》疑难字的考释工作等。这些科研工作锻炼了我的学术思维,为我后来的论文撰写和课题申报打下了坚实基础。

除了恩师的辛苦培养，我还有幸得到多位贤师的教导。王宁先生底蕴丰厚、视野开阔，先生既精于中国传统语言文字学，又重视联系古今、贯通中西，她每次提出的观点都高屋建瓴，意义深远，启发我的思维向更高更远处发散；易敏、黄易青、朱小健、李运富、周晓文、刘利、王立军、齐元涛等老师除了在课堂上传授知识外，还曾多次为我的论文写作指点迷津。古汉所老师们高尚的行为品格、醇厚的学术功底、严谨的治学态度都令我高山仰止，敬佩无比！

现工作单位陕西师范大学国际汉语文化学院及学校社科处、学科建设处、文学院的各位领导、老师对我照顾有加，党怀兴、赵学清、杜敏三位先生对我博士毕业后的学术成长给予了多种指导。

在我从事汉字规范相关研究的过程中，北京语言大学的陈双新教授时常鼓励我，既给予我方法方面的指导，也给我提供了不少资料。同时要感谢8位匿名评审专家。本书申报国家社科后期资助项目时，有5位专家给出了评审意见；项目结项时，又有3位专家给出了鉴定意见。本书第五章的框架即源自项目申报时其中一位匿名专家的意见。

上海古籍出版社，特别是本书责编兼同门师姐毛承慈女士，多方指导、精心编校，促使本书按时交稿并顺利出版。孟琢师兄既为师亦为友，他天资聪颖又刻苦努力，曾不厌其烦地教导我调整论文的逻辑框架；刘丽群、柳建钰、华建光、朱生玉等同门给我的著作以多种帮助和指导，他们做研究的精神感染激励着我，让我感受到以苦为乐、并肩作战的意义。为了夯实基础，我曾与侯佳利、蒋志远、张宪荣等学友一同去清华大学旁听李学勤先生的《金文拓片选读》课，花甲之年的李先生上课思路清晰、神采奕奕，令人叹服。

在本书依托项目的实施阶段及书稿撰写阶段，有三个年级的八名研究生吕文璐、丁鑫美、陈鑫、宋敏、殷旭升、陈稳、陈小燕、吴颖等，帮我搜集相关资料、整理简化字形、完善简化资源库。若无他们的付出，该书及相关项目便无法按时完成。同时也要感谢我的家人，他们在本书的撰写与出版过程中给了我多种支持。

最后，由于受个人学识水平、研究能力、学术观点及所获材料的局限，本书难免会存在不少问题，这与上面提及的诸位先生、同侪学友及研究生均无关系。各类意见、建议及质疑、批评等我必将虚心接受、诚心学习，以助拙作更趋完善。

2024 年秋于西安

图书在版编目(CIP)数据

晚清民国汉字简化运动研究 / 孙建伟著. -- 上海：
上海古籍出版社, 2024. 9. -- ISBN 978-7-5732-1305-1

Ⅰ. H124.2

中国国家版本馆 CIP 数据核字第 20246AQ449 号

晚清民国汉字简化运动研究

孙建伟　著

上海古籍出版社出版发行

(上海市闵行区号景路 159 弄 1-5 号 A 座 5F　邮政编码 201101)

(1) 网址：www.guji.com.cn

(2) E-mail：guji1@guji.com.cn

(3) 易文网网址：www.ewen.co

上海商务联西印刷有限公司印刷

开本 700×1000　1/16　印张 15.25　插页 2　字数 266,000

2024 年 9 月第 1 版　2024 年 9 月第 1 次印刷

印数：1—1,100

ISBN 978 - 7 - 5732 - 1305 - 1

H · 281　定价：78.00 元

如有质量问题,请与承印公司联系